A PERSISTÊNCIA DO PASSADO

CONSELHO EDITORIAL

Ana Paula Torres Megiani
Eunice Ostrensky
Haroldo Ceravolo Sereza
Joana Monteleone
Maria Luiza Ferreira de Oliveira
Ruy Braga

Deborah R. L. Neves

A PERSISTÊNCIA DO PASSADO

Patrimônio e memoriais da ditadura em São Paulo e Buenos Aires

Copyright © 2018 Deborah Regina Leal Neves

*Grafia atualizada segundo o Acordo Ortográfico da Língua Portuguesa de 1990,
que entrou em vigor no Brasil em 2009.*

EDIÇÃO: Haroldo Ceravolo Sereza

EDITORA ASSISTENTE: Danielly de Jesus Teles

PROJETO GRÁFICO E DIAGRAMAÇÃO: Dafne do Nascimento Ramos

ASSISTENTE ACADÊMICA: Bruna Marques

REVISÃO: Alexandra Colontini

CAPA: Dafne do Nascimento Ramos

IMAGENS DA CAPA: *Montagem feita a partir de imagens refenciadas ao longo do livro.*

Este livro foi publicado com o apoio da FAPESP, nº do processo 2015/06037-9.

CIP-BRASIL. CATALOGAÇÃO NA PUBLICAÇÃO
SINDICATO NACIONAL DOS EDITORES DE LIVROS, RJ

N425p

Neves, Deborah Regina Leal
A persistência do passado: patrimônio e memoriais da ditadura em
São Paulo e Buenos Aires
Deborah Regina Leal Neves. – 1. ed.
São Paulo: Alameda, 2018.
23 cm.

Inclui bibliografia
ISBN 978-85-7939-406-5

1. Ditadura. 2. Patrimônio cultural. 3. Estado de direito. 4.
Autoritarismo. 5. Brasil – Política e governo – 1964-1985. 6.
Argentina – Política e governo – 1976-1983. I. Título.

16-34250   CDD: 321.9
                        CDU: 321.64

ALAMEDA CASA EDITORIAL
Rua 13 de Maio, 353 – Bela Vista
CEP 01327-000 – São Paulo, SP
Tel. (11) 3012-2403
www.alamedaeditorial.com.br

Who controls the past now, controls the future.
Who controls the present now controls the past.
Who controls the present now?

(Testify – *Rage Against the Machine*)

Monuments are nothing if not selective aids to memory: they encourage us to remember some things and to forget others. The process of creating monuments, especially where it is openly contested, (…), shapes public memory and collective identity.

(Brian Ladd, *The Ghosts of Berlin: Confronting German History in the urban landscape*. University of Chicago Press,1998, p.11)

O exemplo padrão de uma cultura de identidade, que se ancora no passado por meio de mitos disfarçados de história, é o nacionalismo. As nações são entidades historicamente novas fingindo terem existido durante muito tempo. É inevitável que a versão nacionalista de sua história consista em anacronismo, omissão, descontextualização, e em casos extremos, mentiras. Em um grau menor, isso é verdade para todas as formas de identidade, antigas ou recentes.

(Eric Hobsbawn, *Sobre História*. São Paulo: Companhia das Letras, 2000, p.285)

SUMÁRIO

9   AGRADECIMENTOS

13   PREFÁCIO

17   INTRODUÇÃO

31   CAPÍTULO I – **Brasil e Argentina: aproximações na história política**

31   Antecedentes históricos de Brasil e Argentina

32   Contexto Brasileiro

34   Contexto argentino

39   História das Instituições

39   Escuela de Mecánica de la Armada

42   De Escola a Centro Clandestino de Detenção

46   Departamento Estadual de Ordem Política e Social de São Paulo – DEOPS – SP

56   As ocupações históricas dos edifícios

56   ESMA e Casino de Oficiales

75   Antigo DOPS

89   Considerações sobre os edifícios

91   CAPÍTULO II – **Passado e presente na preservação do patrimônio**

91   O patrimônio e a evolução do conceito

96   A atuação dos órgãos de preservação: perspectiva comparada

102   Condephaat

104   A preservação de lugares controversos: o início da atuação dos órgãos de preservação

105   Arco do Presídio Tiradentes

107   Edifício Maria Antônia

113   Club Atlético

117   El Olimpo

122	Implicações da preservação
131	**Capítulo III – Antigo DOPS e ESMA: transformação em patrimônio**
134	Processo 20151/11976 – Tombamento do Antigo DOPS
135	Década de 1970
140	Década de 1980
143	Segunda chance para o tombamento
146	Década de 1990
149	Expediente 7506/2005 – Declárase ESMA Monumento Nacional
149	Antecedentes à abertura do estudo
152	Década de 1990
157	Década de 2000
161	Considerações sobre os processos administrativos Condephaat e CNMMyLH
167	**Capítulo IV – O tempo e os lugares: pretérito, presente, futuro**
169	Intervenções físicas nos edifícios
171	Antigo DOPS
199	Casino de Oficiales
222	Alterações físicas nos edifícios da repressão: uma comparação
224	A implantação de instituições memoriais
225	Memorial da Resistência
254	Um museu no Casino de Oficiales?
268	A importância do "lugar" e do memorial "no lugar"
273	Breve reflexão sobre a preservação de lugares de memória no Mercosul
277	**Conclusão**
291	**Bibliografia**
317	Anexo I – Carta de José Saia Neto
321	Anexo II – Ata 1158 da Reunião Condephaat de 06.07.1999
327	Anexo III – Síntese de Decisão do Condephaat – Reunião de 06.07.1999
328	Anexo IV – Resolução SC-28 de 08.07.1999
329	**Posfácio**

Agradecimentos

Este trabalho é fruto da discussão, colaboração e divergência de várias pessoas, especialmente porque vivi uma dificuldade adicional, que é trabalhar em período integral e conciliar a pesquisa acadêmica, o que pressupõe uma dedicação quase exclusiva. Embora tenha dividido meu tempo, não o fiz com perda de qualidade, nem na vida funcional nem na vida acadêmica. Mas certamente não obtive sucesso sem o apoio de pessoas parceiras e companheiras, que facilitaram trilhar esse caminho. Nenhum trabalho acadêmico é feito isoladamente, razão pela qual creio ser importante nomear algumas das pessoas que contribuíram para que essa pesquisa se tornasse possível.

Agradeço a:

Prof.ª Dra. Maria Helena Rolim Capelato, professora desde a graduação e que provocou, indiretamente, o desejo desta pesquisa quando me orientou na disciplina "Introdução à Pesquisa em História I" no ano de 2008. Maria Helena aceitou a orientação deste trabalho mesmo com todas as dificuldades metodológicas que ele apresentou desde o início, e muito contribuiu com seu suporte acadêmico-intelectual;

Prof. Dr. Mário Augusto Medeiros da Silva (UNICAMP), mais que um membro da banca de qualificação e de defesa, tornou-se um coorientador informal que discutiu, provocou reflexões e sugeriu modificações e acréscimos em artigos e neste trabalho. Além deste papel fundamental, é um grande amigo e pesquisador competente, sério e dedicado, prova do fôlego dos jovens pesquisadores;

Prof.ª Silvana Barbosa Rubino (UNICAMP), por ter inspirado minha atuação no patrimônio ainda em 2008, quando participei de um curso ministrado no Centro Universitário Maria Antônia. Cinco anos depois, nos encontramos no Condephaat. Agradeço sua leitura atenta a este e a outros trabalhos. As observações, sempre pertinentes, contribuíram para que esse trabalho pudesse ser aprimorado;

Prof.ª Dra. Ana Guglielmucci (Universidad de Buenos Aires), que muito contribuiu com seus trabalhos e discussões sobre o panorama argentino acerca da construção da memória; por seu auxílio em questões específicas e por sua generosidade em ouvir e dividir experiências;

Prof.ª Dra. Zilda Márcia Grícoli Iokoi (FFLCH/Diversitas-USP), grande inspiração desde os tempos da graduação, que além de ministrar uma das disciplinas de pós-graduação que cursei ao longo da pesquisa, contribuiu com leituras críticas, motivação na reta final desta pesquisa. Atuou com energia e vitalidade como Professora Supervisora do estágio PAE, que despertou questões importantes para a formação como docente, mas ainda mais como cidadã;

Prof.ª Dra. Caroline Silveira Bauer (UFPEL), que além de participar da banca de qualificação, contribuiu generosamente ao longo de toda a pesquisa com a indicação de bibliografia, notícias e projetos voltados à política de memória. Sua vitalidade de jovem pesquisadora inspirou-me;

Prof. Dr. José Antônio Vasconcelos, que ministrou disciplina importante e indispensável para as reflexões do trabalho e teve contribuição decisiva no recorte desta pesquisa quando ainda era um pré-projeto;

Prof. Dr. Paulo César Garcez Marins (MP-USP), que compartilhou de seu conhecimento acerca das instituições e práticas do patrimônio no Brasil, em suas disciplinas de graduação, pós-graduação e na atuação como membro do Condephaat. Suas provocações despertaram o interesse para ir para além do óbvio na investigação científica;

Prof. Dr. Francisco Alambert, que supervisionou um semestre de estágio PAE, e contribuiu com sua visão sobre a arte e a preservação do patrimônio como vívidas expressões sociais, seja como professor, seja como Conselheiro do Condephaat;

Prof.ª Dra. Ana Lúcia Duarte Lanna (FAU-USP), cuja atuação como Presidente do Condephaat, como professora e com a indicação de bibliografia, promoção de discussões e provocações contribuiu para uma atualização do debate acerca da preservação do patrimônio;

Ivan Seixas (Condepe-SP), Maurice Politi (Núcleo Memória) e Kátia Felipini (Memorial da Resistência), cuja luta pessoal se confunde com a trajetória de vida, por contribuírem decisivamente para a construção deste e de outros trabalhos acerca de lugares de memória e sobre a memória da ditadura;

Carlos Beltrão (UNIRIO), Pâmela Almeida (UNICAMP), Marcos Tolentino (UNICAMP), Juliana Carlos (Comissão de Anistia – Ministério da Justiça), Luciana Messina (IDES), Procurador Sérgio Suiama (MPF-RJ), Prof.ª Dra Lucília Siqueira (UNIFESP), Sabina Urribaren (FAU-USP), Prof.ª Dra Mariana Joffily (UDESC), pesquisadores e apoiadores generosos desta pesquisa, contribuindo com debates, bibliografia, notícias, informações, troca de experiências e, acima de tudo, acreditaram e respeitaram minha pesquisa desde o começo, e se dispuseram a ouvir o que tinha a dizer sem esquivarem-se de apresentar suas opiniões e críticas;

Tatiana Depetris que possibilitou a consulta ao Processo de conversão em patrimônio do complexo ESMA, junto à Comision Nacional de Monumentos y Museos y Lugares Históricos, na Argentina, além de boas indicações e conversas acerca dos lugares de memória naquele país. Em especial também à Ximena Duhalde, que além de tudo, franqueou o meu acesso a uma visita exclusiva aos edifícios da ESMA e ao Casino de Oficiales;

Marcelo Duhalde, diretor do Archivo Nacional de La Memoria, que possibilitou a visita à ESMA em companhia de Nathalia Benavidez, assessora de imprensa do Archivo, que dispôs de seu tempo e conhecimento na visita ao Casino de Oficiales – indispensável para a realização desta pesquisa – e presenteou-me com exemplares de livros publicados pelo ANM;

Nathalia e Daniel Matuck, Cibelle Moura, Priscila Jones, Fabio Mascherano, Cesar Oliveira, Mario Estrela, Fabio Gomes, Renato Libarino, Carlos Henrique de Oliveira, Eduardo Serafim, Tabson Somavilla, Juliana Samogin, Roberto Fires, Thiago Araújo e Nadine Paixão, amigos de longa data, que sempre acreditaram em mim e na minha pesquisa e percorreram comigo os mais diversos caminhos que permitiram que eu chegasse até aqui com a bagagem intelectual e de vida que tenho. Agradecimento especial ao amigo André Passos, que é responsável por grande parte de minha formação profissional e também intelectual. Parceiro de mestrado e entusiasta desta pesquisa, que sempre esteve presente.

Equipe da Unidade de Preservação do Patrimônio Histórico – UPPH, que se tornou minha segunda casa a partir de setembro de 2010, por me receberam tão bem e carinhosamente; em especial à Diretoria do GEI (Carlos Mourão e Ana Luiza Martins – grande historiadora e inspiração para a atuação profissional no Condephaat) e às Coordenadoras Marília Barbour e Valéria Rossi, que permitiram conciliar trabalho e pesquisa; agradecimento especial para minha Diretora Elisabete Mitiko Watanabe, que contribuiu com fontes coletadas durante sua pesquisa de graduação e que foi compreensiva com minhas necessidades durante os três anos de mestrado;

José Antônio C. Zagato, um amigo motivado que com suas observações sempre críticas e imbuídas de espírito público, ensinou-me sobre urbanismo e compartilhou ideias e experiências; devo a ele também a ajuda com o resumo em inglês, feito em tempo recorde;

Adda Ungaretti, amiga de trabalho e de vida, que me ensinou sobre arquitetura, ajudou com a leitura do texto e sugeriu melhorias nas disposições das imagens; sem ela, certamente meu trabalho teria sido mais árduo;

Amanda Caporrino, amiga e resistente historiadora, que também contribuiu muito com a leitura deste texto, sugerindo acréscimos e alterações, além dos incentivos e crença no meu trabalho; obrigada pelas caronas, pelas conversas e pelo companheirismo;

Alberto Cândido, amigo doce e carinhoso, que apoiou meu trabalho com seu olhar perspicaz e atento, sempre visando aprimorar as discussões e trazer tranquilidade nos momentos certos;

Silvia Wolff, com espírito conciliador, ajudou a tornar o fardo mais leve, jogando luz nos "porões";

Ao meu marido Eduardo Avanzo, companheiro desde a adolescência que além de apoiar meu trabalho, sempre me acompanhou em palestras, seminários, viagens e compreendeu minhas ausências;

Aos meus avós Luzia (*in memorian*) e Jurandyr Mazzali, meus segundos pais, que são parte da minha formação e de meu caráter; aos tios Luiz Fernando e Regina, Magda e José Francisco, que desde criança acompanharam meu desenvolvimento na escola e ajudaram nas dificuldades;

Aos meus pais, João e Regina Neves, que permitiram que eu estudasse livremente, apoiaram material e intelectualmente, corroboraram com minhas decisões, vibraram com minhas conquistas e me ampararam nas adversidades. Sem vocês eu não teria chegado a lugar algum.

Agradeço à FAPESP pela concessão de auxílio financeiro para a publicação deste trabalho e à Editora Alameda pela oportunidade e confiança na edição deste livro.

Prefácio

Tenho o privilégio de apresentar aos leitores este livro que considero uma contribuição de extrema importância para refletirmos sobre um passado, não muito distante, que não pode ser esquecido. Refiro-me, sobretudo, às práticas de violência que deixaram marcas profundas nas sociedades que viveram sob o jugo do poder militar.

Em seu Mestrado, Deborah Neves realizou uma pesquisa comparada sobre aspectos das ditaduras militares brasileira e argentina, abordando um tema incomum na historiografia desse período. Cabe lembrar que, a partir dos processos de redemocratização, o interesse pelas reflexões sobre as memórias das ditaduras ganhou destaque, resultando em trabalhos que investigaram a produção cultural, da imprensa, textos memorialísticos, políticas de segurança, de economia entre outros. No caso deste trabalho, a autora se dedicou à compreensão de aspecto específico e pouco explorado: as memórias que foram construídas a partir do patrimônio cultural material.

O patrimônio cultural, entendido como portador de valores simbólicos de uma sociedade, foi escolhido como objeto e fonte desta pesquisa que teve como objetivo reconstituir a memória das ditaduras brasileira e argentina a partir de ângulo muito original. A ousadia desta proposta de análise se justifica porque a autora é pesquisadora da Unidade de Preservação do Patrimônio Histórico e, portanto, dispõe de um conhecimento indispensável para a realização de uma tarefa dessa natureza.

Em perspectiva comparada, a autora analisou criticamente as transformações de uso e intervenções que ocorreram em dois edifícios-símbolos da repressão no Brasil e na Argentina: o prédio do DEOPS (*Departamento Estadual de Ordem Política e Social*) localizado em São Paulo e o *"Casino de Oficiales"*, localizado no interior do complexo da ESMA (*Escuela de Suboficiales de Mecánica de la Armada*) em Buenos Aires. Esses dois *Centros Clandestinos de Detenção*, após a redemocratização, passaram a ser entendidos oficialmente como "lugares de memória" por meio do tombamento e convertidos em sítios de memória e consciência. Desde então, os edifícios ganharam novos usos e nomes: o primeiro passou a chamar-se *Memorial da Resistência* e o segundo *Museo Sitio de Memoria ESMA*.

As principais fontes de pesquisa da autora foram os edifícios em si e os processos de tombamento desses prédios, com o objetivo de compreender o entendimento desses espaços associados às praticas de terror – detenção, tortura e assassinatos – como patrimônio cultural. Ao visitá-los, evidencia como os processos de tombamento foram permeados por conflitos, divergências e expressavam impasses e contradições vividas no presente (período de redemocratização) em relação ao passado ditatorial. Esses espaços foram reconhecidos como "lugares de memória" primeiro pela sociedade, que provocou o Estado a fazer o mesmo. Apesar dos percursos não-lineares, dos debates e disputas, o reconhecimento como patrimônio cultural finalmente ocorreu por ato oficial dos respectivos Estados.

A autora discute que, além da reparação simbólica produzida pelo ato de tombamento desses edifícios ligados a memórias traumáticas, essa medida contribuiu para fortalecer a defesa de Direitos Humanos e de valores democráticos, permitindo que as sociedades acessassem a História e as memórias das ditaduras a partir de perspectivas e suportes distintos dos já consolidados.

Não obstante, a pesquisa constatou que os edifícios foram objeto de intervenções físicas e estratégias de ocultação dos vestígios de violências praticadas, anteriormente, nesses locais. Aquelas que ocorreram no *Casino de Oficiales* foram realizadas ainda durante a vigência da ditadura – em 1979 –, com a finalidade de contradizer depoimentos dos poucos sobreviventes do local à Anistia Internacional; no caso do prédio do *Antigo DEOPS*, as intervenções foram mais impressionantes porque ocorreram já durante o período democrático.

A reforma do prédio feita a partir de 1999, foi iniciada sem a devida autorização dos órgãos de preservação do patrimônio, descaracterizou as celas e apagou vestígios deixados por detidos. Apesar das sucessivas negações públicas por parte do arquiteto responsável pela obra e da Secretaria de Estado da Cultura, Deborah Neves, ao desenvolver sua pesquisa, encontrou fotografias que provam a existência de inscrições nas paredes do edifício do *Antigo DEOPS,* confirmando o apagamento deliberado dos vestígios da memória do cárcere. Chamo a atenção do leitor para a importância dessa revelação feita pela autora, que se refere ao fato como "higienização do passado".

Nas conclusões finais há referências importantes sobre a relação entre História, Memória e Patrimônio. Deborah Neves questiona, por um lado, se é possível haver perenidade nas políticas de memória na Argentina com a mudança do quadro político-partidário, e por outro, a ausência de políticas de reparação capazes de potencializar a mobilização de atores sociais no sentido de manter vivas as memórias do passado, referindo-se, especificamente, ao caso do Brasil. Considero acertado esse questionamento da autora porque a "higienização do passado" em nada contribuiu para o fortalecimento de uma cultura política democrática no país e, além do mais, deixou brechas para a construção de memórias positivas em relação à ditadura.

Em resumo, espero ter convencido o leitor de que as análises apresentadas neste livro são muito importantes e oportunas para refletirmos sobre os embates do presente.

Maria Helena Rolim Capelato
Depto de História – USP

Introdução

Os temas "memória" e "patrimônio cultural" ganharam importância significativa com o advento da Segunda Guerra Mundial, embora as discussões tenham se iniciado ao final do século XVIII no caso do patrimônio, e nas primeiras décadas do século XX no caso da memória social.[1] O evento traumático, especialmente para as sociedades europeias, elevou ambos os temas a questão de interesse internacional, inclusive, criando a necessidade de preservação seja da memória, seja do patrimônio, ou de ambos em um mesmo suporte.

Este trabalho aborda a atuação de órgãos de preservação do patrimônio em São Paulo e em Buenos Aires, que decidiram, em algum momento, preservar locais que remetem à memória das ditaduras civil-militares que acometeram Brasil e Argentina entre as décadas de 1960 e 1980. Ademais, será também discutido como alguns desses locais foram utilizados para a instalação de instituições memoriais e quais as dificuldades e discussões que permearam suas constituições.

Analisar essas escolhas, seja sob a perspectiva da memória, seja do patrimônio ou ainda sob os dois aspectos conjugados, nos auxilia a compreender os projetos de democracia pós-ditadura, a reconstrução da confiança pública no Estado e também a compreender problemas inerentes ao passado que ainda persistem no presente.

O recorte histórico utilizado compreende a segunda metade da década de 1970 e se estende até o tempo contemporâneo, período em que, além das aberturas

---

1   As discussões sobre patrimônio iniciaram-se por volta de 1792, na França, por conta da destruição de bens imóveis associados ao Antigo Regime durante a Revolução Francesa. Já as discussões sobre memória enquanto fenômeno social coletivo na década de 1920, com Maurice Halbwachs.

democráticas em ambos os países, desenvolveram-se as discussões acerca de como promover a transição de regimes ditatoriais para regimes democráticos e como administrar esse legado do passado que ainda se faz presente.

A década de 1980 – quando as democracias voltaram a ser construídas no Brasil e na Argentina – foi marcante para a história não só da América do Sul, mas do mundo. Hobsbawm acredita que "não há como duvidar seriamente de que em fins da década de 1980 e início da década de 1990 uma era se encerrou e outra nova começou".[2] Para ele, esse fim de século foi uma era de decomposição e incertezas, o que gerou certa melancolia e desencanto. Não foi diferente com os países que aqui se analisou. Seus protótipos de democracia sofreram duros golpes ainda em seu princípio: no Brasil, a transição de governo entre o último ditador e o primeiro presidente civil ficou marcada pela não aprovação da Emenda Dante em 1983, impedindo eleições diretas mesmo após uma ampla mobilização popular, seguida pela morte de Tancredo Neves – presidente civil eleito em eleições indiretas – em 1984, o impeachment do primeiro presidente eleito por sufrágio universal pós--ditadura – Fernando Collor – em 1991 e a persistência de um Estado burocrático construído na ditadura. A Argentina teve seu primeiro lampejo de esperança com a eleição de Raul Alfonsín em 1983, considerada uma vitória no restabelecimento de instituições republicanas e do Estado de Direito com o julgamento de pessoas ligadas à repressão, torturas, desaparecimentos e mortes de opositores políticos, mas no fim de seu mandato criou frustração ao publicar as "Leyes de Olvido", limitando as punições aplicadas aos militares por crimes cometidos durante a ditadura. Em 1989, com a saída antecipada de Alfonsín da presidência, Carlos Ménem foi eleito presidente e decidiu anular tais punições – incluindo o perdão a Jorge Rafael Videla – e sua gestão não conseguiu solucionar a grave crise econômica que perdurou durante a ditadura e ainda tem resquícios até os dias atuais. Esses fatores certamente contribuíram para que a transição para a democracia em ambos os países viesse seguida da incerteza de dias mais prósperos, criando a desconfiança de que trata Hobsbawn.

Diante da "desesperança" e do desencantamento, o patrimônio e os museus podem servir para justificar a atuação política do Estado ou mesmo para tentar comungar um passado comum à sociedade. Tentativas de criação de marcos objetivando reconciliar a sociedade foram realizadas por Carlos Menem, quando propôs, em 1998, a demolição do complexo ESMA para a criação de um parque e

---

2 HOBSBAWM, Eric. *Era dos extremos: o breve século XX – 1914-1991*. Tradução Marcos Santarrita. São Paulo: Companhia das Letras, 2006, p.15

A PERSISTÊNCIA DO PASSADO

um monumento símbolo da união nacional; no mesmo caminho, o Governo do Estado de São Paulo, na figura do Governador Geraldo Alckmin e do Secretário de Cultura Marcos Mendonça, propôs, em 2002, a implantação do Museu do Imaginário do Povo Brasileiro no edifício que abrigou, por 44 anos, o DEOPS paulista, visando a "coleta, difusão, preservação e estímulo à produção das artes e da cultura popular brasileira".[3] Será analisado neste trabalho como essas propostas foram formuladas e abandonadas, e em decorrência, como foram instalados os memoriais que ocupam os dois edifícios, com propostas diferentes.

Quando esta pesquisa foi iniciada, em 2010, analisar historicamente memoriais relacionados à memória da ditadura e sua face patrimonializada era incomum. Houve dificuldade em encontrar bibliografia brasileira a respeito e, em contrapartida, abundância do tema da memória da ditadura na Argentina, despertando o interesse em compreender por que e como cada sociedade lidou de maneiras tão distintas com o passado difícil.

Em um de seus trabalhos, Seligmann-Silva afirmou que possivelmente uma das razões dessa dificuldade – ou mesmo negligência – era que enquanto no Brasil conta-se, oficialmente, um número de 600 mortos ou desaparecidos políticos durante o período da ditadura militar, na Argentina esse número ultrapassa os 30.000.[4] O argumento é insuficiente para explicar sociedades tão complexas e distintas entre si, ainda que haja consistência do ponto de vista da pressão social – uma vez que o número de atingidos diretamente pela repressão é maior, a mobilização popular exerce maior poder de coerção contra o Estado no sentido de reparar seus erros. A contabilidade de mortos certamente é incapaz de demonstrar os prejuízos sociais causados ao Brasil por 21 anos de ditadura, refletidos em problemas atuais como a persistência da corrupção, a impunidade, o abuso de autoridade, relações de clientelismo, desigualdade social aprofundada, privilégios a classes já privilegiadas. Toma-

---

3   SÃO PAULO. Governo do Estado. *Decreto nº 46.507*, de 21 de janeiro de 2002.

4   Em uma resenha do Livro "Memória em construcción", organizado por Marcelo Brodsky, o professor Márcio Seligmann-Silva apresenta o seguinte argumento: "A diferença é que a ditadura na Argentina fraturou muito mais profundamente aquela sociedade. O debate aqui em torno da memória da ditadura não pode ser comparado ao que aconteceu no nosso país vizinho. A discussão em torno da Esma (sic) reflete a dimensão da violência que foi exercida então pelos militares. Calcula-se que cerca de 30.000 pessoas desapareceram nas mãos do Estado durante a ditadura naquele país. Cerca de 300.000 tiveram que se exilar". SELIGMANN-SILVA, Márcio. *A construção da memória do terror na Argentina. Revista USP*, São Paulo, nº70, p.176-179, jun./ago. 2006.

-se emprestada a reflexão de Adorno sobre os efeitos do nazismo para discutir a questão dos números:

> Milhões de pessoas inocentes – e só o fato de citar números já é humanamente indigno, quanto mais discutir quantidades – foram assassinadas de uma maneira planejada. Isto não pode ser minimizado por nenhuma pessoa viva como sendo um fenômeno superficial, como sendo uma aberração no curso da história, que não importa, em face da tendência dominante do progresso, do esclarecimento, do humanismo supostamente crescente. O simples fato de ter ocorrido já constitui, por si só, expressão de uma tendência social imperativa.[5]

Assim, a despeito do número de vítimas fatais, o trabalho foi desenvolvido em um período em que houve emergência do tema da memória da ditadura no Cone Sul. Entre 2010 e 2014, houve, no Brasil, a discussão acerca da revisão de Lei de Anistia,[6] processos movidos por familiares de mortos pelo regime, ações do Ministério Público Federal pedindo a culpabilização de militares pelo sequestro continuado de pessoas e recentemente, o tombamento dos prédios que sediaram o DOI-CODI em São Paulo, entre outros fatos importantes. Na Argentina, novos juízos foram realizados, levando à prisão figuras como Jorge Videla, a recuperação da identidade de alguns filhos subtraídos de pais presos durante a ditadura, a identificação de vários lugares de detenção e tortura e a conversão em espaços de memória.

São elementos que apontam para a permanência do passado no presente, um passado que não foi completamente deixado em seu lugar porque ainda eclipsado. Trata-se, portanto, de temas contemporâneos e ainda correntes, de modo que "a História do Tempo Presente encontrou novos fenômenos sociais (…) extremamente importantes, sendo que o principal foi a questão da memória".[7] A História do Tempo Presente, corrente historiográfica surgida na França objetiva

> (…) trabalhar sobre o passado próximo e sobre a História Contemporânea no sentido etimológico do termo, ou seja, uma História (…)

---

5   ADORNO, Theodor. Educação após Auschwitz. In: *Educação e emancipação*. Tradução de Wolfgang Leo Maar. Rio de Janeiro: Paz e Terra, 1995.

6   BRASIL. Lei nº 6.683 de 28 de agosto de 1979. Concede Anistia e dá outras providências

7   AREND, Silvia Maria Fávero e MACEDO, Fábio. Sobre a história do tempo presente: Entrevista com o historiador Henry Rousseau. *Revista Tempo e Argumento*. Florianópolis: UDESC, V. 1, nº 1, jan./jun. 2009, p.207.

na qual o historiador investiga um tempo que é o seu próprio tempo com testemunhas vivas e com uma memória que pode ser a sua. A partir de uma compreensão sobre uma época que não é simplesmente a compreensão de um passado distante, mas uma compreensão que vem de uma experiência da qual ele participa como todos os outros indivíduos.[8]

Tradicionalmente, por estar a raiz da metodologia da pesquisa histórica moderna no século XIX, acredita-se que a História, um processo de longa duração, exige que o historiador enquanto investigador científico mantenha uma relação distanciada com o objeto, com vistas a possibilitar uma análise imparcial o quanto possível; sob essa perspectiva, não é possível investigar um processo que ainda é inacabado. Por outro lado, é possível fazer a história do inacabado, sob o alerta de que as análises realizadas nestas condições podem ser superadas por acontecimentos posteriores. Ao longo desta pesquisa, mudanças políticas ocorreram sem, contudo, prejudicar a análise proposta.

É bastante comum vermos historiadores escrevendo artigos em revistas ou comentando em telejornais acontecimentos imediatos, como os ataques de 11 de setembro de 2001 ou os levantes nos países árabes contra governos autoritários – é a História, como ciência, saber, respondendo a uma demanda social. Todavia, essas análises não escapam ilesas à crítica de "presentismo" (onde a única forma de compreensão do passado é a partir do presente), ou que o objeto de investigação é próximo e polêmico; para minimizar a crítica, deve-se então compreender que o grande desafio do historiador "é ser capaz de produzir a História do nosso próprio tempo, tentando obter uma reflexão que permita um recuo relativo"[9] mantendo-se à distância face ao próprio presente. A distância, neste caso, é evitar a instrumentalização da História nos debates acerca do tempo presente.

Hobsbawm afirma que é possível observar o "Breve Século XX" dentro de certa perspectiva histórica, ainda que sem o conhecimento da totalidade da historiografia disponível e de fontes em quantidade suficientes, sendo necessário, para isso, ter consciência das limitações que essa ausência impõe à pesquisa.[10] A principal tarefa do historiador não é julgar, mas compreender, sendo capaz de abstrair a

---

8   *Idem*, p. 201-202.

9   *Idem*, p.209.

10   HOBSBAWM, Eric. *Era dos extremos: o breve século XX – 1914-1991*. Tradução Marcos Santarrita. São Paulo: Companhia das Letras, 2006, p.7.

experiência histórica que formou as suas convicções apaixonadas. Uma advertência é feita pelo mestre: a quem viveu a experiência é fácil julgar[11] e, portanto difícil compreender. Ademais, mais importante que lembrar é entender, ainda que para entender seja necessário lembrar,[12] também nos adverte Beatriz Sarlo. Assim esta pesquisa foi realizada, com a cautela de saber que ao longo das investigações novos acontecimentos surgiram – por isso a importância da imprensa como uma das fontes –, e que o tema suscita mais memória que história para aqueles envolvidos com os locais analisados.

Diante disso, foram privilegiadas fontes institucionais que apresentam dados sobre a conversão do Edifício do *Antigo DOPS* e da ESMA em patrimônio cultural de suas respectivas sociedades e das legislações que advieram destas conversões, determinando o uso e a destinação de cada um dos edifícios. Testemunhos e relatos orais não foram as fontes principais porque a intenção foi compreender a lógica de atuação das instituições, mas foram importantes para compreender contextos e preencher lacunas deixadas pelos documentos oficias. Também nesse sentido utilizamos a imprensa escrita como fonte, já que esta, interessada em questões culturais e relacionadas às memórias da ditadura, abordaram principalmente os processos de constituição dos memoriais, de maneira nem sempre objetiva. Ou seja, privilegiou-se a imagem pública construída acerca das instituições e de suas ações de preservação. Entende-se, assim, que outras pesquisas podem se apoiar em relatos pessoais para responder a questionamentos que não serão resolvidos neste trabalho, porque o objetivo principal era compreender como aconteceu a construção pública de uma memória acerca do *Antigo DOPS* e da ESMA, a partir dos tombamentos e de sua utilização como instituição memorial e cultural.

As fontes relativas ao *Antigo DOPS* são oriundas do CONDEPHAAT – Conselho de Defesa do Patrimônio Histórico, Artístico, Arqueológico e Turístico do Estado de São Paulo – órgão responsável pela declaração e reconhecimento de bens materiais e imateriais como patrimônio cultural. Fontes indispensáveis para a compreensão do processo que levou à decisão do tombamento, além de ser possível identificar as políticas direcionadas ao edifício; também será possível compreender como as obras e reformas efetuadas no edifício determinaram seu uso, o objetivo do uso do instrumento de tombamento, bem como as polêmicas envolvidas.

---

11   *Idem*, p.15.

12   SARLO, Beatriz. *Tempo passado: cultura da memória e guinada subjetiva.* Tradução Rosa Freire d'Aguiar. São Paulo: Companhia das Letras, Belo Horizonte: UFMG, 2007, p.22.

A PERSISTÊNCIA DO PASSADO

Foram também consultadas fontes primárias no Arquivo Público do Estado de São Paulo, a partir de três fundos principais: Relatórios anuais da Estrada de Ferro Sorocabana, Prontuários do fundo DEOPS e Acervo Iconográfico do Arquivo do Estado de São Paulo. Os três fundos foram indispensáveis para preencher lacunas deixadas pela bibliografia em relação às datas e circunstâncias de construção do prédio do Largo General Osório, à sua ocupação e por fim, e mais importante, às reformas empreendidas no final da década de 1990. Com exceção do fundo DEOPS, os demais fundos não estão organizados, o que trouxe dificuldades à pesquisa.

Já as fontes que tratam da ESMA são compostas pelo processo administrativo que originou a declaração de Monumento Nacional ao complexo feita pela Comisión Nacional de Museos y Monumentos y Lugares Históricos – CNMMyLH–, além de leis e decretos que foram publicados sobre o assunto durante o andamento processual. Através do expediente administrativo foi possível compreender a motivação e o trâmite oficial que levou à declaratória do Casino de Oficiales como Monumento Histórico Nacional e a ESMA como Lugar Histórico Nacional. As leis, decretos e as resoluções são importantes para compreender a utilização do espaço e as políticas desenvolvidas para promover o complexo a uma referência na defesa dos direitos humanos.

Além dos arquivos da CNMMyLH, foram consultados documentos presidenciais de Raul Alfonsín, e documentos do Ministerio del Interior, que indicaram caminhos para entender as origens da visita da Comissão Interamericana de Direitos Humanos ao país no ano de 1979; esses documentos estão sob a guarda do Archivo Intermedio e possuem relativa facilidade de acesso, mas não estão catalogados. No Archivo General de la Nación foram consultados arquivos fotográficos que retratavam o cotidiano escolar da ESMA, as atividades da CONADEP e a mobilização de entidades de defesa dos Direitos Humanos. As fotografias estão bem organizadas por temas e o acesso, embora efetuado em horário bastante restrito, são de acesso público.

Tratam-se de fontes pouco exploradas – exceto o Fundo DEOPS, bastante utilizado por pesquisadores – cuja abordagem é bastante peculiar no campo da História, afinal, buscaremos compreender as declarações de patrimônio como construtores da História Oficial,[13] indutores de memória coletiva e os memoriais

---

13 Neste trabalho, a "História Oficial" é entendida como aquela que prioriza o relato histórico como narrativa de fatos e acontecimentos, geralmente vitoriosos, das classes dominantes, de maneira positiva e enaltecedora. De um modo geral, o homem comum, o

como resultados de políticas voltadas à promoção da história e da memória das respectivas ditaduras civis-militares.

Isso será possível através do exercício da história comparada, importante para identificar semelhanças e diferenças nos processos históricos, especialmente num contexto de globalização e crescente circulação de ideias entre os países e as pessoas.[14] No caso do Brasil, serve inclusive para quebrar o paradigma de que este é muito diferente e isolado de influência dos vizinhos de língua hispânica, e por essa razão, identificado como "superior" em comparação aos outros países da América Latina.[15] Com a determinação de recorte temporal e de tema bem delimitado e fontes de mesma natureza produzidas nos dois países, houve tentativa de evitar o risco de anacronismos e generalizações, bastante comuns em trabalhos de História comparada.[16]

Este trabalho analisa a prática de preservação patrimonial e a construção de memória social de duas sociedades próximas no tempo e espaço, que exercem influência mútua entre si especialmente no que se refere à mobilização de organizações de direitos humanos. Isso porque "quase toda crítica inscreve-se num trabalho de comparação", já que "não existe conhecimento verdadeiro sem uma certa escala de comparação. Sob a condição, é verdade, de que a aproximação diga respeito a realidades ao mesmo tempo diversas e não obstante aparentadas".[17]

Embora no princípio do século XX a comparação não tenha sido bem aceita por historiadores, é só por meio deste método que podemos identificar se al-

---

cotidiano não é analisado ou seu papel na história é subjugado. Para um aprofundamento do conceito, sugere-se a leitura de BENJAMIN, Walter. "Sobre o conceito de história". In: BENJAMIN, Walter. *Magia e técnica, arte e política: ensaios sobre literatura e história da cultura.* Trad. Sergio Paulo Rouanet. Pref. Jeanne Marie Gagnebin. 7ª Ed. *Obras Escolhidas*, V.1. São Paulo: Brasiliense, 1994, p.222-234.

14   Uma abordagem interessante sobre a histórica comparada é feita pela Professora Maria Lígia Coelho Prado, no artigo "Repensando a história comparada da América Latina." In: Revista de História, nº153, 2º sem.2005. São Paulo: Humanitas/FFLCH/USP, 2005, p.11-33.

15   Ver PRADO, Maria Lígia Coelho. "O Brasil e a distante América do Sul". In: *Revista de História*, nº145, 2º sem.2001. São Paulo: Humanitas/FFLCH/USP, 2005, p.127-149.

16   Sobre os desafios e qualidades do método comparado ver: CARDOSO, Ciro Flamarion; BRIGNOLI, Hector Pérez. O método comparativo na História. In: *Os métodos da História*. Tradução João Maia. 6ª edição. Rio de Janeiro: Edições Graal, 2002, p.409-419.

17   BLOCH, Marc. *Apologia da História, ou o ofício de historiador.* Tradução André Telles. Rio de Janeiro: Jorge Zahar Editora, 2001, p.109 e 65.

guma característica é ou não específica de determinado objeto. "É graças à comparação que conseguimos ver o que não está lá. Em outras palavras, entender a importância de uma ausência específica" e "o quanto fenômenos aparentemente similares diferem entre si".[18] Não é o objetivo comparar para afirmar a superioridade de um país sobre o outro em matéria de tratamento da memória sob os diferentes suportes propostos, mas aproximar as semelhanças e destacar as diferenças no processo social que levou à eleição de bens como patrimônio cultural de suas sociedades e o uso conferido a cada um deles. É para compreender como uma memória "inconveniente" foi administrada num contexto de construção de democracia pós-ditaduras.

A realização desse trabalho justifica-se por tratar a história comparada das ditaduras no Brasil e Argentina a partir de uma perspectiva diferenciada, ao passo que o objeto central são os memoriais e as políticas envolvidas na instauração destes. O tema do patrimônio só vem ganhando espaço na análise de historiadores, mas é notoriamente um campo de saber interdisciplinar. Assim, além de bibliografia da História, outras disciplinas foram importantes na construção deste trabalho.

A Arquitetura foi um dos campos utilizados para compreender a operação da memória sobre os espaços. Destaca-se a dissertação de Maria Sabina Uribarren, "A atuação da 'Comisión Nacional de Museos y de Monumentos y Lugares Históricos' da Argentina entre 1938 e 1946: sua intervenção no Conjunto Jesuítico da Igreja da Companhia de Jesus e da Residência dos Padres na cidade de Córdoba" (FAU-USP), que contribuiu na construção do entendimento da atuação do órgão na Argentina e na compreensão dos ideais envolvidos na decisão de preservação, ou de *tombamento* como conhecida no Brasil.

No campo da Museologia, destaca-se a dissertação de Carlos Beltrão do Valle "A patrimonialização e a musealização de lugares de memória da ditadura de 1964 – O Memorial da Resistência de São Paulo", orientado pela Profª. Drª. Marília Xavier Cury e Coorientado pela Profª. Drª. Regina Abreu no Programa de Pós Graduação em Memória Social da UniRio. Valle analisa a trajetória do Deops e do edifício, e confere destaque para os testemunhos de ex-presos na idealização e construção do projeto do Memorial da Resistência, além de proceder à análise da atuação museológica da instituição, buscando compreender a lógica de criação e permanência do Memorial não só como "museu", mas como um sítio de consciência.

---

18   BURKE, Peter. *História e teoria social*. Tradução Klauss Brandini Gerhardt e Roneide Venâncio Majer. São Paulo: Editora UNESP, 2001, p.40-41.

Este trabalho difere quanto à forma, já que a análise procura situar o memorial como bem patrimonial e como objeto da história, inclusive como fonte primária, já que as transformações pelas quais foi submetido o edifício contam quais interesses estavam em pauta quando da decisão do tombamento e da instalação do memorial. Além disso, aqui não são utilizados testemunhos, relacionados com o período de cárcere no Deops como fonte, já que um dos objetivos é compreender o período pós-ditadura. As entrevistas realizadas visam coletar informações acerca da trajetória da construção e concepção, além das disputas ideológicas envolvidas na instituição do Memorial da Resistência, buscando desvelar as políticas (ou não) de memória concebida para o local.

Apresentadas as semelhanças e foco de atuação dos órgãos brasileiro e argentino, consideramos necessário justificar a introdução de um órgão estadual – Condephaat (órgão de defesa do Estado de São Paulo) já que a comparação, neste caso, não se dá entre Brasil e Argentina, em geral, mas se trata de um caso particular, ou seja, o prédio do *Antigo DOPS* que foi tombado sob responsabilidade do governo do Estado de São Paulo.

O Iphan, órgão federal e equivalente à CNMMyLH da Argentina, mantém um estudo em andamento para o reconhecimento do edifício do *Antigo DOPS*, sem data para finalização. No entanto, consideramos que a análise do Processo do Condephaat é importante porque se trata de um trabalho pioneiro e que antecede aquela feita pelo órgão federal. Pretendemos compreender a política que orientou esta preservação o que permitirá, no futuro, estabelecer paralelos entre a estadual e a federal.

A atuação do Condephaat se dá no âmbito estadual. No entanto, o órgão argentino equivalente, *Comisión para la Preservación del Patrimonio Histórico Cultural*, da Cidade de Buenos Aires, não é a responsável pelo tombamento da ESMA, sob o encargo da CNMMyLH. Nesse sentido, este trabalho analisa a preservação em âmbito estadual em São Paulo, em perspectiva comparada àquela empreendida no âmbito federal, na Argentina.

Os órgãos de preservação na Argentina operam de maneira diferente dos brasileiros no que se refere ao patrimônio: no Brasil os tombamentos podem incidir sobre um mesmo bem em todas as esferas (municipal, estadual e federal) concomitantemente; na Argentina se há o reconhecimento pela CNMMyLH (órgão federal), não cabe aos demais órgãos municipais ou provinciais se manifestarem a respeito da importância de um bem a ser preservado, uma vez que a esfera máxima já o declarou relevante para a memória nacional.

Embora o tombamento do *Antigo DOPS* tenha sido feito por um órgão estadual entendemos que a natureza do bem e a sua eleição como patrimônio cultural se fazem imperiosas sobre o nível de proteção.

A fim de tratar de forma homogênea a preservação de edifícios no Brasil e na Argentina será utilizado o termo "tombamento", de origem portuguesa e que significa fazer um registro do patrimônio de alguém em livros de tombo, utilizado somente no Brasil. Na Argentina utiliza-se apenas "preservação" para indicar que o bem é protegido por órgãos de atuação patrimonial.

Cabe também explicar e diferenciar a forma como trataremos o prédio que abrigou o Deops e a instituição propriamente dita. Será utilizado o termo *Antigo DOPS* quando nos referirmos ao edifício tombado, pois foi essa a denominação utilizada pelo Condephaat. Será utilizada a sigla DEOPS, para tratar do órgão paulista. DOPS será utilizado quando se tratar do órgão federal, cuja sede estava no Rio de Janeiro. No caso argentino, utilizaremos o termo ESMA quando for abordado o lugar enquanto Centro Clandestino de Detenção, e *Casino de Oficiales* em referência ao prédio tombado.

O trabalho se organiza em quatro capítulos, da seguinte forma:

O capítulo 1 aborda os contextos históricos que levaram aos golpes de 1964 no Brasil e de 1976 na Argentina. Além disso, analisa a história da *Escuela de Mecánica de la Armada* (ESMA) e do Departamento Estadual de Ordem Política e Social (DEOPS) de São Paulo, enquanto instituições de repressão, bem como a história vinculada aos edifícios que predominantemente ocuparam.

No capítulo 2 será analisada outra prática semelhante no Brasil e na Argentina: a preservação do patrimônio cultural a partir de meados da década de 1930 como política reservada ao Estado. No bojo dessa análise mais ampla, está a investigação da preservação primitiva de edifícios ou locais diretamente ligados à ditadura: Edifício Maria Antônia e Arco do Presídio Tiradentes e *Club Atlético* e *Olimpo*, nas cidades de São Paulo e Buenos Aires, respectivamente. Isso porque estes locais foram os primeiros a serem tombados e merecem abordagem por trazerem em suas análises a marca de determinado momento na preservação do patrimônio ligado à memória da ditadura. A partir desta análise, será possível compreender a atuação dos órgãos na preservação dos edifícios da ESMA e do DOPS.

Os dois últimos capítulos tratam de analisar diversas operações realizadas sobre os mesmos suportes físicos: *Antigo DOPS* e *Casino de Oficiales*. Estes locais, onde durante as mais recentes Ditaduras aprisionaram, abusaram, torturaram e mataram seus opositores, passaram por intervenções físicas e sociais entre o período de utilização pelas forças de repressão e as duas décadas e meia de democracia em ambos os países.

No capítulo 3 serão analisados os processos de declaração do *Antigo DOPS* e da ESMA como patrimônio de suas sociedades por meio das instituições oficiais de preservação do patrimônio cultural. Por meio da análise dos autos administrativos constituídos por documentos originados nos órgãos estatais, será demonstrado que não se tratou de processos sociais pacíficos e isentos de conflito, e refletiram as contradições que a temática da ditadura ainda provoca em cada país. Essas preservações atuam como forma de remissão ao passado vivido naqueles locais e sua ressignificação social.

Já no capítulo 4 serão analisadas as alterações físicas às quais esses locais foram submetidos e a conversão desses locais em instituições memoriais. No contexto das democracias em processo de consolidação nas sociedades brasileira e argentina e em situações bastante distintas, esses lugares tornaram-se "lugares de memória" relacionados à ditadura, reconhecidos pela sociedade e por ato oficial de seus respectivos Estados.

Nos capítulos 3 e 4, portanto, é importante compreender cada uma dessas etapas – que não são necessariamente consecutivas – como formas de agir sobre um espaço simbólico de significação social. Estes locais não são socialmente entendidos como construções edilícias presentes na paisagem urbana de suas cidades de forma aleatória. São antes locais referenciais para os habitantes, seja por sua inserção geográfica, por sua monumentalidade, seja pela história a que eles remetem, e por isso, a compreensão das intervenções e destinações deles explicita muito acerca da forma como cada sociedade lidou com sua presença no espaço físico e no imaginário social. Será feita uma análise da preservação como patrimônio cultural dos edifícios do DEOPS e da ESMA.

Embora tenha sido desafiador trabalhar e desenvolver esta pesquisa concomitantemente, é importante destacar que as atividades desenvolvidas como técnica na Unidade de Preservação do Patrimônio Histórico da Secretaria de Estado da Cultura, e portanto, ligada ao Condephaat, permitiu compreender a lógica de atuação dos órgãos de patrimônio e também a prática de preservação. Com as deficiências e virtudes que o órgão traz em sua história, certamente trata-se de um lugar onde a pesquisa é exercida com liberdade, excelência e seriedade por seus técnicos. Não obstante a experiência empírica e a apreensão de conhecimento dos colegas, tive a oportunidade de instruir o Processo 66.578/12, que tratou do tombamento da sede do DOI-CODI em São Paulo. Além do privilégio de tratar tema tão instigante e desafiador para o campo do patrimônio, o parecer técnico e essa dissertação se beneficiaram mutuamente do conhecimento adquirido. Em 27 de janeiro de 2014, o Condephaat decidiu favoravelmente pelo tombamento do local, de maneira unânime. Portanto, o parecer técnico desenvolvido no âmbito da UPPH, bem como esta pesquisa, será objeto de análise e crítica num futuro próximo.

O desejo é que ambos possam contribuir com a discussão sobre o patrimônio, campo fértil e pouco explorado pelo o Departamento de História da USP, além de aportar elementos para discussão historiográfica e, sobretudo, incentivar outras pesquisas que tenham como objeto o patrimônio cultural.

Capítulo I

Brasil e Argentina: aproximações na história política

ANTECEDENTES HISTÓRICOS DE BRASIL E ARGENTINA

Brasil e Argentina são países que dividem fronteiras e episódios históricos, guardam semelhanças e diferenças em suas histórias. Uma das semelhanças, que contextualiza esta pesquisa, pode ser observada nas últimas quatro décadas do século XX, pois tanto no Brasil quanto na Argentina ocorreram golpes de estado promovidos por militares que usurparam o Poder Executivo e controlaram o Legislativo e o Judiciário. Embora haja diferença nos atores sociais que impulsionaram os golpes – no Brasil, a "ameaça" de instabilidade social e institucional foi apontada na figura do então Presidente João Goulart; e, na Argentina, grupos populares, sindicatos e organizações paramilitares configuravam esta mesma "ameaça" –, ambos os governos militares operavam dentro de uma estrutura ideológica compartilhada, a "Doutrina de Segurança Nacional".

O período da Guerra Fria gerou movimentos contrários à adesão dos países latino-americanos ao bloco capitalista, cujo auge foi materializado com a Revolução Cubana, em 1959. Surgia uma nova figura de ameaça aos interesses dos países pertencentes ao bloco capitalista: agora, as forças de segurança não deveriam preocupar-se apenas com as possíveis investidas de países estrangeiros à soberania de seus Estados, mas também com o inimigo interno, que poderia desestabilizar a ordem "democrática" ocidental. Isso porque "durante a Guerra Fria, os países latino-americanos deveriam lutar contra o comunismo dentro de suas fronteiras, enquanto os Estados Unidos defenderiam o hemisfério ocidental contra possíveis agressões externas do bloco soviético".[1]

---

1   CASTRO, Maria Helena de Santos. "A nova missão das forças armadas latino-americanas

32 DEBORAH R. L. NEVES

Em decorrência da necessidade de eliminar o inimigo interno, os Estados que aderiram à Doutrina de Segurança Nacional se utilizaram de expedientes que eliminavam o Estado de Direito com a decretação de Estado de Sítio. A partir de então, houve a minimização de direitos individuais, a suspensão de direitos políticos, a possibilidade de prisão para "averiguação" sem a necessidade de expedição de mandados e a submissão de "subversivos" civis à Justiça Militar,[2] configurando aquilo que ficou conhecido como Terrorismo de Estado.[3]

São estas características comuns não só ao Brasil e à Argentina, mas também a outros países da América Latina, que permearam o ambiente entre as décadas de 1960 e 1970. Um curto espaço de 12 anos separa o golpe militar brasileiro daquele mais recente e atroz argentino – que viveu uma sucessão de golpes nas décadas anteriores.

Contexto Brasileiro

No caso do Brasil, desde o suicídio de Getúlio Vargas, em agosto de 1954, as forças conservadoras passaram a atuar de maneira ostensiva em oposição ao avanço dos movimentos sociais. Juscelino Kubitschek, eleito em 1955 pelo voto direto, deparou-se com a resistência de seus opositores, que queriam impedir sua posse

---

no mundo pós-Guerra Fria: o caso do Brasil". *Revista Brasileira de Ciências Sociais*, V.19, nº54, fev. 2004, p.115.

2 Para uma discussão sobre os impactos da Doutrina de Segurança Nacional nos países latino-americanos ver: PADRÓS, Enrique Serra. "Repressão e Violência: segurança nacional e terror de Estado nas ditaduras latino-americanas". In: FICO, Carlos; FERREIRA, Marieta de Moraes; ARAUJO, Maria Paula; QUADRAT, Samantha Viz (orgs.). *Ditadura e democracia na América Latina. Balanço histórico e perspectivas.* Rio de Janeiro: Editora FGV, 2008, p.143-178

3 Alejandra Leonor Pascual, em seu estudo, afirma: "O jurista romeno Eugene Aroneau define como terrorismo de Estado 'o exercício do poder supremo do Estado, sem estar sujeito a nenhum tipo de controle, por meio de um sistema organizado e incentivado desde suas estruturas para a consecução dos seus objetivos' (Aroneau, *apud* Fontalini, 1984, p.83). De modo semelhante, Mignone (1991, p.54) considera que o Estado se transforma em terrorista quando, de forma clandestina e por decisão política, usa os meios de que dispõe para ameaçar, sequestrar, torturar, colocar bombas, realizar estragos, incêndios, entre outros, com a cumplicidade de todos os órgãos oficiais e colocando os habitantes em uma situação absoluta de falta de defesa". PASCUAL, Alejandra Leonor. *Terrorismo de Estado: a Argentina de 1976 a 1983.* Brasília: Editora da Universidade de Brasília, 2004, p.133.

A PERSISTÊNCIA DO PASSADO

por ele não ter obtido a maioria de votos no pleito.[4] Só pode assumir o poder com uma intervenção militar, e mesmo assim continuou a enfrentar a oposição de Jânio Quadros, candidato derrotado, que representava parte dos anseios da sociedade.

Nas eleições de 1960, Jânio Quadros conseguiu expressiva votação e foi eleito Presidente com o apoio de setores conservadores da classe média, latifundiários, industriais e de oficiais militares. Seu breve governo ficou caracterizado pelo foco no pagamento da dívida externa e no controle da inflação – um discurso que, embora necessário naquele momento,[5] era bastante consoante com aquele desejado pelos EUA, que visava limitar o impacto da Revolução Cubana, de 1959. Em agosto de 1961, apenas oito meses após sua posse, Jânio Quadros renunciou ao mandato. Com sua renúncia, assumiu o vice-Presidente, João Goulart, de perfil bastante distinto de Quadros.

Havia um descontentamento, desde 1946, de grupos políticos conservadores e de parte das Forças Armadas que, derrotados em pleitos eleitorais, passaram a desqualificar a democracia, classificando o regime como demagogo, que facilitava a manipulação do "povo ingênuo" e a corrupção generalizada que, segundo esse discurso, contaminou desde partidos até sindicatos. Esse clima de suspeição sobre a democracia somado ao avanço das forças conservadoras nos campos político e econômico e com reverberação nos veículos de imprensa foi determinante para a criação de um clima de "instabilidade" social, que levou ao Golpe de 01/04/1964.[6]

O poder foi tomado pelos militares com uma promessa de retorno à "normalidade democrática" nas eleições para Presidente no ano de 1965. Com a aprovação do Congresso para a extensão do governo de Castello Branco para até 15 de março de 1967, e a edição do Ato Institucional nº2, de outubro de 1965, que

---

4   Kubistchek foi eleito com 36% dos votos válidos por uma coligação do PSD com o PTB, que elegeu João Goulart, do PTB, como seu vice-presidente. Esse baixo percentual gerou questionamento da legitimidade do presidente.

5   Isso porque, no primeiro ano de governo de Quadros, o país estava com um montante de dívidas vencidas, contratadas durante o governo de Kubistchek, além da inflação crescente em decorrência da grande emissão de moeda; ambos os cenários foram consequência, entre outras coisas, da construção de Brasília

6   Um aprofundamento do período pode ser estudado em FERREIRA, Jorge; DELGADO, Lucília de A. Neves (orgs.). *O tempo da experiência democrática – Coleção O Brasil Republicano*, volume 4. Rio de Janeiro: Ed. Civilização Brasileira, 2003. O site www.brasilrepublicano.com.br, fruto de pesquisas financiadas pela FAPERJ também apresenta textos e outros materiais sobre o período.

34   DEBORAH R. L. NEVES

determinou que as eleições para Presidente, marcadas para novembro de 1966, teriam caráter indireto, a promessa não foi cumprida pelos militares. Frustravam-se, assim, as expectativas de retorno à democracia. Desse momento em diante, ocorreu o aprofundamento das restrições à liberdade individual, dos direitos políticos e a ampliação da atuação dos aparelhos de repressão, especialmente a partir de dezembro de 1968, com a edição do Ato Institucional nº 5.

Contexto argentino

Antes do Golpe de 1976, o processo político na Argentina já vinha sofrendo sistemáticos golpes militares desde 1955, quando Juan Domingos Perón foi destituído do cargo e substituído pelo General Eduardo Lonardi (este também deposto pelo General Pedro Aramburu). Um novo golpe em 1962 destituiu o General Arturo Frondizi, eleito indiretamente em 1959, acusado de se aproximar em demasia do Peronismo; essa acusação teve base na permissão dada por Frondizi para a volta do Partido Justicialista à legalidade, já que este fora cassado pelo golpe de 1955.

De volta à legalidade, o Partido Justicialista venceu as eleições de março de 1962 em 10 das 14 províncias argentinas, causando a revolta de militares contrários ao Peronismo. A destituição de Frondizi, forçada pela pressão dos militares, permitiu que o civil José Maria Guido, então Presidente do Senado, tomasse posse e permanecesse no cargo por alguns meses, suficientes para dissolver o Congresso, colocar o Partido Justicialista na ilegalidade novamente, anular as eleições para governador de província – que elevaram os peronistas ao poder –, e convocar novas eleições limitadas e controladas pelos militares.

Nas novas eleições para Presidente, Arturo Illia venceu as eleições com pouco mais de 25% dos votos.[7] Illia, que em 1962 foi impedido de tomar posse como Governador de Córdoba, permaneceu na presidência da Argentina até 1966. Nesse ano, um novo cenário político foi inaugurado: ao contrário dos golpes anteriores, que tinham caráter provisório, o golpe promovido por Juan Carlos Onganía instaurou um governo militar permanente, que se manteve até as eleições de 1973, quando o candidato peronista Héctor J. Cámpora foi eleito Presidente.

Com o slogan "Cámpora ao governo, Perón ao poder", ficava clara a intrínseca relação do novo presidente eleito em março de 1973 com a figura onipresente de Perón, que mesmo no exílio[8] fez a indicação para o lançamento

---

7   FAUSTO, Boris; DEVOTO, Fernando J. *Brasil e Argentina: um ensaio de história comparada (1850-2002)*. São Paulo: Editora 34, 2004, p.374.

8   Desde 1955, Juan Perón estava exilado. *Idem*, p.336-7.

da candidatura de Cámpora por seu partido. Não foi coincidência que apenas quatro meses após as eleições, em julho de 1973, Cámpora e seu vice renunciaram ao cargo.

Perón havia retornado à Argentina um mês antes e encontrou uma situação bastante diferente de quando estava no exílio: as eleições tinham sido permitidas no governo militar do General Lanusse, que também legalizou as atividades do Partido Justicialista, o que possibilitou a candidatura de Perón em uma eleição livre.

Eleito numa chapa composta por ele e sua esposa Maria Estela Martínez (conhecida por Isabelita), Perón tomou posse em outubro de 1973, mas morreu nove meses depois, em julho de 1974. Isabelita assumiu a Presidência, mas seu governo ficou marcado por crises econômicas em decorrência da alta do preço do petróleo no mercado internacional, aumento nas tarifas públicas, greves, hiperinflação, racionamento de alimentos e estagnação da economia. O clima social era de instabilidade, retratado inclusive pela imprensa brasileira:

> Durante uma semana, os portenhos se abasteceram prevendo um golpe militar – tido então como praticamente inevitável, em consequência do vazio de poder, do crescente caos político e social, e de uma das mais agudas crises econômicas da história recente da Argentina. (...)[9]

Na edição da semana seguinte, de 24 de março de 1976, a Revista Veja trouxe nova matéria sobre a situação na Argentina, e mais que uma mera descrição dos fatos, a publicação parecia cobrar uma "solução" militar à crise, à semelhança do que a imprensa escrita havia feito 12 anos antes no Brasil, conclamando os militares a tomar o poder para conter a desordem social:

> Mais uma vez na semana passada, não havia ocorrido na Argentina o golpe de Estado que há quase um ano vem sendo repetidamente anunciado como inevitável. (...) A semana útil, iniciada as 7h45 de segundafeira com a explosão de duas bombas no edifício do Comando Geral do Exército, em Buenos Aires, havia se encerrado na noite de sextafeira com novos recordes de violência – 22 mortos, o que eleva a 134 o total de assassínios políticos em 1976. E continuou a correr, caudaloso como sempre, o rio de greves, locautes, sequestros, atentados, falta de gêneros essenciais e especulações sem fim.[10]

---

9   "Fórmula pronta"? *Revista Veja*, 17 março de 1976. Editora Abril, p.42.

10   "Cinco Minutos". *Revista Veja*, 24 de março de 1976, p. 39.

Em 24 de março de 1976 veio o Golpe, auto-intitulado "Processo de Reorganização Nacional", instituído com vistas a cessar o cenário de violência permitido por Isabelita Perón. Iniciou-se ali o período mais sombrio e nefasto da história contemporânea argentina, no qual foi criado um sofisticado sistema de perseguição aos opositores das políticas do governo ditatorial, que contou com mais de 500 centros clandestinos de detenção, e que gerou um número oficial de 14.000 desaparecidos – embora organismos de direitos humanos acreditem ser 30.000 –, em sua maioria, trabalhadores.[11]

A sequência de golpes e as suas conexões com a Ditadura instaurada a partir de 1976 na Argentina, foi retratada pelo artista Daniel Santoro, na obra "Recuerdo de Plaza de Mayo, 1955", em que aponta nomes de pessoas responsáveis pelo bombardeio[12] da *Plaza de Mayo* no ano de 1955 e suas participações na ditadura a partir de 1976. A obra demonstra como os militares que ascenderam ao poder em 1976 já estava inseridos no cenário político argentino como personagens ativos, e como ao longo dos anos construíram uma imagem de prestígio que os legitimou a dar o Golpe. A frase "El mismo vuelo la misma muerte" expressa a continuidade dos mesmos atores em cenários similares.

---

11   SEOANE, Maria. El golpe del 76. In: *Memoria en construcción: el debate sobre La ESMA*. Buenos Aires: La Marca Editora, 2005, p.67.

12   Em 16 de junho de 1955, oficiais e suboficiais da Marinha e da Aeronáutica, com o intuito de matar a Juan Perón na Casa Rosada, bombardearam a Plaza de Mayo, matando em torno de 300 civis, que com outros, reuniam-se para prestar apoio ao presidente. Um relato minucioso deste episódio trágico da história recente argentina pode ser lido em PORTUGHEIS, Elsa (coord.). *Bombardeo del 16 de junio de 1955*. Buenos Aires: Archivo Nacional de La Memoria/ Secretaria de Derechos Humanos, 2010. A publicação está disponível também em formato pdf, gratuito, no site http://www.derhuman.jus.gov.ar/anm/PDF/30-Bombardeo.pdf, acessado em 23 jul. 2013.

Figura 1 – SANTORO, Daniel. Recuerdo de Plaza de Mayo 1955. (2005) Óleo sobre tela. Extraído de BRODSKY, Marcelo. *Memoria en construcción: el debate sobre La ESMA*. Buenos Aires: La Marca Editora, 2005, p.163.

Tanto na Argentina como no Brasil, o que podemos apreender é que o poder militar se institucionalizou como poder político ao longo dos anos, legitimado pelas classes civis políticas, que mantiveram comportamento permissivo com relação às intervenções militares na política. Os golpes se organizaram através de uma Junta de Comandantes formada pelos chefes das três forças militares de seus países. Na Argentina, a junta formada pelo General Jorge Rafael Videla, o Almirante Emílio Massera e o Brigadeiro-General Orlando Ramón Agosti durou apenas cinco dias e criou os instrumentos legais do chamado "Processo de Reorganização Nacional" que possibilitou a indicação de Jorge Rafael Videla à Presidência; Videla, então Comandante do Exército, acumulou os cargos de Presidente e de Comandante do Exército até 1978.

No Brasil, embora o presidente da Câmara dos Deputados tenha assumido a Presidência da República após o golpe, é sabido que esta foi uma manobra dos militares para conferir um ar de legalidade à situação.[13] Organizados no "Comando

---

13 MARTINS FILHO. João Roberto. "O 1° de abril". *Revista de História da Biblioteca Nacional*, Rio de Janeiro, ano 7, n°83, p.18-20, ago.2012.

Supremo da Revolução" estavam o Brigadeiro Francisco de Assis Correia de Melo, o vice-Almirante Augusto Rademaker e o General Artur da Costa e Silva. Em 11 de abril de 1964, dez dias após o golpe, o Congresso elegeu Humberto Castello Branco – também General do Exército – como Presidente da República.

Assim, ambos os países conviveram com um Poder Executivo centralizador e que concentrou o poder do Estado nas mãos das Forças Armadas, resultando em governos que "para disciplinar a la sociedad ejerciendo la violencia y el arbítrio, desconcentraba internamente el poder de decidir y ejecutar políticas públicas, difuminando las jerarquias del propio aparato estatal".[14]

Figura 2 – Da esq. para a dir.: Almirante Emilio Massera,
General Jorge Videla e Brigadeiro Orlando Agostí.
Foto: Autoria não identificada, extraída de
http://www.arecosemanal.com.ar/noticias/80073/1975-24-de-marzo-2011

---

14 "(...) para disciplinar a sociedade faziam o uso da violência e discrição, desconcentrava internamente o poder de decidir e implementar políticas públicas, excluindo as hierarquias do próprio aparelho do Estado". Tradução da autora a partir de NOVARO, Marcos. *Historia de la Argentina Contemporánea: de Perón a Kirchner*. Buenos Aires: Edhasa, 2006, p.69.

Figura 3 – Da esq. para a dir.: General Artur da Costa e Silva, vice-Almirante Augusto Rademaker e Brigadeiro Francisco de Assis Correia de Melo. Foto: *Jornal O Globo*, Rio de Janeiro, 10 abr. 1964. (agradeço a Álvaro Nunes Larangeira pelo envio da referência)

Não serão abordados nesse trabalho os desdobramentos de cada uma das ditaduras e de suas conexões, uma vez que não se trata do objetivo central da pesquisa. Entretanto, é importante tratar de duas instituições que serviram à repressão do Estado contra os seus insurgentes e que, durante o período de restabelecimento da democracia, viraram objeto de disputa social e de transformação em "lugares de memória": o DEOPS – Departamento Estadual de Ordem Política e Social de São Paulo, e o edifício *Casino de Oficiales*, nas dependências da *Escuela de Mecánica de la Armada* – ESMA, de Buenos Aires, Argentina.

A seguir, serão apresentadas as histórias destas instituições e dos edifícios que ocuparam ao longo da História.

História das Instituições

Escuela de Mecánica de la Armada

De acordo com a publicação comemorativa do cinquentenário de fundação da ESMA,[15] de 1947, a escola nasceu da necessidade de formar cidadãos argentinos com conhecimentos em manutenção de embarcações da Marinha. Os cursos foram iniciados ainda em 1883 em Tigre, cidade vizinha ao norte da capital Bue-

---

15 *Escuela de Mecánica de La Armada. Cincuentenário 1897-1947*. Buenos Aires: Ministerio de Marina/ Estado Mayor General/Sección de Publicidad, 1947. Disponível em http://www.exalumnosceaema.com/17-historia-de-la-escuela-de-mecanica-de-la-armada/, acessado em 24 jul. 2013.

nos Aires, onde precariamente foram formadas as primeiras turmas de mecânicos que trabalharam nas Oficinas e Bases da Marinha.

Um decreto do Ministro da Marinha, datado de 29 de outubro de 1897, criou formalmente a *Escuela de Aprendices Mecánicos de la Armada*, (que visava responder "militar y técnicamente a los fines para que ha sido creada")[16] e que deu início às grandes reformas empreendidas pelo Presidente General Julio Roca, com o intuito de melhorar a segurança externa do país em relação a seus vizinhos.

No ano de 1900, a *Escuela* mudou de Tigre para Dársena Norte, na cidade de Buenos Aires (Puerto Madero) onde já existiam Oficinas da Marinha; foi nesse período que ela se estruturou organizacionalmente, adotando regulamentos internos que estabeleceram critérios e periodicidade para a admissão de alunos além da elaboração da proposta pedagógica direcionada para a formação técnica e militar dos mecânicos da Marinha.[17] Em 1902, o nome foi mudado para *Escuela de Aprendices Mecánicos y Foguistas*. Em 1904, a formação de bombeiros (*"foguistas"*) foi extinta e o nome foi alterado novamente para *Escuela de Mecánicos de la Armada*. Entre os anos de 1911 e 1928, a nomenclatura adotada foi *Escuela de Mecánica de la Armada*.

Ao longo das duas primeiras décadas do século XX, a frota de navios cresceu e a necessidade de aumentar ainda mais os quadros de alunos fez com que a Marinha se preocupasse em ampliar a *Escuela*, uma vez que as instalações em galpões metálicos em Dársena Norte se mostravam insuficientes para a expansão pretendida. Em 1924, o município de Buenos Aires assinou um acordo que cedeu à marinha o terreno onde foi construída a ESMA, que ali permaneceu até o ano de 2004.

Ao longo dos anos, os Suboficiais da Marinha Argentina buscaram capacitação técnica em outros países trabalhando em estaleiros e fábricas de artigos navais, a fim de aperfeiçoar o conhecimento na construção e tripulação de navios. A ESMA se tornava referência em treinamento de pessoal para a Marinha; seu objetivo principal era "formar personal subalterno graduado, apto militar y tecnicamente para tripular los buques de La Flota" através de vários cursos, entre eles:[18]

---

16   *Idem*, Seção "Creación de la Escuela".

17   *Idem*, Seção "En Dársena Norte".

18   As informações sobre os cursos foram extraídas de *Escuela de Mecánica de La Armada. Cincuentenário 1897-1947*. Buenos Aires: Ministerio de Marina/ Estado Mayor General/Sección de Publicidad, 1947, Seção "Sus Actividades". Disponível em http://www.exalumnosceaema.com/17-historia-de-la-escuela-de-mecanica-de-la-armada/, acessado em 24 jul. 2013.

Capacitação Técnica Elementar para Marinheiros – curso voltado a quem já havia servido ao menos um ano na Marinha e desejava progredir na carreira militar a Cabo, nas especialidades de artilharia, eletricista, maquinista, radiotelegrafista, torpedistas, sinalizadores.

Alta Capacitação Técnica de Aprendizes Navais – realizado em 5 anos para jovens entre 14 e 18 anos que já ingressavam como Cabo e poderiam chegar a Subtenente, especializados em artilharia, armas submarinas, máquinas, eletricidade, radiotelegrafia e aeronáutica.

Elementar para Marinheiros Aprendizes – voltado para quem já estava na Marinha, e desejava especialização em radiotelegrafia, sinalizador, cozinheiro, furriel (posto militar entre Cabo e Sargento), e "torrero" (aquele que cuida dos faróis navais).

Tratava-se da formação de praças para a Marinha, mas também capacitava jovens que não seguiam a carreira militar; a *Escuela* oferecia, além do ensino das tarefas específicas, aulas de "moral, ética, higiene naval, así como historia y tradición naval (...)sesiones semanales de natación y gimnasia, e inclusive de otras actividades desportivas, com el propósito de formar hombres sanos y entusiastas".[19] Esses jovens, com formação profissional, passaram a substituir os veteranos "voluntários" que formaram as primeiras forças de defesa argentina e que não possuíam qualquer capacitação.

Com as reformas nas carreiras das Forças Armadas, critérios de promoção passaram a ser adotados e esses jovens puderam ascender profissionalmente, a ponto de já na década de 1920, boa parte do corpo de militares ter estudado nas escolas das Forças Armadas. As escolas profissionalizantes, não obstante, ainda consolidaram-se como um instrumento de favorecimento da integração nacional e inclusão de filhos de imigrantes, especialmente pela possibilidade real de seguir uma carreira militar após a prestação de serviço obrigatório (por um ano no Exército ou dois anos na Marinha) e, portanto, de ascensão à classe média "tradicional".[20]

---

19 Escuela de Mecánica de La Armada. Cincuentenário 1897-1947. Buenos Aires: Ministerio de Marina/ Estado Mayor General/Sección de Publicidad, 1947, Seção "Adecuada Educación Militar". Disponível em http://www.exalumnosceaema.com/17-historia-de-la-escuela-de-mecanica-de-la-armada/, acessado em 24 jul. 2013

20 As informações constantes neste parágrafo bem como uma análise sobre a formação das

Figura 4 – Alunos da ESMA em aula de elétrica.
Foto: Archivo General de la Nación, Dpto. Doc. Fotográficos. Argentina, s/d

Por décadas a ESMA foi utilizada apenas como instituição de ensino e preparação de jovens para a carreira militar e profissional – uma das escolas profissionalizantes mais importantes das Forças Armadas, tendo em vista que a Marinha teve seu poder bastante incrementado ao longo dos anos justamente pelo conflito iminente entre Argentina e Chile na região da Patagônia. Mas, a partir de 1976, aquele local se transformou no mais terrível centro de detenção clandestino da Argentina, ainda que tenha mantido as aulas regularmente, em prédios distintos, como veremos adiante.

De Escola a Centro Clandestino de Detenção

Como aquela que era uma Escola voltada ao ensino profissionalizante de jovens argentinos se transformou em *"Ese Infierno"*?[21] Tratou-se de um processo, e não de uma determinação repentina. O golpe já estava sendo gestado pela dire-

---

Forças Armadas no Brasil e na Argentina e as escolas profissionalizantes podem ser vistas em "Instituições: As Forças Armadas e a garantia da ordem" no capítulo 2 da obra FAUSTO, Boris; DEVOTO, Fernando J. *Brasil e Argentina: um ensaio de história comparada (1850-2002)*. São Paulo: Editora 34, 2004, p. 203-214.

21   O adjetivo é conferido no livro "Ese infierno: conversaciones de cinco mujeres sobrevivientes de la ESMA", publicado na Argentina em 2001 e escrito por Nilda Actis Goretta, Cristina Inés Aldini, Liliana Gardella, León Rozitchner e Manú Actis, todas sobreviventes da ESMA que decidiram relatar suas experiências dentro do centro de detenção.

A PERSISTÊNCIA DO PASSADO

ção das três Armas pelo menos desde 1975, quando o Exército interviu politicamente em Tucumán. Chamada de "*Operativo Independencia*", a operação militar comandada pelo Exército com o apoio de forças policiais locais tinha o objetivo de erradicar a ação do *Ejército Revolucionário del Pueblo* (ERP), uma guerrilha de esquerda que contava com 120 membros. A decretação do Estado de Sítio na província possibilitou a intervenção militar com o deslocamento de mais de cinco mil homens do Exército e a aniquilação do movimento. Além disso, as Forças Armadas saíram fortalecidas do episódio, uma vez que a então Presidenta Isabel Perón, por meio de Decretos, conferiu às Forças o poder de luta contra a "subversão" em todo o país.[22]

Como um prenúncio do golpe que estava por vir, os militares passaram a sequestrar e matar em locais secretos[23] não somente guerrilheiros, mas qualquer um que se declarasse simpatizante da esquerda. O *Operativo Independencia*, portanto, representou uma ruptura na relação da política repressiva, adotando não somente as táticas empreendidas pela *Triple A*[24] e outras organizações paramilitares, mas

---

22 BAUER, Caroline Silveira. "Aproximações entre o combate à Guerrilha do Araguaia e o Operativo Independencia na Argentina: preceitos da Guerre Révolutionnaire no Cone Sul". In: *Escritas*, V. 3, p. 84-102, 2011.

23 O Operativo Independencia utilizou a Escuela Famaillá como Centro Clandestino de Detenção, bem como outros três locais: Conventillos de La Fronterita, Comisaría de Famaillá e Escuela Lavalle. Desde junho de 2013, a Escuela Famaillá foi transformada em Espaço para a Memória. Informação constante de "La escuela de Famaillá será inaugurada como un espacio de memória". Disponível em http://www.prensa.tucuman. gov.ar/index.php/todas-las-noticias/1161-la-escuela-de-famailla-sera-inaugurada-como-un-espacio-de-memoria.

24 A Triple A (Alianza Anticomunista Argentina) era uma organização paramilitar formada em 1973 pelo Ministro de Bem Estar Social de Perón, José López Rega e outros grupos de inspiração fascista, que reunia oficiais e militares da ativa e/ou reformados – especialmente do Exército –, capangas de sindicatos e da extrema direita peronista e nacionalista. Contavam com apoio financeiro e logístico de agências estatais e com a conivência da Polícia Federal e de autoridades militares. Entre 1973 e 1975, com o argumento da "caçada à subversão", materializada especialmente na figura dos Montoneros, a Triple A promoveu mais de 900 assassinatos e contribuiu para o clima de insegurança e instabilidade na sociedade argentina, que levaram ao golpe em 1976. NOVARO, Marcos; PALERMO, Vicente. *A ditadura militar argentina 1976-1983: do Golpe de Estado à Restauração Democrática*. Tradução Alexandra de Mello e Silva. São Paulo: Editora da Universidade de São Paulo, 2007, p.104-107.

com uma metodologia baseada em "la práctica de secuestro y desaparición forzada cuyo dispositivo fundamental es el campo de concentración".[25]

> Com o golpe de 1976, esses métodos foram generalizados para todo o país. Militantes de esquerda, catequistas, guerrilheiros, sindicalistas, intelectuais, estudantes e suas famílias foram todos considerados subversivos. Sequestrados na rua, em casa ou no trabalho, as vítimas foram conduzidas para centros clandestinos de detenção onde a tortura era sistemática e elas sabiam na maior parte, serem os últimos dias de suas vidas.[26]

De acordo com Claudio Martyniuk, a partir da publicação do Decreto 2772, datado de 06/10/1975 – que conferiu amplos poderes de perseguição a "subversivos", como demonstrado no caso de Tucumán –, Emílio Massera, chefe da Marinha, começou a "acondicionar el edificio del Casino de Oficiales de Esma para su novo destino".[27] Não há consenso sobre a exatidão da data em que a ESMA passou a funcionar como Centro Clandestino de Detenção (CCD). Embora haja a indicação de que este e outros quatro centros iniciaram suas atividades clandestinas antes do golpe,[28] em fins de 1975, há uma tendência em indicar o mês de março de

---

25 CRUZ, Margarita, *et al.* Las prácticas sociales genocidas en el Operativo Independencia en Famaillá, Tucumán. Febrero de 1975 – Marzo de 1976. Grupo de Investigación sobre Genocídio en Tucumán (GIGET). Primeras Jornadas de Historia Reciente del NOA "Memoria, Fuentes Orales y Ciencias Sociales", Facultad de Filosofía y Letras, Universidad Nacional de Tucumán, julio de 2010. Disponível em http://www.historiaoralargentina.org/attachments/article/1erasjhrnoa/5.2.CRUZ-JEMIO-MONTEROS-PISANI.pdf, acessado em 19 ago. 2013.

26 DUGAL, Marie-Christine. *L'Ecole de Mécanique de la Marine (ESMA): Témoin des luttes de mémoires en Argentine.* 2008. 133f. Dissertação (Mestrado em História). Faculté des Arts et des Sciences, Université de Montreal, 2008, p.3. (Tradução livre da autora)

27 MARTYNIUK, Claudio. *ESMA: fenomenología de la desaparición.* Buenos Aires: Prometeo Libros, 2004, p.21

28 "Ali operaram cinco centros por onde passou a maior parte dos sequestrados: La Perla (Córdoba, mais de 2500 pessoas), Campo de Maio e Vesubio (Grande Buenos Aires, com quatro mil e duas mil sequestradas, respectivamente), a Escola de Mecânica da Marinha e o Clube Atlético (na capital federal, 4500 e 1500). Esses centros compartilharam o privilégio de haver iniciado suas atividades antes do golpe, em fins de 1975, e de se contarem entre os últimos a deixar de operar." NOVARO, Marcos; PALERMO, Vicente. *A ditadura militar argentina 1976-1983: do Golpe de Estado à Restauração Democrática.* Tradução Alexandra de Mello e Silva. São Paulo: Editora da Universidade de São Paulo, 2007, p.154

1976 como o começo do uso do local como CCD, sob o comando de Massera e os auspícios do Diretor da Escola Ruben Jacinto Chamorro.

A prática de criação de Centros Clandestinos de Detenção foi comum na Argentina como um todo – atualmente, calcula-se que existiram cerca de 500 centros deste tipo.[29] Segundo o informe *Nunca Más*,

> Las características edilicias de estos centros, la vida cotidiana en su interior, revelan que fueron concebidos antes que para la lisa y llana supresión física de las víctimas para someterlas a un minucioso y planificado despojo de los atributos propios de cualquier ser humano.

> Porque ingresar a ellos significó en todos los casos DEJAR DE SER, para lo cual se intentó desestructurar la identidad de los cautivos, se alteraros sus referentes tempoespaciales, y se atormentaron sus cuerpos y espiritus más allá de lo imaginado.[30]

A ESMA, todavia, é o maior centro de detenção clandestino da Argentina, instalada na Zona Norte de Buenos Aires. Acredita-se que em torno de cinco mil pessoas passaram por lá e pouco mais de 200 sobreviveram. Exerceu papel central no esquema de repressão argentino e abrigou no edifício *Casino de Oficiales* o *Grupo de Tareas 3.3.2*[31] – responsável pela investigação, captura, prisão, tortura e morte de milhares de pessoas, composto por membros de diversas forças de repressão e segurança. Foi um grupo que estava ligado, a princípio ao Serviço de Inteligência Naval, mas sua atividade "bem sucedida" na tarefa de combate à subversão conferiu autonomia tal ao Grupo, que este passou a se reportar ao Chefe das Forças Armadas por intermédio apenas do Diretor da ESMA, Rubén Chamorro.

---

29   O número fornecido pela CONADEP no ano de 1984 era de 340 Centros Clandestinos de Detenção, Tortura e Extermínio (CCDTyE). Ao longo dos anos descobriu-se um número maior de CCDTyE, chegando a mais de 500 na atualidade, de acordo com informações da Red Federal de Sítios de Memoria. Um mapa elaborado por essa iniciativa pode ser obtido em http://www.mapaeducativo.edu.ar/cms/images/stories/men/mapa_ccd.pdf.

30   CONADEP. *Nunca más*. 11ª Edição. Buenos Aires: EUDEBA, 1985, p.55

31   O grupo instalado na ESMA possuía esse número porque estava ligado diretamente à Marinha. Os GT 1 e 2 eram vinculados ao Exército, o GT 3 à Marinha, o GT 4 à Aeronáutica. Esse Grupo de Tarefas específico atuava na Grande Buenos Aires e na Capital, mas eventualmente atuou em outras províncias e mesmo no exterior. Fonte: CONADEP. *Nunca más*. 11ª Edição. Buenos Aires: EUDEBA, 1985, p. 257 e 132.

46   DEBORAH R. L. NEVES

Dividido em setores de Inteligência, Operações e Logística, o Grupo obtinha informações através de torturas infligidas a prisioneiros, pelos documentos apreendidos ou pela atuação de agentes infiltrados em movimentos de oposição ao regime, comandava sequestros e assassinatos a partir desta coleta de informações, roubavam os pertences das vítimas, – dos quais se apropriavam ou vendiam sob coação dos detidos para ajudar a compor o caixa financeiro da operação. Aproveitaram também a presença dos jovens da infantaria que estudavam na Escola e os encarregaram de transportar os detidos entre os cômodos do *Casino*, ao banheiro, de levar comida entre outras tarefas cotidianas. Pela pouca idade destes jovens marinheiros e pelo desvio das suas funções originais, há relatos de que muitos tiveram suas faculdades mentais prejudicadas.[32]

As atividades de prisão e tortura foram objeto de denúncias internacionais promovidas por sobreviventes que se mudaram da Argentina, o que provocou alguma alteração nas atividades internas, mas nunca a completa desativação do Centro Clandestino de Detenção, que só foi extinto em 1983, com a saída dos militares do comando do Poder Executivo.

Desde 2001, a escola passou a se chamar *Escuela de Suboficiales de la Armada* (ESSA) com o intuito de deixar para trás a sigla que se tornou sinônimo de morte e sofrimento. Uma medida importante, entendendo que a instituição, inserida numa sociedade democrática, não pode ser estigmatizada por atividades do passado que não se repetem no presente, conforme compromisso firmado pela instituição. A Marinha ocupou ao espaço até 2004 e, em 2005, a *Escuela* – que continua a prestar o serviço educativo e de formação de profissionais – foi transferida definitivamente para a Base Naval de Puerto Belgrano. Os edifícios do complexo são destinados, desde então, a resguardar a memória da ditadura, à difusão de programas de defesa dos direitos humanos e a outras atividades culturais.

Departamento Estadual de Ordem Política e Social de São Paulo – DEOPS – SP

Ao contrário da ESMA, o DEOPS não subverteu sua função original, pois foi criado como órgão de repressão civil já em sua origem. A Lei nº 2034 de 30 de dezembro de 1924 reorganizou a estrutura da Polícia no estado de São Paulo, à época sob o governo de Carlos de Campos e criou, subordinado diretamente ao Chefe de Polícia do Estado (o equivalente hoje ao Delegado Geral), sete delegacias especializadas, entre elas o DEOPS – Departamento de Estadual de Ordem Política e Social.

---

32   *Idem*, p.131

A PERSISTÊNCIA DO PASSADO

Na referida lei, não há elementos que justifiquem a criação desta delegacia especializada, tampouco seus objetivos. Entretanto, o contexto histórico e sua atuação ao longo do século XX permitem identificar essas lacunas. A atuação do órgão permitiu que o DEOPS se tornasse "um símbolo da truculência policial no trato das dissidências políticas e na vigilância dos ambientes de sociabilidade popular".[33]

Isso porque, embora instituída a República, desde o século XIX, os valores democráticos ainda careciam de sustentação social, uma vez que o poder político permanecia controlado por uma minoria intelectual e com poder econômico. Manifestações populares em geral eram vistas como turbulência e desordem que precisavam ser contidas com repressão. A nova configuração do sistema de mão-de-obra, contemporâneo ao advento da República, transformou as relações laboriosas, e os trabalhadores livres – em número cada vez mais expressivo, em especial nas capitais – reivindicavam melhorias de salário e condições de trabalho que ainda se assemelhavam às da escravidão.

Durante a década de 1910 e 1920, essas manifestações grevistas – muitas vezes de cunho anarcossindicalistas – tornaram-se cada vez mais vultosas e vistas com profunda reprovação pelos governos, que associavam essa "desordem" à presença de estrangeiros entre os operários. À insurgência social somava-se a criação do Partido Comunista em 1922 e o Movimento Tenentista, cuja expressão paulista teve lugar na Revolta de 1924. Esse ambiente de instabilidade social criou as condições necessárias para que o estado de São Paulo criasse o DEOPS, naquele contexto pensado e instituído "para a vigilância sobre os considerados 'suspeitos' de desordem política e/ou social".[34]

De acordo com o Decreto 4.715 de 23/04/1930, a esta delegacia cabia fiscalizar o descumprimento dos artigos do Código Penal de 1890, que versavam sobre crimes contra a independência, a integridade e dignidade da pátria, crimes contra a Constituição da República e forma de seu governo, conspiração, sedição e ajuntamento ilícito, crimes contra a segurança dos meios de transporte ou comunicação e constituição de sociedades secretas. Também cabia ao DOPS garantir a aplicação da Lei Eleitoral (Lei 1.269 de 15/11/1904) e de coibir a falsificação de moeda (Decreto 4.780 de 27/12/1923), além de controlar

---

33 FLORINDO, Marcos Tarcísio. *O serviço reservado da Delegacia de Ordem Política e Social de São Paulo na era Vargas*. São Paulo: Editora UNESP, 2006, p.13.

34 AQUINO, Maria Aparecida de. "DEOPS/SP: visita ao centro da mentalidade autoritária". In: AQUINO, Maria Aparecida de, *et al*. *O dissecar da estrutura administrativa do DEOPS/ SP – o Anticomunismo: Doença do aparato repressivo brasileiro. Famílias 30 e 40*. São Paulo: Arquivo do Estado, Imprensa Oficial do Estado, 2002, p.21.

(...) o processo de entrada de estrangeiros no território nacional, acompanhado do competente registro de fiadores e afiançados e de acordo, com os modelos aprovados pelo Chefe de Policia; a organização da estatística operária pelos métodos mais adequados; a fiscalização e observação do trabalho e da movimentação operária e as decorrentes das leis e decretos em vigor; a prevenção e repressão de anarquismo e demais doutrinas da subversão social.[35]

Dotado deste poder, o DOPS agiu livremente na investigação, perseguição e prisão de qualquer pessoa identificada como inimiga da pátria e de seus costumes. Sua atuação foi marcante nos anos de governo de Getúlio Vargas (1930-1945), período de instabilidade política, tentativas e conquistas do poder através de golpes e a instauração da ditadura do Estado Novo. Durante esta ditadura, a Polícia se fortaleceu e passou a contar com poderes de investigação, detenção e prisão praticamente ilimitados.

Na proposição da Lei de Segurança de 1935, que respaldou a ação dessa Delegacia e do aparato repressivo em geral, os militares tiveram papel proeminente, quer na qualidade de chefes de polícia, quer como magistrados do Tribunal de Segurança Nacional. Assim, esses aparatos governamentais supriam o poder executivo de mecanismos tanto repressivos quanto informativos, os quais seguiam à risca as orientações para o fechamento das instituições democráticas e a perseguição ao "inimigo interno". Tais esforços garantiram que em um curto espaço de tempo essas instituições policiais se tornariam o "braço forte" da repressão na instauração do Estado Novo em 1937, juntamente com as Forças Armadas.[36]

Nesse período de recrudescimento das ações de repressão, o órgão teve mudança em seu nome – "DEOPS" (Departamento Estadual de Ordem Política e Social) – e também em suas instalações; em 1937 foi transferido para o edifício que pertencera, até então, à Estrada de Ferro Sorocabana,[37] localizado no Largo Ge-

---

35 SÃO PAULO. Decreto nº 4.715 de 23 de abril de 1930, Artigo 94.

36 OLIVEIRA, Nilo Dias de. "O aparato repressivo na particularidade do estado republicano: as delegacias de polícia política". In: *Histórica – Revista Eletrônica do Arquivo Público do Estado de São Paulo*, nº 39, 2009. Disponível em http://www.historica.arquivoestado. sp.gov.br/materias/anteriores/edicao39/materia02/, acessado em 15 ago. 2013.

37 Com a finalização das obras dos novos edifícios de escritórios e estação da Estrada de Ferro

neral Osório, n°66, nas proximidades da Estação da Luz – onde desembarcavam migrantes e imigrantes chegados a São Paulo, daí a estratégia da localização. A edificação era ampla e possibilitava abrigar todas as delegacias do Departamento, que migrou aos poucos para o prédio, ocupando-o por completo no ano de 1946.

Pode-se, portanto, genericamente assinalar três grandes eixos de atuação do DEOPS durante sua existência no século XX:

> Desde sua criação até 1945, o órgão atuou na fiscalização e repressão a movimentos operários e sindicalistas e a movimentos insurrecionais – como o Tenentismo; em especial, sempre fiscalizou a atuação de estrangeiros nesses movimentos, extrapolando esse limite quando transcorria a II Guerra Mundial e após a adesão do Brasil aos Aliados, perseguindo, então, os estrangeiros que viviam no Brasil e eram nascidos em países do Eixo (Alemanha, Itália e Japão);

> Entre 1945 e 1964, a atuação do órgão – seguindo diretrizes de segurança pós Guerra preconizadas pelos Estados Unidos, que visavam conter o comunismo em países ocidentais – teve foco especial nos movimentos sociais contestatórios e na atuação do Partido Comunista Brasileiro (PCB), que teve seu registro cassado em 1947, logo após o fim da II Guerra e o início da Guerra Fria, quando o comunismo passa a ser visto como uma ameaça aos países do Ocidente sob a influência dos Estados Unidos.

> Finalmente, a atuação entre 1964 e o fim oficial do órgão em São Paulo, 1983, marcada pela perseguição a pessoas contrárias ao regime e suas políticas, bem como a grupos e pessoas ligadas ao pensamento de esquerda, incluindo artistas, políticos e o cidadão comum. O aprofundamento da crise com o Comunismo, datado da Revolução Cubana de 1959, fez o discurso da Doutrina de Segurança Nacional reverberar no meio das forças policiais e armadas; é nesse período que a lógica do "inimigo interno" passa a ser adotada pelos órgãos de segurança e repressão no Brasil, sob forte influência da política anticomunista dos Estados Unidos. Mesmo já no fim da Ditadura, campanhas como pelas Eleições Diretas foram bastante vigiadas pelo órgão.[38]

Sorocabana – hoje, o edifício de armazéns, localizado ao lado da estação foi cedido ao DEOPS.

38 Essa divisão temporal é feita por AQUINO, Maria Aparecida de. "O DEOPS/SP em busca do crime político. Série Dossiês, DEOPS/SP: Família 50". In: AQUINO, Maria Aparecida de. (*et al*). *O DEOPS/SP em busca do crime político*. São Paulo: Arquivo do Estado/Imprensa Oficial

A atuação do órgão durante a década de 1960 foi marcada pelo aumento da violência cometida por seus agentes. O DEOPS participou ativamente da "Operação Limpeza", que tinha como objetivo prender pessoas, cassar mandatos e exonerar funcionários públicos ligados ao Partido Comunista ou ao Presidente deposto João Goulart. A função do órgão era subsidiar as investigações do Serviço Nacional de Informações – SNI, fornecendo "Atestados de Antecedentes", para uma avaliação preliminar da pessoa considerada suspeita, e "Pedidos de Busca", documento com informações aprofundadas quando já havia indícios de participação da pessoa em atividades "subversivas".[39]

Os anos mais violentos do DOPS foram vividos sob o comando de Sérgio Paranhos Fleury. Presos foram torturados e/ou assassinados com a finalidade de obter confissões ou informações "pontos" – locais onde os opositores do regime se encontravam. Foi nesse período igualmente que surgiu o "Esquadrão da Morte", uma organização clandestina formada por policiais do DEOPS, que "caçava" – literalmente – pessoas consideradas suspeitas, seja de subversão, seja de crimes comuns. Esse "Esquadrão", a pretexto de eliminar criminosos comuns, chegou a assassinar centenas de brasileiros, muitos dos quais não registravam qualquer tipo de antecedente criminal. Assassinados, os corpos eram deixados em pontos distantes da capital ou mesmo "desaparecidos".

O sucesso dos Esquadrões – que tiveram início no Rio de Janeiro da década de 1950 – deu origem, em julho de 1969 à Operação Bandeirante – OBAN, uma equipe formada por policiais advindos do Esquadrão da Morte.

> Segundo um ex-delegado do Departamento de Investigações Criminais da Polícia Civil de São Paulo, o núcleo policial da OBAN provinha de um grupo especialmente selecionado de policiais "duros" que esse delegado havia reunido quando estava na diretoria do DEIC. Esses policiais já eram "muito brutais" quando passaram a executar

do Estado, 2002, e também por OLIVEIRA, Nilo Dias de. "O aparato repressivo na particularidade do estado republicano: as delegacias de polícia política". In: *Histórica – Revista Eletrônica do Arquivo Público do Estado de São Paulo*, nº 39, 2009. Disponível em http://www.historica. arquivoestado.sp.gov.br/materias/anteriores/edicao39/materia02/, acessado em 15 ago. 2013. A redação apresentada no texto é uma interpretação feita pela autora deste trabalho.

39 Uma análise aprofundada destes documentos hoje arquivados e disponíveis para consulta no Arquivo Público do Estado de São Paulo pode ser obtida em LONGHI, Carla Reis. *Ideias e práticas do aparato repressivo: um olhar sobre o acervo do DEOPS/SP – A produção do SNI em comunicação com o DEOPS/SP (1964-1983)*. Tese (Doutorado em História Social). Faculdade de Filosofia, Letras e Ciências Humanas, Universidade de São Paulo, São Paulo, 2005.

A PERSISTÊNCIA DO PASSADO

seu trabalho especializado para ele. Experientes em busca, captura e interrogatórios, esse grupo de policiais violentos foi então convidado a integrar a OBAN, tornando-se o núcleo dessa organização de segurança interna notoriamente violenta.[40]

Por meio de financiamentos privados e com a leniência das autoridades, incluindo o então Governador de São Paulo Roberto de Abreu Sodré, a OBAN garantiu autonomia de orçamento e liberdade para executar as tarefas.

> Todos os órgãos desta Secretaria [de Segurança Pública] ao efetuarem prisões de indivíduos suspeitos de subversão, terrorismo, deverão providenciar o encaminhamento dos mesmos, de imediato, para a Operação Bandeirante (Rua Tutóia – 921 – Paraíso). Após o interrogatório preliminar serão encaminhados, os civis para o DEOPS e os militares para suas respectivas Corporações.[41]

A OBAN paulista, considerada um sucesso dentro de seus objetivos, foi a base para a criação do Destacamento de Operações Internas – Centro de Operações de Defesa Interna – DOI-CODI, uma espécie de difusão deste modelo paulista para o Brasil todo. O experimento da OBAN se tornou institucional, dotando os DOI-CODI de orçamento, pessoal e sob o comando de um oficial do Exército, tornou-se o principal órgão de repressão do regime. É possível inclusive afirmar que o DOI-CODI, por sua estrutura e modo de operação, influenciou outros órgãos de repressão pela América Latina, como é o caso do Grupo de Tarefas 3.3.2, sediado na ESMA, Argentina. Isso porque, se observadas as estruturas, ambos os aparatos de repressão possuíam setores de Inteligência, Operações, Logística e Administração e agiam de maneira semelhante: sequestravam os suspeitos que, levados para os edifícios que abrigavam a estrutura destes aparatos, eram interrogados, torturados e assassinados.[42]

---

40   *Idem*, p.175-176.

41   *Informação sobre a Operação Bandeirante. 02/06/1970.* Arquivo do Estado de São Paulo, Fundo DOPS, Série Dossiês, 50-Z-9, 73, 13139. *apud* JOFFILY, Mariana. *No centro da engrenagem. Os interrogatórios na Operação bandeirante e no DOI de São Paulo (1969-1975).* Rio de Janeiro: Arquivo Nacional. São Paulo: EDUSP, 2013, p.38.

42   A análise da autora, a partir da leitura dos relatórios Nunca Más, Brasil Nunca Mais e do documento "O Destacamento de Operações de Informações (DOI) no EB – Histórico papel no combate à subversão: situação atual e perspectivas. Escola de Comando e

O DOI-CODI se tornou o principal e mais articulado órgão de repressão criado pela Ditadura Brasileira, mantendo o modelo de financiamento privado desenvolvido na predecessora OBAN.

> A Casa da Vovó[43] tinha uma estrutura de apoio, poderes incondicionais e um vigoroso suporte financeiro oferecido permanentemente por um grupo de empresários, todos preocupadíssimos com um eventual avanço do comunismo, ou talvez do socialismo, que aqueles jovens combatentes encarnavam armados, audazes, desafiando perigos e colocando a vida em risco. As ofertas de apoio vinham em forma de dinheiro, veículos, combustível, recompensas, vinham por intermédio de um representante oficial, um certo *Gama 10*, código que usava ao comunicar-se pelo rádio que equipava seu carro particular e que permitia sintonizar dia e noite o DOI-CODI e o DOPS. (…) As gratificações chegavam como salário complementar, emprego paralelo, vantagens pessoais e ajuda material (…) Os valores sempre foram secretos, mas suficientes para a autonomia financeira de muitos. Havia apoios paralelos, visitas e até almoços reservados com simpatizantes dos métodos empregados que iam ao local 'dar uma força' para os militares e civis do DOI-CODI. Um dos que almoçavam sistematicamente no prédio militar da Rua Tutóia era Nicolau dos Santos Neto, o *Lalau* (…).[44]

Ao DOI-CODI ficou a responsabilidade, desde 1970, pela investigação, captura e detenção de subversivos políticos. Diante disso, o DEOPS teve certo esvazia-

---

Estado-Maior do Exército, 1978", produzido por Freddie Perdigão Pereira levou a esta conclusão de semelhança e de possível replicação de modelo do DOI-CODI no Grupo de Tarefas 3.3.2 da ESMA. Certamente não é um estudo aprofundado sobre a questão e merece a atenção que esta dissertação não dá conta de atender. O documento de Pereira está disponível em http://www.prr3.mpf.gov.br/arquivos/Ditadura-Militar---A%C3%A7%C3%B5es-e-Representa%C3%A7%C3%B5es/Provid%C3%AAncias-C%C3%ADveis/A%C3%A7%C3%A3o-Civil-P%C3%BAblica---CASO-MANOEL-FIEL-FILHO/Doc06----Monografia/, acessado em 11 abr. 2013.

43   Percival de Souza afirma que assim eram conhecidas as instalações do DOI-CODI em São Paulo, batizada pelos próprios agentes que ali trabalhavam, porém se identificar a origem da alcunha.

44   Souza, Percival de. *Autópsia do medo: vida e morte do Delegado Sergio Paranhos Fleury*. São Paulo: Globo, 2000, p.13.

A PERSISTÊNCIA DO PASSADO

mento de suas funções, uma vez que passou a atuar quase como um órgão auxiliar. Uma vez obtidas as informações – também sob tortura – pelo DOI-CODI, os detidos eram encaminhados para a formalização de seu depoimento no DEOPS, onde eram submetidos novamente a castigos físicos e psíquicos.

Todavia, este esvaziamento das funções do DEOPS pode ser observado com mais veemência em outros estados,[45] já que o de São Paulo não se limitou a ser esse órgão auxiliar do Exército, justamente por contar com Sergio Fleury como seu chefe, desde agosto de 1969. O DEOPS paulista – que contava com quarenta delegados e estava instalado em um prédio imponente no centro da capital – não respeitou a primazia do DOI-CODI nas operações de captura e interrogatório de opositores do regime. Foi uma operação do DEOPS que prendeu Shizuo Ozawa (membro da VPR); essa prisão foi significativa porque levou ao encontro e morte de Carlos Marighella e Joaquim Câmara Ferreira (Toledo) ambos líderes da ALN, bem como de Eduardo Leite (Bacuri), líder da Resistência Democrática (REDE). Essas perdas foram impactantes para as organizações de esquerda e deram prestígio ao DEOPS, gerando uma espécie de "competição" e certa tensão com os agentes da OBAN. Nesse sentido,

---

45 Segundo Mariana Joffily, não dignifica que o DOI-CODI tenha monopolizado a repressão e perseguição política, uma vez que DOPS, Polícia Federal, CENIMAR e CISA atuaram na captura, prisão, interrogatórios, torturas e assassinatos de opositores políticos do regime. JOFFILY, Mariana. *No centro da engrenagem. Os interrogatórios na Operação bandeirante e no DOI de São Paulo (1969-1975)*. Rio de Janeiro: Arquivo Nacional. São Paulo: EDUSP, 2013, p.61. Além disso, há interpretações que apontam para uma cooperação entre os dois órgãos, para além de uma competição. O livro *Habeas Corpus* apresenta a seguinte informação: "O órgão, que teve entre seus chefes os delegados Romeu Tuma e Sergio Paranhos Fleury, extrapolou incontáveis vezes a tarefa de investigação e ficou conhecido também como um centro de tortura. A ligação simbiótica com o DOI-Codi e o modus operandi dos dois órgãos é explicada no relatório da CPI sobre a vala de Perus: 'Dops e DOI-Codi agiam articuladamente, embora em muitos momentos as duas estruturas concorressem em termos de ação repressiva. (…) Enquanto o DOI-Codi se incumbia das prisões e dos interrogatórios [realizados sempre sob tortura], o Dops, atuando também em prisões e obtenção de informações [também sob tortura], servia ainda para legalizar as irregularidades e formalizar o inquérito policial. (…) Era no Dops que os depoimentos obtidos no DOI-Codi eram oficializados e que, eventualmente, a prisão era assumida com a comunicação das autoridades judiciais e a suspensão de incomunicabilidade do preso.'" BRASIL. Presidência da República. Secretaria de Direitos Humanos. *Habeas Corpus: que se apresente o corpo*. Brasília: Secretaria de Direitos Humanos, 2010, p.108

Os presos políticos foram instrumentalizados pelo DOPS dentro de um equilíbrio frágil entre o desejo de apoderar-se dos militantes capturados – explorando as possibilidades de informação que pudessem ser coletadas – e as obrigações funcionais do sistema repressivo, que limitavam o papel do órgão a mero formalizador de inquéritos.[46]

Ou seja, o DEOPS não se restringiu a formalizar procedimentos burocráticos, e colhia novos depoimentos dos presos enviados pelo DOI-CODI com a finalidade de tentar obter mais informações, que pudessem não ter sido conseguidas. Deflagrou-se uma disputa interna nas forças de repressão pelo controle das informações para que as capturas mais importantes fossem realizadas pelo DEOPS e não pelo DOI-CODI. A disputa também foi travada em torno dos recursos oriundos do financiamento privado; todavia, isso não desorganizou a troca de informações entre os diversos órgãos que compunham o sistema repressivo.

A captura, prisão, tortura e interrogatórios seguiram acontecendo no DEOPS em São Paulo, mas em menor intensidade após a saída de Fleury do comando da Delegacia. As atividades permaneceram durante todo o período da Ditadura, até que o Decreto 20.728 de 04/03/1983, expedido pelo Governador José Maria Marin – pertencente ao quadro de indicados pela Ditadura –, extinguiu o DEOPS, considerando que "(...) foi celebrado convênio entre a União, através do Ministério da Justiça e o Governo do Estado de São Paulo, (...) que as infrações penais contra a Segurança Nacional são de competência da Polícia Federal (...)".[47] Certamente essa decisão está vinculada à abertura política no Brasil e com a eleição de Franco Montoro – membro do Partido do Movimento Democrático Brasileiro (PMDB)[48] em novembro de 1982.

A extinção do DEOPS a poucos dias da posse de Montoro, ocorrida em 15/03/1983, pode ser vista como uma forma de impedir que o órgão fosse controlado pela oposição e também de obstruir o acesso aos acervos documentais da ditadura; não obstante, foi uma maneira de prevenir uma suposta "caça às bruxas" dos funcionários que ali trabalharam, já que todos foram transferidos para outras

---

46 JOFFILY, Mariana. *No centro da engrenagem. Os interrogatórios na Operação bandeirante e no DOI de São Paulo (1969-1975)*. Rio de Janeiro: Arquivo Nacional. São Paulo: EDUSP, 2013, p.64.

47 SÃO PAULO. Decreto nº 20.728, de 4 de março de 1983. Extingue o Departamento de Ordem Política e Social e dá outras providências.

48 O PMDB é oriundo do partido de "oposição" permitido pela ditadura, o MDB – Movimento Democrático Brasileiro. A eleição de Montoro significava o avanço de forças democráticas e progressistas na política estadual.

repartições da Polícia Civil do estado.[49] O acervo documental do DEOPS ficou sob a guarda da Superintendência da Polícia Federal em São Paulo, sob o comando do ex-Delegado do DEOPS Romeu Tuma.[50] Somente em 1991, quando uma nova política de arquivos foi criada,[51] o acervo foi entregue ao Arquivo Público do Estado de São Paulo – que disponibilizou a consulta a familiares de mortos e desaparecidos e de pessoas diretamente atingidas pela ditadura. Em 1994, o acervo ficou disponível à consulta pública.[52]

---

49 AQUINO, Maria Aparecida de. "O DEOPS/SP em busca do crime político". Série Dossiês, DEOPS/SP: Família 50, in: AQUINO, Maria Aparecida de. (*et al*). *O DEOPS/SP em busca do crime político*. São Paulo: Arquivo do Estado/Imprensa Oficial do Estado, 2002. Além dessa referência, o próprio Decreto 20.728/83 determinou que a Delegacia de Explosivos e a Delegacia de Crimes contra a fazenda continuariam a existir, mas subordinadas à Delegacia Geral de Polícia (art. 2º), e que os policiais e demais funcionários fossem alocados em outras unidades.

50 Romeu Tuma foi Diretor Geral do DEOPS paulista entre 1977 e 1982, ano da extinção do órgão. No mesmo ano foi nomeado como Superintendente da Polícia Federal em São Paulo e em 1985 foi nomeado como Diretor Geral desta Polícia, em âmbito Nacional. Permaneceu neste cargo até 1992, um ano após a permissão de acesso ao acervo do órgão. O decreto 20.728/83 em seu artigo 3º determinava que cabia ao Delegado Geral da Polícia dispor sobre "(…) o acervo das unidades desativadas." Não obstante, Romeu Tuma também está vinculado aos casos de sepultamento de corpos de opositores políticos da ditadura em valas comuns no Cemitério de Perus. Ver: p.161

51 A Lei 8.159/1991 criou a política nacional de arquivo e privados e estabeleceu no Artigo 22 o pleno acesso aos documentos públicos e no Artigo 23, parágrafo 2º determinou que o acesso a documentos sigilosos referentes à segurança da sociedade e do Estado seria restrito por 30 anos a partir de sua produção, podendo ser prorrogado uma única vez. Dessa forma, oar arquivos do DOPS, produzidos a partir de 1961 já poderiam ser acessados. BRASIL. Lei nº 8.159 de 08 de janeiro de 1991. Dispõe sobre a política nacional de arquivos públicos e privados e dá outras providências.

52 A Resolução SC-38 de 27 de dezembro de 1994, assinada pelo Secretário da Cultura Ricardo Ohtake assegurou o acesso público ao Acervo DEOPS, mediante a assinatura de um termo de responsabilização pessoal do consulente por uso indevido dos registros.

As ocupações históricas dos edifícios

Identificadas e compreendidas as atuações das instituições em suas sociedades, é necessário analisar estes edifícios em sua potencialidade especial como fonte primária. Isso porque, embora os processos de conversão em patrimônio expliquem sobre o protagonismo social que estes lugares exerceram e exercem no imaginário coletivo, somente os prédios, materializados, podem contar histórias não registradas na "História Oficial". É por esta razão que esta pesquisa utilizou os edifícios não só como objeto de análise, mas como fonte primária. Assim, a seguir, será analisada a trajetória de ocupação destes edifícios. As reformas ou alterações físicas mais relevantes às quais foram submetidos serão analisadas no capítulo 4, quando também será analisada a conversão desses edifícios em instituições memoriais.

ESMA e Casino de Oficiales

No ano de 1924, a Marinha solicitou à municipalidade de Buenos Aires a cessão de uma fração de um terreno municipal com aproximadamente 14 hectares e que ocupava 400 metros da margem do córrego *Medrano*, localizado no bairro de Nuñez, "com destino a la instalación moderna de alguna de las Escuelas de Ministério de Marina".[53]

Segundo informações do *Instituto Histórico de La Ciudad de Buenos Aires*,

> (...) O Conselho Deliberativo determina a ordenança que cede a fração do terreno na condição de que, se por algum motivo se der outro desto ao terreno, este passaria imediatamente ao poder do município com todas as construções que tiverem sido feitas, sem direito a qualquer indenização.[54]

---

53   Termo de Cessão firmado entre a municipalidade de Buenos Aires e o Governo Nacional, constante do processo de reconhecimento da ESMA como patrimônio. Acervo da Autora.

54   Informação constante de *Memoria en construcción: el debate sobre La ESMA*. Buenos Aires: La Marca Editora, 2005, p.47. Tradução livre da autora.

A PERSISTÊNCIA DO PASSADO 57

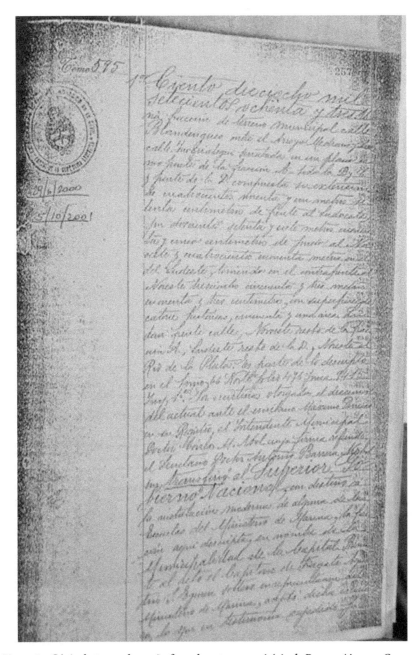

Figura 5 – Cópia do termo de cessão firmado entre o município de Buenos Aires e o Governo Nacional, constante do processo de reconhecimento da ESMA como patrimônio. Foto: Deborah Neves (set/2011)

Cedido o terreno, a construção foi executada a partir do projeto de um conjunto de edificações, elaborado pelo arquiteto Raul J. Alvarez, vencedor de um concurso público no ano de 1925; a concorrência foi realizada de maneira rápida, com vistas a acelerar o começo das obras. Iniciada em 1926, foi finalizada apenas dois anos depois, em 1928; essas novas construções ampliaram a capacidade de atendimento da escola de 60 para 2000 alunos por ano.

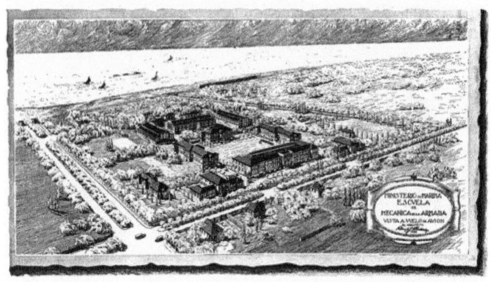

Figura 6 – Desenho de Raúl J. Alvarez para a ESMA. Fonte: Álvarez Raúl J. "Escuela de Mecánica de la Armada", *Revista de Arquitectura nº 93*, SCA, Buenos Aires, setiembre de 1928, pags. 366. O projeto original não contemplava a construção do Casino de Oficiales. Disponível em http://www.exalumnosceaema.com/17-historia-de-la-escuela-de-mecanica-de-la-armada/

A PERSISTÊNCIA DO PASSADO 59

Figura 7 – Foto aérea das obras do complexo (julho de 1928). Fonte: Álvarez Raúl J. "Escuela de Mecánica de la Armada", *Revista de Arquitectura nº 93*, SCA, Buenos Aires, setiembre de 1928, pags. 366.
Disponível em http://www.exalumnosceaema.com/17-historia-de-la-escuela-de-mecanica-de-la-armada/

Inicialmente, foram construídos 13 edifícios que serviam de apoio ao funcionamento da Escola: além do pavilhão de aulas – o edifício de *Cuatro Columnas* – foram erigidos refeitórios, dormitórios, enfermaria, casa de suboficiais, oficinas de aprendizagem e um edifício de comunicação.

Figura 8 – Edifício Cuatro Columnas. Foto: Deborah Neves (set.2011).

Entre as décadas de 1940 e 1950, quando, por meio de Decretos, a área destinada a ESMA foi ampliada até a Avenida General Paz a Noroeste e até as margens do Rio da Prata, a Nordeste[55] foram construídos mais sete edifícios, entre eles a *Escuela de Guerra Naval* e o *Centro de Estudios Estratégicos* – que hoje abrigam, respectivamente, o *Archivo Nacional de Memoria* e o *Centro Cultural Haroldo Conti*.

Figura 9 – Archivo Nacional de la Memoria. Foto: Deborah Neves (set.2011)

---

55 Informações sobre a evolução da ocupação podem ser obtidas em http://www.exalumnosceaema.com/16-antecedentes-y-fotos-de-los-comienzos-de-la-escuela-de-mecanica--de-la-armada/, acessado em 10 ago. 2013.

Figura 10 – Centro Cultural Haroldo Conti. Foto: Deborah Neves (set. 2011)

O prédio conhecido como *Casino de Oficiales*, onde foi instalado o Centro Clandestino de Detenção não fazia parte do projeto inicial e foi construído possivelmente neste mesmo período. Acredita-se que a data de construção do *Casino* seja 1946, segundo a *Revista del Mar*, que informa:

> Em 1946 foi finalizada a constrição da Casa de Oficiales; o edifício primitivo é ocupado pelos Suboficiais Superiores, que até então habitavam as cabines centrais dos pavilhões dos aspirantes.[56]

---

56   INSTITUTO BROWNIANO. *Revista Del Mar*, n°119, ano XXXVIII. Buenos Aires, 1983, p.127. Disponível em http://www.exalumnosceaema.com/17-historia-de-la-escuela-de-mecanica-de-la-armada/, acessado em 14 out 2013. Tradução livre da autora.

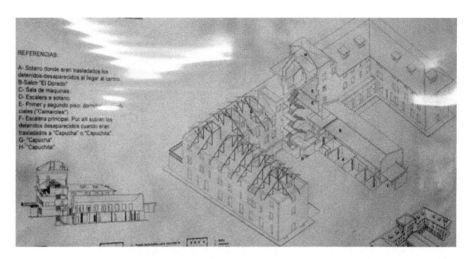

Figura 11 – Elevação do edifício em 3 dimensões, elaborada por Diego Machin e Sebastián Inácio, coordenados pelo Diretor Marcelo Castillo, da Facultad de Arquitectura, Diseño y Urbanismo da Universidad de Buenos Aires, afixada no hall de entrada do Casino de Oficiales. Destaque para o terceiro piso (ou o sótão) e para o porão na edificação central, com a descrição de cada um dos locais citados pelos ex-detidos. Ao lado esquerdo da edificação, ficavam El Pañol e La Pecera.
Foto: Deborah Neves, (set. 2011)

Como visto anteriormente, o *Casino de Oficiales* foi o centro das operações contra opositores da ditadura. Ali estavam instalados serviços de inteligência, oficinas de trabalhos forçados, salas de tortura e espaços para o encarceramento de pessoas. A ocupação deste edifício estava dividida da seguinte forma:

1. Concretizado um sequestro, o detido era imediatamente encapuzado ("encapuchado") e levado para o CCDyT determinado. No caso da ESMA, a entrada no edifício acontecia pela parte posterior do edifício, num grande pátio, onde os carros eram estacionados.

Figura 12 – Parte posterior do Casino de Oficiales, por onde os detidos ingressavam no prédio, após serem desembarcados dos carros. Foto: Deborah Neves (set.2011)

2. Ao ingressar no edifício pelas portas localizadas ao centro da Figura 12, os detidos seguiam à esquerda por um corredor até um grande hall; ao lado esquerdo deste hall, ficava o salão *"Dorado"*. Lá, estavam as dependências do Serviço de Inteligência, um salão de conferências e uma sala de reuniões.

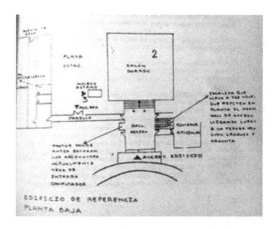

Figura 13 – Croqui elaborado por ex-detidos. O número 2 aponta o Salão *"Dorado"*.
Fonte: Nunca Más, p.91.

Figura 14 – Salão *"Dorado"*. Foto: Paula Bugni.
Disponível em http://www.ramona.org.ar/node/19460, acessado em 17 out. 2013

De acordo com alguns depoimentos, no *"Dorado"* também ficavam alguns detidos. "(...) Neste lugar é possível ver através de janelas próximas do piso que dentro do "Salón Dorado" havia grande quantidade de detidos com grilhões nas mãos e nos pés, sentados no chão e encapuzados. (...)".[57]

3. Atualmente, localizado ao lado de fora à direita do Salão *"Dorado"*, fica a porta de acesso dos detidos ao porão. O porão é um dos locais mais emblemáticos deste edifício. Lá ocorreram as torturas, estiveram instaladas as oficinas de trabalho forçado em falsificação de documentos, uma pequena gráfica e uma oficina de diagramação; ficava também o laboratório fotográfico, uma enfermaria para a recuperação dos detidos na tortura, um pequeno quarto de descanso para os militares e um banheiro.[58] Essa configuração foi modificada ao menos duas vezes[59] e era possível dinamizar o espaço porque as divisórias eram removíveis.

Figura 15 – Foto do porão na atualidade. Foto: Ângela De La Mora. Disponível em http://argentinaenfotos.com/AR13061066033865.html, acessado em 21 ago 2012

---

57   Testemunho de Jorge Carlos Torres. In: CONADEP. *Nunca Más*. p.131. Tradução livre da autora

58   Maria del Carmen Moyano afirmou em seu testemunho à CONADEP que *"(...)al sentir las primeras contracciones fue descendida al sótano de la ESMA donde estaban ubicadas la sala de tortura y la enfermería (...)"*. Moyano se referia à enfermaria que ficava no porão do Casino de Oficiales até 1977. CONADEP. *Nunca Más*, p.303.

59   As modificações físicas pelas quais o edifício passou serão tratadas no capítulo 4.

4. No primeiro e no segundo pavimento, ficavam os quartos dos militares, conforme identificado pela CONADEP em 1984. Todavia, ao serem retomados os julgamentos da ESMA no ano de 2003, novos testemunhos deram conta que no segundo pavimento foi instalada uma espécie de "maternidade", para onde eram levadas as mulheres grávidas para dar a luz a seus bebês. O local ficava no segundo andar, junto ao alojamento dos militares e ficou conhecido como *La pieza de las embarazadas*, e atendia inclusive a mulheres que estavam detidas em outros centros clandestinos de detenção. Os militares da Marinha tinham orgulho de sua pequena maternidade clandestina e apelidaram-na de *Sardá por izquierda* ou *Sardá de Chamorro*.[60]

Figura 16– Corredor em que ficavam as salas da "maternidade" da ESMA. Foto: Telam.

---

60   O Hospital Materno Infantil "Ramon Sardá" é uma das mais importantes maternidades públicas da Argentina, onde nascem em torno de 7000 crianças por ano. Além disso, é uma referência no tratamento de gestantes e bebês, razão pela qual os militares da marinha utilizaram seu nome para apelidar a maternidade clandestina da ESMA. Chamorro, como já visto neste capítulo, era o Diretor da ESMA. Essa referência é citada em DANDAN, Alejandra. La maternidad clandestina. Página 12, Buenos Aires, 03 jun. 2011. Disponível em http://www.pagina12.com.ar/diario/elpais/1-169411-2011-06-03.html, acessado em 22 out. 2013.

No momento do parto, as mulheres sequestradas eram acompanhadas por uma equipe de médicos e enfermeiros que prestavam assistência ao parto com materiais cirúrgicos. Mas pouco tempo depois do parto – que poderiam ser horas ou alguns dias – o bebê era retirado da mãe sob o argumento de entregá-lo à família da detida, mas a realidade era que estes bebês eram entregues à adoção para famílias de militares ou de simpatizantes do regime.[61]

---

61 Informações sobre a apropriação de bebês pode ser obtida em CONADEP. Nunca más, p.299-322; indica-se também a leitura de matéria jornalística em DANDAN, Alejandra. Parir en la Esma. Página 12, Buenos Aires, 06 nov. 2011. Disponível em http://www.pagina12.com.ar/diario/elpais/1-180635-2011-11-06.html, acessado em 22 out. 2013. Um relato de 15 mulheres que deram à luz na ESMA pode ser lido em DANDAN, Alejandra. Las 15 historias. Página 12. Buenos Aires, 06 nov. 2011. Disponível em http://www.pagina12.com.ar/diario/elpais/subnotas/180635-56472-2011-11-06.htmlacessado em 22 out. 2013. Recomendam-se também os filmes: A História Oficial (*La Historia Oficial*, Argentina, 1985, 112min.), O dia em que eu não nasci (*Das Lied in Mir*, Alemanha, 2010, 95 min.), que tratam da apropriação de bebês durante a Ditadura na Argentina.

5. No sótão do edifício, ficava a parte mais caracterizada como Centro Clandestino de Detenção: os cárceres – *capucha* e *capuchita* –, a dispensa (*el pañol*) e o "aquário" (*la pecera*). De acordo com o testemunho de Nilda Noemi Actis Goretta[62] à CONADEP, finalizadas as sessões de tortura no porão, os detidos eram conduzidos à *Capucha* ou à *Capuchita*. A figura a seguir apresenta uma reprodução gráfica do *Casino de Oficiales* em que é possível identificar cada um dos lugares descritos pelos detidos.

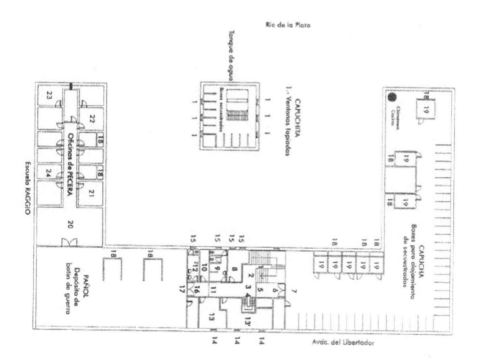

Figura 17 – Imagem da planta do terceiro piso ou do Sótão do Casino de Oficiales. Extraído de: Ese Infierno, p.25. Legenda: 1. Escada Central; 2. Guarda Armada; 3. Porta de Ferro; 4. Porta e escada para Capuchita; 5. Degrau ascendente; 6. Porta de Ferro; 7. Degrau descendente; 8. Refeitório (anteriormente Quarto das Grávidas); 9. Banheiro; 10. Motor do Elevador; 11. Degrau ascendente; 12. Banheiro; 13. Quarto; 13'. Quarto (também Quarto de Grávidas); 14. Janelas voltadas para a Av. Libertador; 15. Janelas voltadas ao Rio da Prata; 16. Porta de Ferro; 17. Degrau descendente; 18. Ventiluces; 19. Camarote; 20. Sala de uso comum; 21. Biblioteca; 22. Oficina de imprensa; 23. Arquivo; 24. Escritório do Oficial responsável da Marinha.

---

62   CONADEP. *Nunca más*, p.132.

A *Capucha* era o local onde os presos ficavam. Por ser clandestino, não havia celas típicas, com grades, mas apenas pequenos espaços entre as estruturas (tesouras) do telhado, divididos por placas de madeira aglomerada para separar os detidos, que ficavam todo o tempo com um capuz e algemados pelas mãos, pelos pés ou por ambos, sobre um colchonete.

Figura 18 – Capucha. Foto: Comision Bipartita.

6. A *Capuchita* estava localizada na parte central do edifício, onde estava a caixa d'água, e abrigava detidos de outras agências de repressão que não a ESMA – servia ao Exército, à Força Aérea e ao Serviço de Inteligência Naval. Nela havia locais para detidos e também salas de tortura.

> (...)*Me colocaram uma espécie de grilhão nos tornozelos, e durante todo o tempo estive algemado. Quando me levaram ao segundo piso, logo após passar pela "máquina", pude perceber que ali havia muita gente. Me colocaram entre dois tapumes não muito altos. Ali havia uma espécie de colchonete sobre o qual fui deitado. Pelo fato de estar usando grilhões, meu pé direito infeccionou, o que fez com que trocasse um grilhão por outro, preso ao pé esquerdo e unido pela outra extremidade a uma bala de canhão (...).*[63]

Figura 19 – Capuchita. Foto: Neurus.
Disponível em http://esmapordentro.blogspot.com.br/

---

[63] CORTELLETTI, Enrique. Testemunho. In: CONADEP. *Nunca más*, p.62. Tradução livre da autora.

7. No lado oposto e simétrico do edifício, também no sótão, estava *El Pañol*, local onde ficavam os pertences de detidos, saqueados pelos militares quando cometiam os sequestros – eletrodomésticos, roupas, eletrônicos, móveis, joias etc. Mas ali ficavam apenas os pertences menores, uma vez que imóveis, veículos e até mesmo empresas eram apropriados pelos militares, que utilizavam os serviços dos presos no porão para a falsificação de documentos de propriedade para poder vender estes bens. Segundo apuração da CONADEP, foi criada uma imobiliária pelos agentes do Grupo de Tarefas 3.3.2 para poder negociar os imóveis dos sequestrados. Os detidos muitas vezes eram convocados a separar e classificar os objetos que estavam em *El Pañol*.

Figura 20 – *Pañol*. **Foto: Neurus. Disponível em** http://esmapordentro.blogspot.com.br/

8. Ao lado de *El Pañol*, estava *La Pecera*, local onde parte dos presos era submetida a trabalhos forçados. Eram pequenas baias divididas por aglomerados de madeira, semelhante às divisórias da *Capucha*, onde os detidos passavam o dia a fazer recortes de notícias de jornais, traduções de notícias submetidas pelo Ministério de Relações Exteriores para publicação fora do país, elaboração de sínteses informativas e notas para difusão no Canal 13;[64] sempre atividades relacionadas à imprensa. Ali havia um controle de entrada e saída feito por um militar e a sala era monitorada por um circuito interno de televisão.

Figura 21 – Local onde funcionou La Pecera. Foto: Neurus.
Disponível em http://esmapordentro.blogspot.com.br/

Tanto em *El Pañol* quanto em *La Pecera* e também nas oficinas de falsificação de documentos no porão, trabalhavam detidos que faziam parte de um grupo chamado pelos militares de *Mini Staff*, pessoas que foram selecionadas para fazer parte de um "processo de recuperação". Esse processo consistia em fazer o detido tra-

---

64 O Canal 13, ou *El Trece* foi fundado em 1960 por Goar Mestre Espinosa, um cubano radicado na Argentina que ficou conhecido como o "Rei da Televisão". Em 1974, o Canal 13 foi estatizado pelo governo de Isabel Perón. Durante a Ditadura Militar argentina, vários canais estatais foram divididos entre as Forças Armadas – cada uma delas ficaria com um terço dos canais de televisão da capital. O Canal 13 foi distribuído à Marinha. Em 1989, durante o Governo de Carlos Menem, o Canal 13 foi vendido ao Grupo Clarín. Ver CALIFANO, Bernadette. Noticias sobre medios: la construcción periodística del diário Clarín de la privatización de los canales de televisión en 1989, *in*:Razón y Palabra, n°74. Eurorrexión Galícia-Norte de Portugal, noviembre 2010 – enero 2011. Disponível em http://www.razonypalabra.org.mx/N/N74/VARIA74/45CalifanoV74.pdf, acessado em 12 dez. 2013.

A PERSISTÊNCIA DO PASSADO

balhar para se "arrepender" de servir a organizações subversivas e no futuro, poder ser reconduzido ao convívio em sociedade. Todavia, realizar estas atividades não significava necessariamente uma "reconversão" por parte do detido e tampouco a liberdade e sobrevivência. As "vantagens" desses detidos eram melhor comida, roupas e algum contato com a família por telefone ou visitas supervisionadas.[65]

Não cabe julgamento moral sobre os que executavam estas tarefas e eram vistos como "eleitos" pelos militares. Nem todos sobreviveram e muitos fizeram as tarefas para minimizar o sofrimento dentro do Centro Clandestino de Detenção. O trabalho não era voluntário e não estava disponível a qualquer um e tampouco garantia a sobrevivência de quem o executava. O depoimento de Miriam Lewin Garcia à CONADEP informou que os militares afirmavam que a recuperação não era uma "filosofia" das Forças Armadas, já que o comum era não deixar ninguém livre.[66]

Um exemplo de pessoa que fez parte do "plano de recuperação" e que não demonstra qualquer "arrependimento" de ter feito parte de organizações de oposição à Ditadura é Victor Basterra, que atuou como fotógrafo da ESMA durante seu período de detenção e foi fundamental nas provas contra os militares em período de democracia. Victor tirou muitas fotos das instalações internas, de militares, de detidos que desapareceram e ao sair da ESMA, escondeu vários negativos em sua roupa – fotos produzidas por ele[67] e outras que não –, que serviram como prova material junto à justiça argentina.[68] Esse material se constitui, para além de provas, em mais um suporte à memória daquele período, e foi utilizado em obras como

---

65   Ver "El llamado 'proceso de recuperación'" e "Mini Staff" y "Staff". In: CONADEP. *Nunca más*, p.134-135.

66   CONADEP, *Op. cit.*, p.134.

67   No site http://www.desaparecidos.org/nuncamas/web/investig/basterra/basterra_01. htm#indice é possível visualizar algumas das fotos de autoria de Victor Basterrra.

68   Victor Basterra prestou dois testemunhos na justiça argentina: na década de 1980, no "Juicio a las Juntas" e no ano de 2010, no que ficou conhecido como Mega Causa ESMA. No site http://www.cij.gov.ar/esma.html é possível ter acesso a parte do conteúdo destes dois momentos processuais relativos à ESMA na justiça. No site do Centro de Estúdios Legales y Sociales (CELS) também é possível acessar informações (http://www.cels.org.ar/wpblogs/ccesma). A organização Memoria Abierta (www.memoriaabierta.org.ar) digitalizou 530 horas das sessões de julgamento realizadas na década de 1980 e disponibiliza para consulta em sua sede física. No site há apenas alguns fragmentos de vídeos e documentos. Outros testemunhos prestados no Senado, a jornalistas e outras entidades estão disponíveis, pelo sobrenome do depoente no site http://www.desaparecidos.org/nuncamas/web/testimon/

"Memoria en Construcción" de Marcelo Brodsky, que discute a reconversão da ESMA em espaço de memória. Brodsky teve um irmão sequestrado e que continua desaparecido até os dias presentes.

Figura 22 – Foto de Graciela Albertí, detida na ESMA e desaparecida. Esta imagem está entre as que Basterra localizou na ESMA, mas não é de sua autoria.
Fonte: BRODSKY, M. Memoria en Construcción.

Figura 23 – Rúben Chamorro, diretor da ESMA. Foto: Victor Basterra.

Antigo DOPS

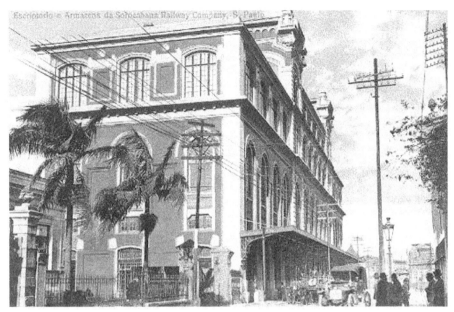

Figura 24 – Cartão Postal com ilustração do "Escriptório e Armazéns da Sorocabana Railway Company" – Editor Camillo Lellis – Itapetininga. Segundo Gerodetti e Cornejo, Este postal data provavelmente de 1915. Fonte: GERODETTI, José Emílio; CORNEJO, Carlos.
As ferrovias do Brasil nos cartões postais e álbuns de lembrança.
São Paulo: Solaris Edições Culturais, 2005, p.121.

O imponente edifício de cinco andares e de tijolo aparente localizado no Largo General Osório nº66, região central de São Paulo, teve sua construção iniciada no ano de 1906. Nesse ano, a Estrada de Ferro Sorocabana estava sob o controle do Estado, conforme apurado por esta pesquisa em relatórios oficiais daquela companhia, já que não havia disponível na bibliografia qualquer informação precisa acerca do início da obra. Este Relatório de 1906, apresentado pelo Engenheiro Alfredo Maia, apontava para a seguinte melhoria na Estação de São Paulo, de pequeno porte e que antes pertenceu à Companhia Ytuana: "(...) Construcção do Armazém Geral em São Paulo (...) grande armazém de 75 metros por 15, para servir à importação de mercadoria. (...) Deu-se começo à construcção do grande armazém central, onde deverão funccionar os escriptórios desta Estrada (...)"[69] (sic).

---

69 ESTRADA DE FERRO SOROCABANA; MAIA, Alfredo. *Relatório do anno de 1906*, apresentado ao Dr. Carlos José Botelho, Secretário da Agricultura, Commércio e Obras Públicas pelo Superintendente Engº Dr. Alfredo Maia. São Paulo: Vanorden e Cia, 1907, p.37.

Isso porque, segundo este mesmo relatório, "(...) a par do grande desenvolvimento do seu tráfego, deu-se o maior impulso ao melhoramento da sua situação presente (...) Assim, por exemplo, foi atendida a necessidade imperiosa de dar maior amplitude às suas instalações nesta capital."[70] Deste modo, ao contrário do que sempre se acreditou, o edifício do Largo General Osório nunca foi uma estação, mas o Armazém e Escritórios da E.F. Sorocabana, conforme também aponta o Mapa Topográphico do Município de São Paulo de 1930.

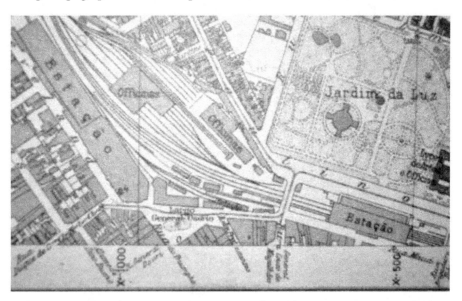

Figura 25 – A Esquerda, construção da nova estação, hoje Julio Prestes. Ao centro, prédio do Armazém. Ao lado direito e em destaque, o prédio da Estação da Sorocabana. À extrema direita, prédio da Estação da Luz, da São Paulo Railway. Foto: Deborah Neves. Mapa Topográphico do Município de São Paulo (SARA Brasil) de 1930, folha 24.
Acervo Arquivo Público do Estado de São Paulo.

Outro ponto de dúvida é com relação ao ano de finalização da obra. Em buscas aos relatórios da companhia, não foram localizados as reportagens referentes aos anos de 1913 a 1915 – possivelmente porque neste período a empresa estava sob controle de uma empresa privada. A bibliografia consultada[71] aponta que a

---

Acervo Arquivo Público do Estado de São Paulo.

70 Idem. Introducção.

71 KÜHL, Beatriz Mugayar. *Arquitetura de Ferro e Arquitetura Ferroviária em São Paulo: Reflexões sobre sua preservação*. São Paulo: Ateliê Editorial/ FAPESP/Secretaria de Estado da Cultura, 1998; SOUKEF JUNIOR, Antonio. *Sorocabana: Uma saga ferroviária*.

A PERSISTÊNCIA DO PASSADO

finalização da obra ocorreu em 1914, com projeto do Escritório Técnico de Ramos de Azevedo. A E. F. Sorocabana ocupou aquele edifício possivelmente até o ano de 1938. Isso porque em 1924 foram iniciadas obras para uma nova estação e escritórios em terreno adjacente ao já de propriedade da companhia, a fim de evitar a utilização da plataforma de transbordo de cargas da São Paulo Railway – o que implicava em custos adicionais à empresa – e ampliar a capacidade da Sorocabana. A plataforma da hoje estação Júlio Prestes foi inaugurada em 13/05/1930, mas as obras se estenderam até 1938, quando os escritórios foram finalizados.[72]

Acredita-se que a cessão do prédio do Largo General Osório ao DEOPS ocorreu entre 1939 e 1942, de forma paulatina.[73] De acordo com Watanabe, em 1940 apenas a Delegacia de Explosivos, Armas e Munições funcionava naquele local. Em 1941, a Chefatura de Polícia – instância à qual o DEOPS estava subordinado, juntamente com a Superintendência de Segurança Política e Social transferiu-se para o mesmo endereço. Em 1942, as demais delegacias finalmente mudam para o Largo General Osório.[74] Antes disso, o DEOPS ocupou prédios nas ruas Sete de

---

São Paulo: Dialeto Latin American Documentary, 2001; foram consultados também os diários oficiais do Estado de São Paulo e da União a fim de identificar licenças, alvarás ou outro documento que resolvesse essa lacuna. Todavia, só foi identificada uma concessão de isenção de impostos aduaneiros concedidos em 20/04/1911 pela Secretaria de Agricultura, Commercio e Obras Públicas do Estado de São Paulo, em relação ao material de ferro importado para o término das obras do armazém (*Diário Oficial do Estado de São Paulo*, 20 abr. 1911 p.1617). A referência mais próxima da data citada na bibliografia (1914) aponta que em 1915 a construção havia sido terminada, conforme Ilustração 24.

72 KÜHL, Beatriz Mugayar. *Arquitetura de Ferro e Arquitetura Ferroviária em São Paulo: Reflexões sobre sua preservação*. São Paulo: Ateliê Editorial/ FAPESP/Secretaria de Estado da Cultura, 1998, p.126. De acordo com o Relatório da E.F. Sorocabana, do ano de 1939, um dos acontecimentos de grande relevância para a empresa ocorreu em 1938: "(...) a inauguração do suntuoso edifício da Estação Nova, à Alameda Cleaveland, que teve início às 9.15 da manhã do dia 15 de outubro." ESTRADA DE FERRO SOROCABANA. *Relatório referente ao ano de 1938 apresentado ao Exmo. Sr. Secretário de Viação e Obras Públicas pelo Engº. Acrísio Paes Cruz*, Diretor. São Paulo: Salles Oliveira e Cia LTDA, 1939, p.XLVI.

73 Essa cessão foi possível porque desde 1919 a E.F. Sorocabana estava sob o controle do Governo do Estado de São Paulo. Portanto, a cessão não "onerou" a empresa, já que o proprietário desta era o mesmo do DEOPS.

74 WATANABE DOS SANTOS. Elisabete Mitiko. *DOPS: um estudo sobre patrimônio e memória*. Monografia (licenciatura em História). Universidade Camilo Castelo Branco, São Paulo, 2001, p.21.

Abril nº 81, dos Gusmões nº 86 e Visconde do Rio Branco nº 280.⁷⁵ Por um curto período, entre 1949 e 1953, uma parte do acervo do Arquivo do Estado ficou abrigada temporariamente naquele prédio por conta da mudança da instituição da Av. Rio Branco para a Rua Antônia de Queiroz.

Figura 26 – Parte da fachada frontal do Edifício, cujo desenho foi cedido ao CONDEPHAAT pelo Escritório Técnico Severo & Villares na déc. 1980. Note-se que no desenho há um pavimento a menos que o executado. Foto: Deborah Neves

A ocupação do edifício pelo DEOPS sempre foi algo bastante obscuro: há poucas imagens internas durante a ocupação do órgão policial e todas são anteriores ao período da Ditadura Civil-Militar. Esse fato dificulta uma reconstrução fiel da ocupação, que remete ao período mais crítico da repressão pelo órgão, inclusive no que se refere à exatidão da data de construção das celas.

Para uma reconstrução provável de ocupação do edifício, recorreu-se à bibliografia e à pesquisa em Diários Oficiais, que publicavam convocações, licitações e outros assuntos administrativos referentes ao DEOPS e que apontam para uma suposta distribuição das delegacias pelos cinco andares do prédio. Ao menos ao final da década de 1950 e início da de 1970, sugere-se que as repartições estavam assim alocadas:

75 ARAUJO, Marcelo Mattos; NEVES, Kátia Regina Felipini; MENEZES, Caroline Grassi Franco de. *O memorial da Resistência de São Paulo e os desafios comunicacionais*, in: Revista Anistia Política e Justiça de Transição, nº3 (jan. – jun.2010). Brasília: Ministério da Justiça, 2010, p.233.

1. No térreo, a leste do edifício, ficavam 10 celas – seis no espaço projetado sobre a planta original do prédio e quatro num anexo externo voltado para a ferrovia, construído em data posterior e incerta.

Figura 27 – Maquete presente no Memorial da Resistência, simulando as características das celas demolidas. No alto e centro da imagem, ficavam as celas. As duas à esquerda hoje são um salão onde há a exposição de longa duração sobre a repressão desde a criação da República (1889); já as quatro no centro estão com sua configuração física mantidas e abrigam simulacros das celas; à direita, as quatro celas do "Fundão", demolidas em 1999. À esquerda das celas, uma sala de descanso dos carcereiros e um banheiro. Abaixo das quatro celas, à esquerda da imagem, a carceragem. A esquerda e na parte de baixo da imagem, uma pequena sala de entrada e a área da escada e do elevador. Foto: Deborah Neves.

2. no primeiro andar ficava uma cozinha;[76]

---

76 DEPARTAMENTO DE OBRAS PÚBLICAS. Poder Executivo. *Diário Oficial do Estado de São Paulo* de 12 de Janeiro de 1967, p.42.

3. no segundo andar: Divisão de Ordem Social[77] e a Delegacia de Explosivos, Armas e Munições, que ocupava 10 salas naquele andar.[78] Neste pavimento funcionou também a Delegacia de Estrangeiros, até 1969,[79] e uma biblioteca, que oferecia cursos de línguas e 3.707 volumes de livros,[80] mas que em 1957 foi desativada para a alocação "do protocolo, recebimento de carteiras, fichário geral" da Delegacia de Estrangeiros. Neste andar, também foram instalados o Cartório e a sala de Subchefia dos Investigadores.[81]

Figura 28 – Fichário e Arquivo da Del. de Ordem Social. Fonte: Prontuário 126.204-B, p.55. Arquivo Público do Estado de São Paulo, 1957.

---

77 SOUZA, Percival de. Op. Cit, p. 33.

78 Arquivo Público do Estado de São Paulo Prontuário 126.204-B, 1957, p.8.

79 A Delegacia de Estrangeiros, que antes esteve instalada na Al. Barão de Limeira, funcionou no prédio do DOPS entre 1953 e 1969, quando foi transferida para o Palácio das Indústrias, bairro de Parque Dom Pedro II. Ver: DELEGACIA ESPECIALIZADA DE ESTRANGEIROS. Relatório referente aos trabalhos realizados pela Delegacia especializada de estrangeiros durante o exercício de 1953, p.2. Prontuário 126.204-A. Arquivo Público do Estado de São Paulo, 1953; e também: Delegacia de Estrangeiros e Centro de Identificação já funcionam em nova sede. Poder Executivo. Diário Oficial do Estado de São Paulo de 19 de Agosto de 1969, p.2.

80 SECRETARIA DE SEGURANÇA PÚBLICA. Departamento de Ordem Política e Social. Relatório do ano de 1953, p.29. Prontuário 126.204-A. Arquivo Público do Estado de São Paulo, 1953.

81 SECRETARIA DE SEGURANÇA PÚBLICA. Departamento de Ordem Política e Social. Relatório do ano de 1957, p.12. Prontuário 126.204-B. Arquivo Público do Estado de São Paulo, 1957. Segundo informações do mesmo relatório (p.2), os livros foram transferidos para a biblioteca da Secretaria de Segurança Pública.

Figura 29 – Delegacia de Estrangeiros. Fonte: Prontuário 126.204-B, p.62.
Arquivo Público do Estado de São Paulo, 1957.

4. entre o segundo e o terceiro andar, uma cela exclusiva onde ficavam presos sobre os quais ninguém poderia saber "absolutamente nada" e ficavam sob a responsabilidade do Delegado[82]; segundo o testemunho de Alípio Freire,[83]

> Agora, tinha a sala da tortura, quarto andar, no fim do corredor à direita. É estranho porque a ideia que eu tenho – que eu fui várias vezes nessa sala – é que ela ficava no limite da Estação Julio Prestes, na última parede do DOPS. Eu tenho a impressão, embora não possa afirmar, que gente entrava lá no fundo, à direita, no DOPS. Aí tinha uma escadinha que, ao descer, caía na sala de tortura. A impressão que me dava é que foi construída uma caixa de cimento, entre o terceiro e o quarto andar (…).[84]

---

82 SOUZA, Percival de. Op cit. p.39

83 Alípio Freire é jornalista, escritor e artista plástico. Seu passado também está marcado por detenções na Oban, no DOI-Codi e no DEOPS, além do Presídio Tiradentes, Carandiru e Penitenciária do Estado, por conta de sua militância na Ala Vermelha, movimento dissidente do Partido Comunista do Brasil. Freire ainda é ativista político e recentemente (2013) dirigiu o documentário "1964 – Um golpe contra o Brasil".

84 FREIRE, Alípio Raimundo Viana. Depoimento [nov. 2010] Entrevistador: C. Beltrão. São Paulo: Casa. Mídia digital (192 min.), estéreo. Entrevista concedida para Pesquisa de Mestrado do PPGMS da UNIRIO, RJ. Transcrição disponível em VALLE, Carlos Beltrão do.

Ivan Seixas,[85] outra pessoa que ficou detida no DEOPS afirma o mesmo sobre a existência desta sala:

> Tem um elevadorzinho: o "expressinho da morte" (...) ele parava no térreo e no 4º andar. (...) Quando chegava no 4º andar, ia pra um determinado caminho lá, que eles tinham feito, que era a parte de trás. A sala de tortura ficava aqui, pra você chegar aqui tinham paredes, que pegavam metade do andar, que você não via, você achava que era uma sala, você contornava e não via. Era fechado, só tinha janelas, pra acessar ali, era por uma escada que vinha do 4º andar. Quando você subia e descia, você sabia que ia pra tortura. (...) Tinha uma luzinha vermelha, no ar. Tortura, não tortura. Aceso, tem tortura (...) Pra que aquela luz? Era um enfeite (...) Então, esse pedaço aqui não existia pro terceiro andar (...) você circundava esse espaço aqui, que só tinha uma entrada, que era por cima. Tinha o 3º andar, e o 3º andar com acesso pelo 4º andar. Ali acontecia (...)[86]

A patrimonialização e a musealização de lugares de memória da ditadura de 1964 – O Memorial da Resistência de São Paulo. Dissertação (Mestrado em Memória Social). Universidade Estadual do Rio de Janeiro, Rio de Janeiro, 2012, p.290-311.

85 Ivan Seixas é jornalista, integrante do Núcleo Memória, do Fórum de Ex-presos Políticos de São Paulo, foi presidente do Condepe – Conselho de Defesa da Pessoa Humana do estado de São Paulo, e integrante da Comissão estadual da Verdade Rubens Paiva. Seixas foi militante do Movimento Revolucionário Tiradentes (MRT) e aos 16 anos foi preso juntamente com seu pai por partipação no assassinato de Henning Boilesen, presidente do Grupo Ultra no Brasil, acusado de financiamento dos órgãos de repressão. Foi primeiramente levado ao DOI-Codi e depois ao DEOPS.

86 SEIXAS, Ivan Akselrud. Depoimento [mar. 2011] Entrevistador: C. Beltrão. São Paulo: Núcleo Memória. Mídia digital (153 min.), estéreo. Entrevista concedida para Pesquisa de Mestrado do PPGMS da UNIRIO, RJ. Transcrição disponível em VALLE, Carlos Beltrão do. A patrimonialização e a musealização de lugares de memória da ditadura de *1964 – O Memorial da Resistência de São Paulo*. Dissertação (Mestrado em Memória Social). Universidade Estadual do Rio de Janeiro, Rio de Janeiro, 2012, p.363-396.

5. no terceiro andar funcionava a Delegacia de Ordem Econômica;[87]

Figura 30 – Sala de Audiências da Del. de Ordem Econômica. Fonte: Prontuário 126.204-B, p.61. Arquivo Público do Estado de São Paulo, 1957.

---

[87] DEPARTAMENTO DE ORDEM POLÍTICA E SOCIAL. Poder Executivo. *Diário Oficial do Estado de São Paulo* de 17 de Abril de 1957, p.49.

6. no quarto andar: copa, ambulatório que oferecia atendimento de médicos, dentistas e enfermeiros aos funcionários e seus familiares, caixa para pagamento de despesas, um grande banheiro com uma banheira de louça e pés de metal[88]; também neste andar, o Gabinete do Delegado Geral do DEOPS[89] e a Delegacia de Ordem Política. Havia, também neste andar, a Sala de Policiamento e o laboratório Fotográfico e o "centro de Estudos" que, segundo o Relatório de Atividades, era um local onde "(...) podem as autoridades se reunir para troca de ideias e discussão dos problemas relacionados com os serviços que lhes são afetos."[90]

Figura 31 – Gabinete do Diretor do DOPS, no 4º Andar. Fonte: Prontuário 126.204-A. Arquivo Público do Estado de São Paulo, 1953.

---

88 SOUZA, Percival de. Op cit., p.41

89 DEPARTAMENTO DE ORDEM POLÍTICA E SOCIAL. Poder Executivo. Diário Oficial do Estado de São Paulo de 05 de Agosto de 1971, p.11.

90 SECRETARIA DE SEGURANÇA PÚBLICA. Departamento de Ordem Política e Social. Relatório do ano de 1953, p.31. Prontuário 126.204-A. Arquivo Público do Estado de São Paulo, 1953.

Figura 32 – Arquivo e Fichário da Del. Ordem Política. Fonte: Prontuário 126.204-B. Arquivo Público do Estado de São Paulo, 1957.

Figura 33 – Possivelmente Gabinete do Delegado de Ordem Política – 4º andar. Fonte: Prontuário 126.204-A. Arquivo Público do Estado de São Paulo, 1953.

Figura 34 – Laboratório Fotográfico. Fonte: Prontuário 126.204-B.
Arquivo Público do Estado de São Paulo, 1957

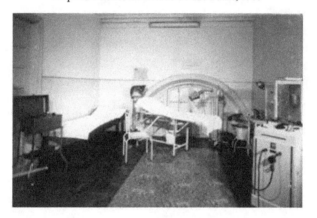

Figura 35 – Ambulatório/Enfermaria. Fonte: Prontuário 126.204-A.
Arquivo Público do Estado de São Paulo, 1953.

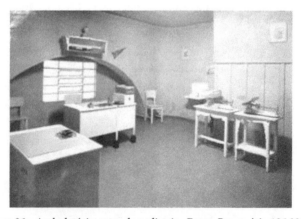

Figura 36 – Ambulatório, setor de pediatria. Fonte: Prontuário 126.204-B.
Arquivo Público do Estado de São Paulo, 1957

7. no quinto andar, sala de escutas clandestinas do Serviço Secreto (SS)[91] – isolada de qualquer contato com o público. Também no quinto andar ficava o Depósito de Armas;[92]

Figura 37 – Sala do Serviço Secreto, localizado no 5º andar.
Note-se que havia uma divisória que obstruía a janela.
Fonte: Prontuário 126.204-A. Arquivo Público do Estado de São Paulo, 1953.

Figura 38 – Serviço de Radio Escuta. Fonte: Prontuário 126.204-B.
Arquivo Público do Estado de São Paulo, 1957.

---

91 Essa informação consta do livro de SOUZA, Percival. Op. cit p.45, e também de Arquivo Público do Estado de São Paulo Prontuário 126.204-B, 1957, p.7.

92 Arquivo Público do Estado de São Paulo Prontuário 126.204-B, 1957, p.8.

8. no anexo externo, consta a informação de que estava a garagem e oficina de veículos, bem como uma espécie de academia de esportes.[93] Porém, a fotografia desta academia sugere que ela ficava no Primeiro andar.

Figura 39 – Garagem. Fonte: Prontuário 126.204-B.
Arquivo Público do Estado de São Paulo, 1957.

Figura 40 – Ginásio de Esportes. Fonte: Fonte: Prontuário 126.204-A.
Arquivo Público do Estado de São Paulo, 1953.

---

93 Arquivo Público do Estado de São Paulo Prontuário 126.204-B, 1957, p.3.

Considerações sobre os edifícios

Este capítulo buscou apresentar o contexto em que os golpes civis-militares ocorreram no Brasil e na Argentina, criando ou incrementando seus aparelhos de repressão para garantir que a ordem estabelecida por esses golpes fosse mantida.

Instituições com trajetórias distintas – uma de cunho educacional da Marinha e outra nascida especificamente para reprimir pessoas e organizações consideradas uma ameaça à ordem política e social – foram instaladas em edifícios estratégicos para servir às respectivas ditaduras. De um lado, a ESMA instalada num bairro nobre e afastado da cidade de Buenos Aires, que pouco despertava a atenção para as atividades que ali ocorriam clandestinamente. De outro, o DEOPS, instituição que, à época do Golpe, era bastante conhecida da população de São Paulo e agia oficialmente, cometendo crimes como tortura e mortes em suas dependências. Sua localização, numa área que desde a década de 1930 enfrentava o abandono do poder público e, por conseguinte, uma precarização das condições de vida da população que habitava e/ou frequentava a região, era estratégica e também evitava qualquer possível reclamação por parte de vizinhos.

Em ambos os casos, observou-se dificuldade em obter registros fotográficos desses locais quando ocupados pelos órgãos de repressão. As fotografias presentes em relatórios do DEOPS, em período anterior à ditadura podem ser um dos poucos registros internos da edificação e são valiosas fontes primárias para a identificação de cada uma das delegacias, aliadas a outras fontes como as aqui utilizadas: bibliografia e Diários Oficiais. No caso da ESMA, apenas as reproduções gráficas, elaboradas a partir de testemunhos e de pesquisas arqueológicas, contam como era o local. Não foram localizados registros fotográficos das instalações internas do *Casino de Oficiales*.

Com atuações bastante semelhantes, estas instituições tornaram-se símbolos da repressão política e social de seus regimes e ficaram marcadas no imaginário coletivo como lugares do medo e da dor. No contexto da abertura política, esses locais cessaram sua função mais emblemática e passaram a ser reivindicados por grupos interessados para que se tornassem lugares de recordação de um passado próximo e de terror. No capítulo a seguir, será analisada a constituição de órgãos de preservação do patrimônio que serviram a esses grupos para garantir a preservação física desses lugares – ESMA e DEOPS – por meio de instrumentos legais: o tombamento.

O Condephaat e a *Comisión Nacional de Museos y Monumentos y Lugares Históricos* – instituições estatais responsáveis pela preservação do patrimônio cultural no âmbito Estadual e Federal, respectivamente – tiveram atuação importante não somente no caso do tombamento dos edifícios do DEOPS e da ESMA, mas de outros locais importantes que remetem ao período da ditadura. Esse será o tema do próximo capítulo.

Capítulo II
Passado e presente na preservação do patrimônio

O PATRIMÔNIO E A EVOLUÇÃO DO CONCEITO

Uma das primeiras medidas de conservação de bens para a posteridade e da ideia de patrimônio surge na Itália, com a lista, elaborada por Ferdinando de Médicis, que apontava 18 pintores do passado cujas obras não poderiam ser vendidas para o exterior. Criava-se, em 1601, os primórdios da constituição de um repertório de objetos a proteger, idealizada por um especialista.[1]

A ideia de preservação de edifícios ou a criação de monumentos como marcas memoriais de sociedades surge na França em 1790, no contexto da Revolução Francesa, quando são elaborados os conceitos de monumento histórico e instrumentos de preservação (museus, inventários, tombamentos)[2] – justamente pelo receio de que a revolução e a ação destruidora da população pudesse colocar em risco obras do passado. Todavia, foi somente em 1837 com a criação da Comissão de Monumentos Históricos, que se instituiu uma política de preservação na França. Essa comissão tinha como intuito a proteção de remanescentes da Antiguidade, edifícios religiosos da Idade Média e por último, alguns castelos.[3] Também propôs a fundação de memoriais como marcos comemorativos de datas, fatos e pessoas julgados "importantes" para a história.

---

1 POULOT, Dominique. *Uma história do patrimônio no ocidente*. Tradução: Guilherme João de Freitas Teixeira. São Paulo: Editora Estação Liberdade, 2009, p.25.

2 CHOAY, Françoise. *A alegoria do patrimônio*. Tradução: Luciano Vieira Machado. 3ª Edição. São Paulo: Estação Liberdade; UNESP, 2006, p.28.

3 *Idem*, p.12.

A criação desses monumentos levou elementos do passado ao presente, pretendeu elaborar uma origem comum entre pessoas de mesma religião, grupo étnico ou países, quase como uma defesa contra o esquecimento, criando uma suposta segurança, certeza e uma versão oficial sobre aquele passado. Todavia, o monumento do século XIX em pouco se diferenciou daquele produzido ao longo da história da humanidade para celebrar rituais de morte, religiosos ou sociais[4]. Ou seja, para que o homem se recorde é necessário produzir signos, uma vez que a memória não é uma operação natural, espontânea.[5] A diferença é que com o aparecimento da escrita, a tradição oral perdeu espaço, não sendo mais necessária a memorização de histórias ou modos de fazer, já que tudo estava registrado e acessível à consulta posterior. Por isso, objetos e edifícios ganharam importância memorial, como forma de legitimar o presente pelo passado e para o futuro.

Durante a primeira metade do século XIX, além desses edifícios, monumentos erigidos para a rememoração de fatos notáveis, especialmente aqueles ligados à construção de territórios nacionais, surgiu também a preocupação com a preservação da memória em diversos países da Europa: em princípio, como um dever patriótico e uma vontade de criar conexões com o passado, depois como uma "democratização contínua das fruições".[6]

Na segunda metade do século XIX – com a unificação da Itália e da Alemanha e, portanto, a criação dos primeiros Estados Modernos –, a prática de identificação de bens como patrimônio esteve ligada à construção da identidade em torno do conceito de Estados-Nação, característicos do final do século XIX. Essa prática se estendeu para o século XX, especialmente nos contextos da Primeira e Segunda Guerra, e foi muito utilizada pelos governos nazi-fascistas, que inspiraram movimentos e regimes com similaridades na América Latina.

---

4   Sobre esta temática, ver "O desenvolvimento da memória: da oralidade à escrita, da Pré-História à Antiguidade" e "A memória medieval no Ocidente". In: Memória. LE GOFF, Jacques. *História e memória*. Tradução Bernardo Leitão [*et al.*]. 5ª Edição. Campinas: Editora da UNICAMP, 2003, p.427-450

5   NORA, Pierre. *Entre memória e história: a problemática dos lugares*. Tradução Yara Aun Khoury. *Revista Projeto História*, nº10, dez./1993. São Paulo: Pontifícia Universidade Católica, p.13.

6   Essa expressão é utilizada por Poulot a fim de identificar o momento em que coleções privadas passam a ser identificadas como importantes para o avanço da instrução pública por meio da utilização da pátria como ilustração da história, contexto no qual também são criados os museus. POULOT, Dominique. *Uma história do patrimônio no ocidente*. Tradução: Guilherme João de Freitas Teixeira. São Paulo: Editora Estação Liberdade, 2009, p.25-27.

A PERSISTÊNCIA DO PASSADO

Com sua consolidação, a Nação deixou de ser o elemento agregador da consciência coletiva, substituída pelas identidades sociais.[7] A partir da década de 1930, "não se celebra mais a nação, mas se estudam suas celebrações"[8] na História e nas demais Ciências Sociais. O conceito original de "monumento", construído para eternizar a lembrança de coisas memoráveis, dá lugar à noção de "monumento histórico", dotado de valor estético excepcional, glorioso, magnífico, ligado mais ao efeito produzido pelo edifício que ao seu fim ou destinação.[9] Foi nesse contexto que certos "lugares de memória" foram eleitos como patrimônio.

A noção de patrimônio mais próxima da atual surgiu com o fim da Segunda Guerra, quando os trabalhos de preservação se ampliaram significativamente, sobretudo no continente europeu. Esse aumento decorreu de duas guerras, que colocaram bens com alto valor histórico em risco de desaparecimento físico e possibilitou o desenvolvimento de uma nova perspectiva de proteção. Surgiu a necessidade de resguardar para o futuro locais cujas memórias não evocam apenas a grandeza de um povo ou nação, mas sim a face mais cruel da humanidade, expressa em locais construídos para oprimir – como é o caso de Auschwitz.[10]

> Eles lembram um passado cujo peso e, no mais das vezes, cujo horror proíbe de confiá-los somente à memória histórica. (...) Depois da Segunda Guerra Mundial, o centro de Varsóvia, finalmente reconstruído, lembra ao mesmo tempo a identidade secular da nação polonesa e a vontade de aniquilação que animava seus inimigos. Do mesmo modo, as sociedades atuais quiseram conservar viva, para as gerações futuras, a lembrança do judeocídio da Segunda Guerra Mundial. Melhores que símbolos abstratos ou imagens realistas, melhor que fotografias, porque parte integrante do drama comemorado, são os próprios campos de concentração, com seus barracões e suas câmaras de gás, que se tornaram monumentos.[11]

---

7   Aqui, "identidade social" é compreendida como a noção e o sentimento do indivíduo de pertença a determinados grupos (segmentos, categorias) sociais.

8   NORA, Pierre. *Op. cit.*, p.14.

9   CHOAY, Françoise. *Op. cit.*, p.19.

10   Ao contrário de Dachau, que antes de ser campo de concentração foi uma fábrica de pólvora, Auschwitz foi construído com a finalidade a que serviu: ser campo de concentração e extermínio. Trata-se de um ponto de inflexão, porque não se tratou de uma adaptação de instalações pré-existentes, mas produziu-se um edifício cujo intuito era a morte.

11   POULOT, Dominique. *Op. cit.*, p. 24. Auschwitz foi reconhecido como patrimônio pelo

94 DEBORAH R. L. NEVES

Tratava-se de uma nova concepção que privilegiava os lugares de memória que evocavam acontecimentos históricos mercados por violências praticadas contra a humanidade, ao invés de criar imaginários sociais compostos por mitos, símbolos, sinais abstratos, aproximando a preservação do patrimônio da técnica da Nova História.

O patrimônio tornava-se um lugar de memória, "um ponto de condensação, de sentido material, simbólico e funcional";[12] é material por seu conteúdo, funcional porque garante a estratificação da lembrança e sua transmissão, e é simbólica porque torna público um acontecimento ou experiência vivida por um determinado grupo social. Em outras palavras, trata-se da conversão de um espaço físico ou geográfico em um local carregado de significados particulares, de sentidos e sentimentos para aqueles que vivenciaram um acontecimento; lugares significativos para uma coletividade com valor político que se expressa em rituais coletivos de comemoração.[13]

A partir de 1972, com a elaboração da "Recomendação de Paris" na convenção da UNESCO, o conceito de patrimônio cultural se ampliou bastante, possibilitando a alteração da concepção anteriormente restritiva e limitada a bens de natureza monumental, para uma visão abrangente, que incluía:

> Os monumentos – Obras arquitetônicas, de escultura ou de pintura monumentais, elementos de estruturas de caráter arqueológico, ins-

---

Comitê do Patrimônio Mundial da UNESCO em 1979, por atender ao critério de "estar diretamente ou tangivelmente associado a eventos ou tradições vivas, com ideias, ou com crenças, com trabalhos artísticos e literários de valor universal excepcional." A justificativa para o reconhecimento foi que "O sítio é um lugar de memória para toda a humanidade sobre o holocausto, políticas racistas e barbárie; é um lugar de nossa memória coletiva deste capítulo negro na história da humanidade, de transmissão às gerações mais jovens e um sinal de alerta das muitas ameaças e trágicas consequências de ideologias extremas e negação da dignidade humana." Argumentos traduzidos livremente e reproduzidos de: UNESCO. *Brief description of Auschwitz-Brikenau German Nazi Concentration and Extermination Camp (1940-1945)*. Disponível em http://whc. unesco.org/en/list/31, acessado em 28 dez. 2012.

12 MENESES, Ulpiano Toledo Bezerra de. A história, cativa da memória? Para um mapeamento da memória no campo das Ciências Sociais. *Revista do Instituto de Estudos Brasileiros*, São Paulo, n°34, 1992, p.21. Esta reflexão também está presente em NORA, Pierre. *Op. cit.*, p.21.

13 JELIN, Elizabeth. Las marcas territoriales como nexo entre pasado y presente. In: *Monumentos, memoriales y marcas territoriales*. Madrid: Siglo XXI de España Editores, 2003, p.3.

A PERSISTÊNCIA DO PASSADO

crições, grutas e grupos de elementos com valor universal excepcional do ponto de vista da história, da arte ou da ciência;

Os conjuntos – Grupos de construções isoladas ou reunidos que, em virtude da sua arquitetura, unidade ou integração na paisagem têm valor universal excepcional do ponto de vista da história, da arte ou da ciência;

Os locais de interesse – Obras do homem, ou obras conjugadas do homem e da natureza, e as zonas, incluindo os locais de interesse arqueológico, com um valor universal excepcional do ponto de vista histórico, estético, etnológico ou antropológico.[14]

A despeito de críticas,[15] a ampliação acerca do que se entende por patrimônio cultural foi positiva porque incentivou os representantes dos órgãos de defesa do patrimônio a observarem a cultura para além das perspectivas das classes dominantes. Ulpiano Toledo Bezerra de Menezes comenta que "o estado e as camadas dominantes (...) são, como interessados na reprodução da ordem social (a que ela induz e que simbolicamente realiza), os principais responsáveis pela sua constituição e circulação [da memória nacional]".[16] Françoise Choay observa que edifícios modestos, desprovidos de prestígio e monumentalidade passaram a integrar o corpus patrimonial, numa expansão da tipologia do patrimônio, valorizando disciplinas como a etnologia, a história das técnicas na prática da preservação.

No caso do objeto de estudo deste trabalho, cabe esclarecer que estas novas perspectivas orientaram as atividades de preservação dos edifícios da ESMA em Buenos Aires,e em menor grau, do "*Antigo DOPS*" em São Paulo.

---

14   UNESCO. Convenção para a Proteção do Patrimônio Mundial, Cultural e Natural. Paris, 16 nov. 1972. Disponível em: http://www.unesco.pt/cgi-bin/cultura/docs/cul_doc.php?idd=5, acessado em 28 dez. 2012.

15   NORA, Pierre. *Op. cit.*, p.16. O autor afirma que "passou-se, muito bruscamente, de uma concepção muito restritiva dos monumentos históricos, com a convenção sobre os sítios de 1972, a uma concepção que, teoricamente, não poderia deixar nada escapar.". CHOAY, Françoise. Op. cit, p.209, afirma também que o fato de bens do século XX poderem ser preservados ainda no mesmo século de sua produção, criou um "complexo de Noé, que tende a abrigar na arca patrimonial o conjunto completo dos novos tipos de construção que surgiram nesse período."

16   MENESES, Ulpiano Toledo Bezerra de. *Op. cit.*, p.15.

A ATUAÇÃO DOS ÓRGÃOS DE PRESERVAÇÃO: PERSPECTIVA COMPARADA

A preocupação com a preservação do patrimônio no Brasil e na Argentina, de maneira institucionalizada, surge em momento contemporâneo. O órgão nacional de defesa no Brasil, Serviço do Patrimônio Histórico e Artístico Nacional (SPHAN) foi criado através da Lei 378/1937, pelo então Presidente Getúlio Vargas. A *Comisión Nacional de Museos y de Monumentos y Lugares Históricos* (CNMMy-LH), por sua vez, surgiu a partir do Decreto 1026/1938 – convertida na *Ley Nacional* 12.665/1940–, pelo Presidente Roberto Ortiz.

Esses órgãos surgiram num contexto internacional em que se estabeleciam os regimes nazifascistas,[17] modelos que inspiraram governantes da América Latina, como Getúlio Vargas no Brasil[18] e, posteriormente o regime militar argentino de 1943 através do qual Juan Domingo Perón se projetou como líder de grande prestígio.[19]

---

17   Maria Helena Rolim Capelato afirma que esta é a forma mais adequada de caracterizar os governos de Getúlio Vargas e Juan Perón. Segundo a autora, essas experiências se dissociam do totalitarismo porque este pressupõe uma união absoluta entre as massas nacionais e os Estados, o que não ocorreu no Brasil – que embora vivesse sob repressão e a anulação de liberdades permitiu a atuação da oposição democrática e de adversários de Vargas – e tampouco na Argentina – já que Perón atuou nos limites do Estado de Direito e seu governo iniciou-se após a derrota do nazi-fascismo na Europa. Para a autora, o único ponto comum com o totalitarismo está na política de massas voltada à mobilização social, mas não se caracterizam pelo monopólio absoluto do Estado no plano físico, jurídico ou econômico nem contou com a constituição de uma sociedade homogênea e harmônica em torno da opinião acerca dos regimes e seus líderes. Por isso, a adoção do conceito "autoritário" é mais adequado ao cenário dos dois países. CAPELATO, Maria Helena Rolim. *Multidões em cena: propaganda política no varguismo e no peronismo*. 2ª Edição. São Paulo: Editora UNESP, 2009, p.33-36.

18   No Brasil, se consolidava o regime de Getúlio Vargas, que chegou ao poder em 1930. Em 1937, Vargas deu um golpe que o permitiu continuar no poder por mais 8 anos, um período que ficou conhecido como "Estado Novo". Para impedir as eleições previstas para o ano de 1938, o governo forjou uma ameaça de ataque comunista ao país, colocando-o em "estado de guerra".

19   A década de 1930 ficou conhecida na Argentina por "década infame", caracterizada por golpes, fraudes eleitorais, corrupção, escândalos financeiros e a derrocada econômica do país em decorrência da Crise de 1929, que colocou a Argentina em posição periférica e de dependência das potências estrangeiras, ambiente propício para o surgimento de ideologias extremas.

A PERSISTÊNCIA DO PASSADO

Esses dois órgãos – brasileiro e argentino – não surgiram repentinamente: a discussão acerca da preservação de edifícios, a preocupação com o risco de desaparecimento de bens considerados importantes estava presente desde os primórdios do século XX, em especial a partir da década de 1910. Em ambos os países, a preocupação partiu de intelectuais e artistas[20] influentes no mundo político que conseguiram a criação de inspetorias em nível municipal ou estadual no Brasil – por exemplo, Mário de Andrade (idealizador do Departamento de Cultura da cidade de São Paulo e mais tarde do próprio SPHAN) –, ou de organizações civis que visavam à preservação da História argentina como a *Junta de História y Numismática Argentina* (JHNA) – que teve à frente o historiador Ricardo Levene,[21] mais tarde presidente da *Comisión de Museos y Monumentos y Lugares Históricos*[22] (CNMMyLH).

As discussões sobre a necessidade de o estado participar e orientar as políticas de preservação do patrimônio surgiu da necessidade, tanto no Brasil quanto na Argentina, de reforçar a identidade nacional. No caso argentino, devido à grande contingência de imigrantes que foram chegando ao país a partir do final do século XIX, intelectuais de tendência nacionalista batalharam pelo fortalecimento da identidade considerada ameaçada pelos estrangeiros. No caso do Brasil, após o advento do Estado Novo, a construção do novo regime também se orientou pela ideologia nacionalista em contraposição à presença de estrangeiros. Foi nesse contexto de valorização do "nacional" que se criou um ambiente favorável ao "uso

---

20 Sobre o tema, ver RODRIGUES, Marly. *Imagens do passado. A instituição do patrimônio em São Paulo (1969-1987)*. São Paulo: Ed. UNESP; Imprensa Oficial; Condephaat; FAPESP, 2000. E também FONSECA, Maria Cecília Londres. *O patrimônio em processo. A trajetória da política federal de preservação no Brasil*. 3ª Edição. Rio de Janeiro: Editora UFRJ, 2009.

21 Ricardo Levene era Historiador e é fundador da Nueva Escuela Histórica Argentina, que buscava conferir caráter científico às produções históricas no país, até então marcadas pela abordagem filosófica e sociológica. Foi grande ator na construção da formação de uma identidade histórica comum aos argentinos, incluindo os imigrantes e seus descendentes. Sua atuação frente à CNMMyLH durou 7 anos, entre 1939 e 1946, ano em que Perón, a quem Levene se opunha publicamente, chegou ao poder.

22 URIBARREN, Maria Sabina. *A atuação da 'Comisión Nacional de Museos y de Monumentos y Lugares Históricos' da Argentina entre 1938 e 1946: sua intervenção no Conjunto Jesuítico da Igreja da Companhia de Jesus e da Residência de Padres na cidade de Córdoba*. Dissertação (Mestrado em História e Fundamentos da Arquitetura e Urbanismo). Faculdade de Arquitetura e Urbanismo, Universidade de São Paulo, São Paulo, 2008.

da história pátria", à "oficialização do conhecimento histórico" e ao "controle do Estado sobre a construção da memória coletiva".[23]

No que se refere ao patrimônio – objeto central desta análise –, a preservação da arquitetura de tipologia colonial foi privilegiada, justamente porque simbolizava a origem remota das nacionalidades brasileira e argentina. São exemplos mais significativos dessa preocupação a declaração da cidade de Ouro Preto (MG/Brasil) como Monumento Nacional, através do Decreto 22.928/1933, e o tombamento do *Cabildo* de Buenos Aires ocorrido nesse mesmo ano.

Figura 41 – Conjunto colonial em Ouro Preto. Foto: Deborah Neves (Mar/11)

Figura 42 – Cabildo de Buenos Aires. Foto: Deborah Neves (Set/11)

---

23   ROTMAN, Mónica B. A trama de uma instituição estatal vinculada ao patrimônio argentino: contexto histórico e regulamentação. In: FERREIRA, Lúcio Menezes; FERREIRA, Maria Letícia Mazzuchi; ROTMAN, Mónica B. (org.). *Patrimônio Cultural no Brasil e na Argentina: estudos de caso*. São Paulo: Annablume; CAPES, 2011, p.57.

A PERSISTÊNCIA DO PASSADO

A proposta de preservação do patrimônio "original/colonial" teve fundamentação similar nos dois países, defendidos por intelectuais modernistas; investidos em cargos públicos, estes intelectuais criavam as diretrizes para o desenvolvimento de um nacionalismo baseado na junção do progresso com a preservação do passado "fundador", seja através das expressões artísticas, seja através de grandes obras públicas.[24] A proximidade das práticas patrimoniais brasileira e argentina pode ser verificada nos primeiros boletins da CNMMyLH, que contou com artigos de Paulo Duarte e Rodrigo Mello Franco de Andrade, além das referências aos trabalhos realizados pelo SPHAN.[25]

No Brasil, os modernistas defendiam a "arte colonial brasileira como manifestação de uma autêntica tradição nacional".[26] Na Argentina, o discurso nacionalista também estava ligado à ideia de modernidade, fundamentada na tradição. A criação da CNMMyLH derivou do interesse em formar uma consciência nacional por intermédio da "valorização da arquitetura nacional, definição do patrimônio cultural, atitudes nacionalistas que se exteriorizaram em uma articulação entre tradição e progresso (...)".[27]

A partir destas considerações sobre os motivos que deram origem à preocupação com a preservação do patrimônio nacional, cabe analisar a atuação dos órgãos de criados com essa finalidade.

No Brasil, o primeiro órgão responsável por essa política foi o SPHAN[28] que, por décadas, conferiu essa responsabilidade aos arquitetos, garantindo a eles exclusividade nesse terreno. Lúcio Costa em seu "Plano de Trabalho para a Divisão de Estudos e Tombamento da DPHAN"[29]de 1949, afirmou:

24　Para uma análise da influência dos intelectuais modernistas no Brasil ver: MICELI, Sérgio. *Intelectuais à brasileira*. São Paulo: Companhia das Letras, 2001. Sobre os intelectuais e seu papel na sociedade argentina peronista, ver: NEIBURG, Federico. *Os intelectuais e a invenção do peronismo: estudos de antropologia social e cultural*. Trad. Vera Pereira. São Paulo: Editora da Universidade de São Paulo, 1997. Uma análise comparada entre os intelectuais de direita no Brasil e na Argentina pode ser obtida em BEIRED, José Luís Bendicho. *Sob o signo da nova ordem. Intelectuais autoritários no Brasil e na Argentina*. São Paulo: Edições Loyola, 1999.

25　Uribarren trata da influência exercida pelo SPHAN nas práticas da CNMMyLH. Ver: URIBARREN. *Op. cit.* p.74-75.

26　FONSECA. *Op. cit.*, p.95.

27　URIBARREN. *Op. cit.* p.36.

28　A instituição nasceu sob a denominação de Serviço do Patrimônio Histórico e Artístico Nacional – SPHAN.

29　Em 1946, a instituição tem seu nome alterado para Departamento do Patrimônio Histó-

(…) não é necessário nem mesmo talvez aconselhável o recurso exclusivo a historiadores de profissão uma vez que a curiosidade do ofício os conduz insensivelmente a pesquisas laterais demoradas e absorventes com prejuízo dos informes simples e precisos que interessam à repartição.[30]

Maria Cecília Fonseca[31] comenta que a História era considerada um "saber secundário", razão pela qual os responsáveis pelo SPHAN não recrutaram historiadores. Como resultado desse privilégio concedido aos arquitetos em detrimento dos historiadores, não foram estabelecidos critérios históricos para a avaliação dos bens. Observaremos, adiante, que a ausência desta perspectiva gerou tombamentos – ou arquivamentos – cuja avaliação priorizou aspectos estéticos em detrimento do valor histórico, ou subordinando-o ao primeiro.

O contrário ocorreu na Argentina, como mostra Maria Sabina Urribaren, já que a CNMMyLH foi constituída, principalmente, por historiadores, com a participação de advogados e um museólogo. Neste caso, a História foi privilegiada porque era entendida como uma "questão de Estado, ocupando um lugar privilegiado dentre os dispositivos que controlavam a memória nacional" e, além disso, considerava-se a "História como a principal disciplina pedagógica da nacionalidade".[32] Isso aponta que a construção do ideário de nação, por intermédio do patrimônio, no Brasil foi construído através da arquitetura, e na Argentina foi construído pela História, utilizando a arquitetura como suporte físico. Essa perspectiva de atuação será fundamental para compreender as ações de patrimonialização do *Antigo DOPS* e da *ESMA*, como será discutido nos capítulos seguintes.

O protagonismo do patrimônio diminuiu como agente na construção e reconstrução de identidade nacional enquanto projeto de governo,[33] especialmente

---

rico e Artístico Nacional – DPHAN.

30 PESSÔA, José (org.). *Lucio Costa: documentos de trabalho*. Rio de Janeiro, Iphan/Minc, 1999, p.87.

31 FONSECA, *Op. cit.* p.201.

32 ROTMAN, *Op. cit.* p.57.

33 Marly Rodrigues afirma, por exemplo, que a criação do CONDEPHAAT na década de 1960, já era diferente "[d]aquela, de matriz modernista, que orientara a formação do SPHAN e dos profissionais que atuavam no 'Patrimônio', segundo a qual o passado era referência para a constituição da nacionalidade e fonte de conhecimento da História da Arquitetura". O objetivo passou a ser o culto ao passado como um objeto de consumo da indústria cultural, em franca ascensão naquele momento. RODRIGUES, Marly. Op.cit., p.46.

A PERSISTÊNCIA DO PASSADO   101

com o fim do Estado Novo e do governo Perón. A mudança de perspectiva em relação à escolha dos bens a serem preservados, permitiu o reconhecimento de exemplares das mais diversas categorias como patrimônio cultural. Todavia, isto não significou o descontrole do Estado sobre os órgãos encarregados de definir o que deve ou não ser preservado. Isso porque, embora tenham conquistado maior autonomia frente ao poder do estado, os órgãos ainda atendem aos pedidos de preservação vindos do Executivo, especialmente quando há interesses específicos de governo. Procurar-se-á mostrar que tal interferência é visível nos casos dos tombamentos dos edifícios da ESMA e do *Antigo DOPS*.

A pesquisa sobre a atuação da CNMMyLH durante a década de 1970 e 1980 ficou bastante prejudicada porque a bibliografia sobre o tema é escassa: as únicas referências encontradas são o já citado trabalho de dissertação de mestrado de Maria Sabina Uribarren que se limita à análise da atuação da *Comisión* entre as décadas de 1930 e 1940, e o artigo de Mónica Rotman, também já mencionado, e que estuda as leis e conjuntura de criação da *Comisión*. Através da análise do *Guia de Monumentos* de 2008,[34] constatou-se que a prática de preservação argentina durante as décadas de 1970 e 1980 pouco se diferenciou das décadas anteriores: continuaram sendo privilegiados, por exemplo, os bens ligados a figuras importantes da história nacional ou a eventos relacionados à *História Oficial*.

Não se pode negar, todavia, que nesse período ocorreu uma ampliação significativa na avaliação de bens culturais, com a inclusão daqueles ligados ao patrimônio industrial (como o *Antiguo Gasómetro*, em Buenos Aires e a *Usina General San Martín*, em *Bahía Blanca*), às artes (por exemplo, *Teatro Colón* e *Asociación Argentina de Actores*), aos transportes (Estações ferroviárias e de bondes, pontes) e à educação (como a *Escuela* nº1 *"Bartolomé Mitre" – Ex-Escuela Común* nº1, em Buenos Aires).

No que se refere à ampliação dos bens a serem considerados "preserváveis", cabe salientar a especificidade da declaração da ESMA como Monumento Nacional e o tombamento do *Antigo DOPS*. Nestes dois casos, as escolhas tiveram motivação política ligada mais a interesses do Poder Executivo do que à atuação dos dois órgãos responsáveis pela preservação e tombamento dos edifícios: a CNMMyLH e Condephaat. Uma discussão ampliada sobre a forma como ocorreram esses tombamentos será feita no capítulo 3.

---

34   Disponível em http://www.monumentosysitios.gov.ar/static.php?p=1812, acessado em 04 jan. 2013.

CONDEPHAAT

Se a atuação do órgão federal no Brasil teve início no final da década de 1930 durante o Estado Novo, caracterizado pela presença de um poder ditatorial/autoritário, os trabalhos do Condephaat também foram iniciados num período de vigência de um Estado autoritário e ditatorial, ainda que com características distintas.

Criado em 1968, durante um período de recrudescimento do autoritarismo do regime civil militar instaurado em 1964, o Condephaat foi criado sob a mesma preocupação dos órgãos federais brasileiro e argentino: a necessidade de coibir a destruição sistemática de bens relacionados ao passado. Embora a forma de atuação e preservação não seja essencialmente diferente do SPHAN,[35] os interesses na preservação do patrimônio paulista estavam ligados a um "profundo sentido cívico; isso e o interesse em promover o turismo[36] fizeram com que o governo paulista encampasse a ideia de proteger bens culturais".[37] O turismo se tornou assunto importante no governo Castelo Branco, motivando a criação da Embratur (Empresa Brasileira de Turismo), cujo objetivo era coordenar as atividades do setor estratégico, inclusive, para o desenvolvimento econômico e cultural do país. A preservação do patrimônio veio à reboque, como forma de valorizar o patrimônio para atrair turismo.

A década de 1970 foi pautada pela preservação de bens ligados à memória oficial: fazendas de café, casarões da elite, bens relacionados à memória bandeirante, ou abordagens cívicas que estivessem alinhadas à *História Oficial*.[38] Foi a partir da década de 1980 que a visão sobre o patrimônio se ampliou e passou a considerar as mais diversas dinâmicas sociais, a memória de grupos e o entendi-

---

35 Talvez essa ausência de diferença ocorra pelo fato que Rodrigo Mello Franco de Andrade tenha colaborado informalmente para a criação do órgão. RODRIGUES, Marly. Op.cit. p.48 e 50.

36 Esta também foi uma preocupação do governo argentino e atendido pela CNMMyLH já em 1945. O decreto 31.453/1945 declara as Ruínas Jesuíticas de Santa Maria como Monumento Histórico, tendo em vista sua importância histórica e a localização, portanto, de inegável interesse ao turismo. KRAMER, Ana Maria Gorosíto. *Patrimonio, legislación e identidad: el caso de las ruinas jesuiticas em Misiones (Argentina)*. Disponível em http://www.enciclope-diademisiones.com/data/rtf/hist/HISTACT5554.pdf, acessado em 20 dez. 2012.

37 RODRIGUES, Marly. Op.cit., p.44.

38 *Idem*, p.58.

A PERSISTÊNCIA DO PASSADO   103

mento social sobre o patrimônio e sua importância na constituição da cidadania. Essa mudança se deve a dois fatores, especialmente: ao momento político propiciou essa guinada, uma vez que o regime militar dava indícios de estar chegando ao fim e à abertura de concurso público para a lotação de historiadores e arquitetos em uma área técnica do Condephaat exclusiva para a avaliação de pedidos de tombamento e intervenções em bens tombados.

> Antes restrito à definição de monumentos históricos, o termo [patrimônio] passou a abranger outros objetos e, pouco a pouco, a ser entendido como referente ao conjunto da cultura material, e não apenas às formas arquitetônicas. (...) [entra em cena] a consideração da memória social como um dos vetores envolvidos na preservação de artefatos materiais.[39]

Em 1982 foi realizado concurso público que contratou 33 arquitetos e 13 historiadores, conformando uma equipe técnica para a elaboração de estudos. Foi um marco na história da instituição, que até então não contava com uma equipe formada por profissionais, mas apenas por estagiários e contratados por prazo determinado. Esse aporte de profissionais aliado ao momento de abertura democrática possibilitou o ingresso de pedidos de tombamentos dos mais diversos – como um terreiro de candomblé – Axé Ilê Obá –, o *Teatro Oficina* e construções representativas da arquitetura Moderna, tema até então não tratado pelo Condephaat nem pelo IPHAN.[40] Dois desses bens aparentemente "inusitados" foram objetos de pedidos de preservação como patrimônio e merecem destaque neste trabalho: Arco do Presídio Tiradentes e o Edifício Maria Antônia – ligados à história da ditadura. Passamos à análise desses tombamentos que se orientaram por instruções distintas daquela apresentada no caso do *Antigo DOPS*, e que consideramos importantes para compreender as práticas de preservação no Condephaat.

---

39   RODRIGUES. Op.cit., p.59

40   Entre 1970 e 1979, o órgão foi chamado de Iphan – Instituto do Patrimônio Histórico e Artístico Nacional. Em 1979, voltou a ser chamado de SPHAN, até ser extinto em 1990 e substituído pelo IBPC – Instituto Brasileiro do Patrimônio Cultural. Em 1994, o órgão volta a ser chamado de Iphan, e assim permanece desde então.

A PRESERVAÇÃO DE LUGARES CONTROVERSOS: O INÍCIO DA ATUAÇÃO DOS ÓRGÃOS DE PRESERVAÇÃO[41]

A razão desta análise sobre o início da preservação de bens ligados à memória da ditadura – e, portanto, em momento anterior ao tombamento do *Antigo DOPS* e da ESMA – decorre do fato de que, Brasil e Argentina viviam, à época, momentos políticos bastante distintos. Com a saída dos militares do poder, desgastados pelo fracasso na Guerra das Malvinas, na política econômica e responsabilizados pelos milhares de desaparecimentos durante o regime, debates públicos acerca dos acontecimentos do período da ditadura foram iniciados imediatamente. Já no Brasil, o tema ganhou força no espaço público somente à partir da segunda metade de anos 1990.[42] Tal demora está relacionada com a negociação de retorno à democracia, empreendida entre os poderes políticos e militares. Essa transição negociada permitiu a manutenção de personagens-chave daquele período em cargos públicos, com destaque para o Poder Legislativo, ou exercendo influência e pressão nas decisões do Poder Executivo.

Foi a resistência dos familiares de mortos ou desaparecidos e de sobreviventes do período que possibilitou a emergência do assunto na esfera pública, tanto no Brasil quanto na Argentina. A atuação dessas pessoas mobilizou investigações particulares, ações declaratórias na Justiça, processos em organismos internacionais de defesa dos direitos humanos, entre outras, suscitando o interesse da imprensa e provocou a veiculação de notícias sobre a apuração de responsabilidade e punição de pessoas ligadas às ditaduras nos países do Cone Sul. No Brasil, o momento político favorável na década de 2010 levou à criação da Comissão Nacional da Verdade no ano de 2012, bem como à marcação de espaços simbólicos de remissão ao período da ditadura em cidades como São Paulo, Rio de Janeiro, Recife, Natal e Belo Horizonte. Foram também instituídas Caravanas da Anistia e mais recentemente, as Comissões Estaduais da Verdade, com vistas a reparar perseguidos políticos e apurar violações de direitos cometidas por agentes do Estado.

---

41 Este item é uma versão revista, adaptada e ampliada do artigo "Edifícios da(e) Repressão: a construção dos sentidos sociais através da patrimonialização – Maria Antônia, Arco Tiradentes, El Olimpo e Club Atlético", publicado nos Anais do XXI Encontro Regional da ANPUH-SP.

42 Especialmente após a publicação da Lei 9.140 de 1995, em que o Governo Federal, sob a presidência de Fernando Henrique Cardoso, reconheceu como mortas as pessoas desaparecidas em razão de participação, ou acusação de participação, em atividades políticas, no período de 02 de setembro de 1961 a 15 de agosto de 1979, esta última, data da lei de Anistia.

A PERSISTÊNCIA DO PASSADO

Se o Brasil permaneceu atrasado[43] em relação à Argentina no que se refere ao debate público ou à criminalização dos responsáveis, o mesmo não se pode afirmar com relação ao reconhecimento da importância histórica dos "bens" e "locais" relacionados ao regime.

Constatou-se que os casos apresentados a seguir mostram que, no Brasil, o reconhecimento dos locais símbolos da resistência ao regime ocorreu logo após o término da ditadura, enquanto na Argentina, esse tipo de ação teve início apenas na primeira década de 2000. Talvez seja essa a diferença importante destacada neste trabalho, como veremos a seguir.

Arco do Presídio Tiradentes

Em 11/04/1985, ingressou no Condephaat o pedido de tombamento de um bem bastante peculiar para os padrões até então tratados pelo órgão. Tratava-se do único remanescente físico do edifício que abrigou por 120 anos o Presídio Tiradentes: um arco de pedra que compunha o muro da detenção. O pedido foi elaborado pelo Sindicato dos Jornalistas Profissionais no Estado de São Paulo.

Inaugurado no ano de 1852 sob a denominação "Casa de Correição", a instituição servia como local para o cumprimento de longas penas e para "corrigir" os transgressores de "regras morais" e escravos fugitivos. A cidade de São Paulo contava, até então, apenas uma cadeia pública com pouca capacidade de abrigar detentos. Localizada próximo à Praça João Mendes, o coração da cidade, a cadeia se mostrava insuficiente para abrigar o crescente número de detidos, em decorrência do crescimento da cidade, da chegada de imigrantes europeus, do início da industrialização, e adiante, da abolição da escravidão. Foi então construído o Presídio Tiradentes, na hoje Avenida Tiradentes, que era área afastada da cidade em meados do século XIX.

Durante o Estado Novo, o presídio serviu como destino também para os presos políticos, categoria existente desde a Antiguidade, mas que mereceu destaque no século XX, período em que foi elaborado um sistema de investigação e perseguição àqueles que discordavam do governo. Monteiro Lobato, por conta de sua atuação na campanha "O Petróleo é Nosso", foi um dos primeiros da lista de célebres opositores do governo Vargas a ser encarcerado ali.

---

43   Importante salientar que o termo "atrasado" nesta comparação não diz respeito à concepção de evolução social, como se a História fosse uma sequência inevitável de estágios, mas sim para apontar que, de acordo com conceitos da Justiça de Transição, o Brasil encontra-se em uma fase inicial dos processos, enquanto a Argentina tem se destacado internacionalmente pelo empenho em cumprir integralmente as recomendações para completar a transição para a democracia. Trataremos desta temática no Capítulo IV.

Entre o início da Ditadura Civil-Militar e sua demolição em 1972, o Tiradentes manteve em seu cárcere os presos encaminhados pelo DEOPS e DOI-CODI. Para lá, por exemplo, foram levados os estudantes presos no Congresso da UNE realizado em Ibiúna no ano de 1968, e também os Freis Dominicanos Tito e Betto, detidos pelas forças de repressão por suspeitas de envolvimento com organizações de esquerda.

Figura 43 – Presídio Tiradentes, do qual hoje só resta o arco. Foto: datada de 1905, sem autoria, extraída de CESAR, R. de C; FRANCO, L. R. C.; BRUNA, Paulo J. V. Área da Luz: renovação urbana em São Paulo. São Paulo: Secretaria da Cultura, Ciência e Tecnologia, Ed. Perspectiva, 1977, p.72.

De acordo com Alípio Freire, jornalista que também ficou detido no Tiradentes, quando alguém era preso pela Operação Bandeirante, mais tarde convertida em DOI CODI, "(...) passava por uma tortura oficiosa, era remetido ao DOPS para um depoimento formal onde feita a auditoria se fazia a denúncia e o enquadramento. Passadas essas 'instâncias' o preso era conduzido ao Presídio Tiradentes."[44] Rioco Kaiano[45] relatou que "chegar ao Tiradentes significava um alívio, quase uma vitória por ter sobrevivido às torturas, ao desaparecimento, à morte."[46]

---

44   FREIRE, Alípio. O Presídio Tiradentes – Espaço de confinamento e resistência política: um depoimento. *apud* SCHVARZMAN, Sheila. *O presídio Tiradentes*. In: CONDEPHAAT. Processo 23345/85, São Paulo, 1985, p.33

45   Rioco Kaiano foi militante do Partido Comunista do Brasil (PCdoB) e em 1972, aos 24 anos, decidiu se juntar à Guerrilha do Araguaia. Entretanto, no caminho para o Tocantins Kaiano foi presa, levada ao Presídio Tiradentes onde ficou detida por dois anos. Lá conheceu seu marido e pai de seus dois filhos, o ex-Deputado federal José Genoíno, que também integrou a Guerrilha.

46   KAIANO, Rioco. Estação Tiradentes. In: *Tiradentes, um presídio da ditadura*. FREIRE, Alí-

A PERSISTÊNCIA DO PASSADO

Em seu depoimento, coletado para compor o processo de tombamento, Alípio Freire justificava que o reconhecimento como patrimônio cultural serviria como forma de lembrar a repressão do estado durante as diferentes fases que o presídio atravessou, além representar um marco da resistência civil contra a opressão e a exploração. Ademais, era uma forma de manter latente a memória desta mesma resistência, que frequentemente é apagada, como ocorreu com a demolição do presídio para a construção da Estação Tiradentes do metrô.

A relatoria para o Conselho ficou sob a responsabilidade do Conselheiro Lucio Félix Frederico Kowarick, professor do Departamento de Ciências Políticas da USP (FFLCH-USP), que elaborou seu voto nos seguintes termos:

> Considerando o valor histórico do ARCO DA PEDRA enquanto símbolo da luta contra o arbítrio e a violência, é meu parecer que ele deva ser tombado e posteriormente transformado em monumento público. Sendo arco, é forçosamente uma passagem, que simboliza o esforço atual para a plena redemocratização do país.[47] (sic)

Destaque para a concomitância de datas: o relato de Kowarick coincidiu com a data de abertura do processo de tombamento da Maria Antônia, 01 de abril de 1985, também aniversário do Golpe. Em outubro de 1985, o Condephaat decidiu deferir o tombamento do Arco, regulamentado através da Resolução SC-59, do então secretário Jorge Cunha Lima. De modo bastante simbólico, tombou-se o primeiro imóvel vinculado diretamente à história da resistência à Ditadura no Brasil, abrindo caminho para outras propostas semelhantes, como a seguinte.

EDIFÍCIO MARIA ANTÔNIA

O edifício da antiga sede da Faculdade de Filosofia, Ciências e Letras da USP (FFCL),[48] conhecido como "Maria Antonia", teve pedido de tombamento iniciado

---

pio; ALMADA, Izaías e PONCE, J.A. de Granville (orgs.). São Paulo: Scipione, 1997, p. 337.

47   KOWARICK, Lúcio Félix Frederico. Parecer. In: CONDEPHAAT. Processo 23345/85, São Paulo, 1985, p.14.

48   Criada em 1934 como núcleo original da Universidade de São Paulo, a FFCL reunia os cursos de Filosofia, Letras, Ciências Sociais, Geografia, História, Psicologia, Educação, Física, Matemática, Biociências e Geociências. Com a Reforma Universitária de 1969, os cursos ligados às Ciências Exatas e Biológicas foram dissociados e a FFCL se tornou a FFLCH – Faculdade de Filosofia, Letras e Ciências Humanas, sediando apenas os cursos voltados às ciências Humanas, que são Filosofia, Letras, Ciências Sociais, Geografia, His-

em 01/04/1985[49] no Condephaat, por meio de requerimento da Diretora do Departamento de Patrimônio Histórico (DPH) do município de São Paulo, Suzanna Cruz Sampaio. Data emblemática, já que no dia da abertura do estudo completavam-se exatos 21 anos do Golpe Civil-Militar que deu origem ao período da mais recente ditadura no Brasil.

Sua ocupação original destinou-se ao uso pelo Colégio Rio Branco; em 1949, após compra do edifício pelo Estado de São Paulo, a FFCL migrou de uma pequena casa no bairro dos Campos Elíseos para as salas do edifício que se tornou símbolo do confronto que se iniciou em 02 de outubro de 1968 e só terminou no dia 03.

Travado entre estudantes da USP, em sua maioria identificados com ideias de esquerda, e alguns estudantes do Mackenzie – estes integrantes de uma organização batizada de "Comando de Caça aos Comunistas" (CCC), entre outras organizações de direita – o confronto ficou conhecido como "A Batalha da Maria Antônia", em referência à rua que abriga os dois edifícios (Mackenzie e FFCL--USP). Havia um clima de animosidade entre os estudantes das duas instituições, que se materializou após um ovo ser arremessado contra os estudantes da USP que arrecadavam, na rua, dinheiro para organizar o Congresso da UNE, cuja sede de São Paulo ficava no interior do prédio da FFCL.

Uma briga generalizada começou no dia 02 de outubro, e teve trégua com a chegada da Polícia à tarde. Durante a noite, assembleias em ambas as instituições decidiram voltar ao confronto no dia seguinte.

Na manhã do dia 03 de outubro, bombas e coquetéis molotov foram lançados contra a sede da FFCL e o resultado foi a morte do estudante José Carlos Guimarães, um dos secundaristas que ajudava os estudantes da USP no confronto,

---

tória. Como o prédio da Maria Antônia sediou a faculdade até 1968, trataremos a unidade apenas como FFCL.

49 Um bem para ser tombado passa por duas etapas: Dossiê Preliminar e Estudo de Tombamento. Na fase de Dossiê Preliminar, há um estudo mais simples acerca da pertinência da possibilidade de tombamento; este estudo é elaborado pelos técnicos e encaminhado para a deliberação do Conselho. No CONDEPHAAT pode ser tomada uma de duas decisões: arquivamento do pedido ou abertura do Estudo de Tombamento. Caso aberto o Estudo de Tombamento, o bem passa a contar com uma proteção prévia, onde alterações são permitidas seguindo diretrizes estabelecidas pela área técnica e demolições são proibidas. É somente após a conclusão do Estudo de Tombamento, deliberada em sessão do CONDEPHAAT, que um bem é definitivamente tombado ou não.

e vários feridos. As instalações da FFCL foram incendiadas, impossibilitando a continuidade das atividades acadêmicas naquele espaço.

Figura 44 – Foto do confronto entre estudantes. Foto: Hirato Yoshioka. Disponível em *Jornal da USP*, n° 847 de 6 a 12 de outubro de 2008 – Capa.

Face à sua destruição física – e também como forma de retaliação –, a sede da Faculdade foi transferida para a Cidade Universitária, recém-inaugurada e o prédio da Maria Antônia, destruído por bombas e tiros, foi cedido em 1970 para a Secretaria da Fazenda, que ali ficou instalada por 21 anos.

Certamente a transferência foi estratégica. A Cidade Universitária, afastada do centro da cidade e isolada por muros era ambiente cujo controle de manifestações era facilitado. Isso ficou evidente nas investidas do Exército contra o Conjunto Residencial da USP, já que segundo o Exército, "após a destruição da Faculdade de Filosofia, situada na Rua Maria Antonia, o CRUSP passou a ser o local de grande importância para o Movimento Estudantil, pela segurança que oferecia às suas reuniões, assembleias e congressos regionais. (…) O CRUSP tornou-se o Quartel General da subversão em São Paulo."[50]

---

50   BRASIL. Ministério do Exército. II Exército. ALVIM, Sebastião. *Relatório Inquérito Policial Militar* – CRUSP, São Paulo, 1968-1969, p.6. Disponível em http://movebr.wikidot.com/crusp:ipm-68

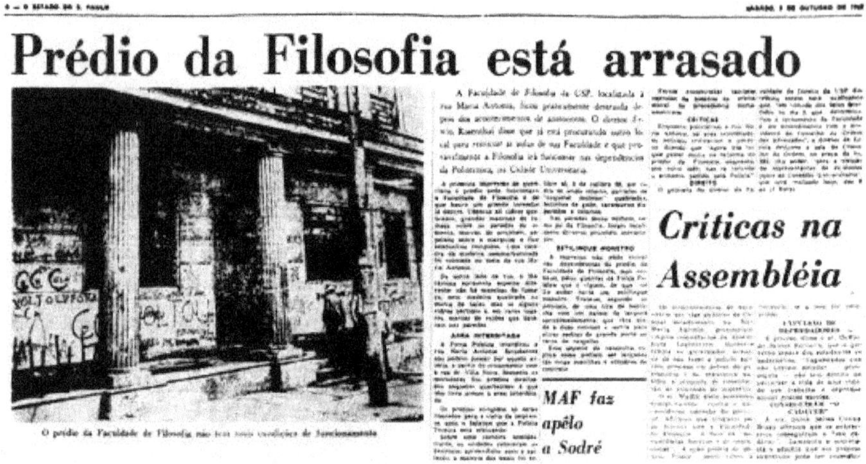
Prédio da Filosofia está arrasado

Críticas na Assembléia

MAF faz apêlo a Sodré

Figura 45 - Notícia de *O Estado de S. Paulo*, sobre a destruição e a mudança da FFCL. Imagem da fachada da faculdade. Edição de 5 de Outubro de 1968 - p. 6

O pedido de tombamento, portanto, chegava permeado pelo clima da batalha e pelas esperanças que a volta à democracia trazia; todavia, havia a necessidade de também justificar o pedido, baseado na importância do local para a história do Estado.

Coube à professora Maria Auxiliadora Guzzo de Decca, à época técnica do Condephaat, elaborar parecer técnico para instruir o pedido de tombamento. Para justificar seu posicionamento favorável ao pedido, destacou a importância social e histórica do local, em detrimento da análise arquitetônica; seu parecer é reflexo de uma mudança na concepção do que se considerava bem cultural por parte dos órgãos de preservação, conforme discutido anteriormente. A técnica foi cuidadosa em sua análise sobre a importância histórica do edifício; segundo seu parecer,

> O valor do edifício Ruy Barbosa é muito mais de caráter histórico-cultural que arquitetônico, entretanto. Tendo abrigado durante duas décadas a Faculdade de Filosofia, Ciências e Letras da USP, tornou-se um ponto de referência marcante na cidade durante os anos cinquenta e sessenta, notabilizando, inclusive, a Rua Maria Antônia, conhecida então como rua boêmia, estudantil, ponto de encontro de intelectuais e local de manifestações políticas.[51]

51 GUZZO DE DECCA, Maria Auxiliadora. Parecer Histórico - Faculdade de Filosofia, Ciências e Letras da USP. In: CONDEPHAAT. Processo 23384/85, São Paulo, 1985, p.54

Munida da manifestação da área técnica, a então conselheira do Condephaat Profª. Maria Luiza Tucci Carneiro elaborou seu relato, e defendeu o tombamento do edifício junto ao Conselho,

> (...) por ter sido palco de intenso movimento estudantil dos anos 1960, simbolizando a atividade oposicionista ao regime político que então se militarizava (...) sede da resistência ao autoritarismo e arbítrio, assumindo perfil do nosso 'Quartier latin', do ponto de vista da memória política. (...) [os edifícios da Maria Antônia] simbolizam a luta pela causa democrática ali defendida com entusiasmo por professores do gabarito de Fernando de Azevedo, Florestan Fernandes, Eurípedes Simões de Paula e Antônio Cândido.[52]

Completos exatos vinte anos da "Batalha da Maria Antônia", através da Resolução SC-53 de 03 de outubro de 1988, o edifício da antiga FFCL foi tombado, com a assinatura da então Secretária da Cultura Elisabete Mendes de Oliveira. Conhecida como "Bete Mendes" por seu trabalho como atriz, a Secretária é ligada à Faculdade, já que foi aluna dos cursos de Artes Cênicas e Sociologia. Mendes também tem sua história política marcada pela militância na organização de esquerda "VAR-Palmares", razão pela qual foi presa pelo DOI-CODI,[53] e por sua participação na Assembleia Constituinte (1988) como Deputada Federal.

---

52   CARNEIRO, Maria Luiza Tucci. Parecer. In: *CONDEPHAAT*. Processo 23384/85, São Paulo, 1986, p. 204

53   Em decorrência dessa prisão, Bete Mendes protagonizou um episódio importante para a verdade acerca da ditadura. Em 1985, uma comitiva da Presidência da República – a qual Bete Mendes integrava como Deputada Federal – foi ao Uruguai para uma visita com o intuito de fortalecer as relações entre os dois países. Em um dos compromissos oficiais, Mendes conheceu o adido militar brasileiro em Montevidéu: O Coronel Carlos Alberto Brilhante Ustra, comandante do DOI-CODI entre 1970 e 1974, e que a havia torturado quando de sua prisão em 1970. Naquele momento, as formalidades foram mantidas, mas ao retornar ao Brasil Mendes escreveu uma carta endereçada ao então Presidente José Sarney pedindo o afastamento do militar do posto diplomático. Sarney anunciou o afastamento, mas recuou após a pressão dos militares, incluindo o Ministro do Exército, Leônidas Pires, que havia sido comandante do DOI-CODI no Rio de Janeiro. A resposta às denúncias de Mendes, que também enviou carta ao Ministro do Exército e a leu no plenário da Câmara Legislativa, veio em forma de livro publicado por Ustra com o título "A verdade sufocada". Mendes nunca recuou e é uma das muitas pessoas que afirma ter sido torturada pelo Coronel, conhecido durante a Ditadura como "Major Tibiriçá".

112 DEBORAH R. L. NEVES

A Assinatura da Resolução de tombamento foi feita no prédio da Maria Antônia, na presença do Presidente do Condephaat, Paulo Bastos e de ex-alunos da FFCL. Na cerimônia, a Secretária Bete Mendes afirmou:

> Esse território livre, reprimido pela direita, deverá voltar a reunir a maior soma de inteligência dos anos 60. Esse prédio voltará à Universidade de São Paulo e será o museu da maior batalha estudantil brasileira.[54]

No ano de 1991, o Governo do Estado decidiu devolver o edifício Maria Antônia à USP, após mobilizações de estudantes e professores reivindicarem o prédio como patrimônio da universidade e também diante do tombamento. Em 1993 atividades acadêmicas e de extensão foram reativadas no local, dando origem ao Centro Universitário Maria Antônia, que realiza exposições de arte, cursos de extensão universitária e outros eventos.

***

Inseridos num contexto de redemocratização do país, os tombamentos do Arco do Presídio Tiradentes e do Edifício da Maria Antônia representaram a intenção de registrar na história a necessidade de manter a memória em discussão. Sobre este momento *sui generis* no CONDEPHAAT, Marly Rodrigues afirma tratar-se de:

> (...) um exemplo, talvez único de solicitação de tombamento baseado na valorização da memória de um grupo específico [que] foi encaminhado ao CONDEPHAAT pelo Sindicato dos jornalistas de São Paulo. Iniciativa de um ex-preso político, ela significou a possibilidade de reconhecimento oficial do papel dos grupos que, em passado recente, haviam resistido ao autoritarismo implantado no país. A solicitação vinculava experiências ainda vivas, memórias coletivas, a um espaço e, por meio deste, aos que, em períodos anteriores, haviam assumido atitudes de resistência política, de modo a estabelecer entre passado e presente uma linha de continuidade, a resistência da esquerda, também prova da resistência de um projeto de transformação da sociedade, num momento em que este começava a se esvair. (...) solicitava-se que o arco do portal, único marco remanescente da antiga edificação fosse tombado e transformado em monumento público (...)

---

54 Cultura tomba o prédio da guerra dos estudantes. *O Estado de S. Paulo*. São Paulo, 04 out. de 1988, p.48.

O momento, de redemocratização, e a presença de pessoas sensíveis às posições de esquerda no Conselho contribuíram para a decisão favorável ao tombamento, o que assinalou um importante acréscimo conceitual ao CONDEPHAAT (...)[55]

Um aprofundamento sobre as considerações de Rodrigues e sobre as ações de patrimonialização empreendidas neste período imediato pós-ditadura, será feito adiante. Os casos a seguir apresentam um panorama da preservação de lugares de memória difícil na cidade de Buenos Aires, como forma de comparar como essas ações se desenvolveram e a importância social destes eventos.

CLUB ATLÉTICO

O *Club Atlético* – cujo nome é uma referência às iniciais (CA) de seu nome real Centro Anti-Subversivo[56] – funcionou por apenas 11 meses do ano de 1977, no turístico bairro de *San Telmo*. Classificado como um *Centro Clandestino de Detención y Tortura*[57] (CCDyT) esteve instalado em um edifício de três andares, que abrigou o *"Servicio de Aprovisionamiento y Talleres de la División Administrativa de la Policía Federal"*. Possuía 41 celas – todas no porão –, três salas de tortura, enfermaria, cozinha, lavanderia, chuveiros. Chegou a abrigar 200 pessoas e teste-

---

55 RODRIGUES, Marly. Op.cit. p.141.

56 ZARANKIN, Andrès e NIRO, Claudio. A materialização do sadismo: arqueologia da arquitetura dos centros clandestinos de detenção da ditadura militar argentina (1976-1983). In: FUNARI, Pedro Paulo A.; ZARANKIN, Andrés; REIS, José Alberioni dos (orgs.). *Arqueologia da repressão e da resistência na América Latina na era das ditaduras (década de 1960-1980)*. São Paulo: Annablume, FAPESP, 2008, p. 198.

57 Os Centros Clandestinos de Detención y Tortura foram uma prática disseminada pela Ditadura Civil Militar argentina, que utilizavam prédios já existentes para manter encarceradas ilegalmente pessoas capturadas. Não tinham caráter legal de prisão e por isso, os familiares não sabiam onde estavam seus entes. De acordo com o informe da CONADEP, "estos centros sólo fueron clandestinos para la opinión pública y familiares o allegados de las víctimas, por cuanto las autoridades negaban sistematicamente toda información sobre el destinos de los secuestrados los requerimientos judiciales y de los organismos nacionales e internacionales de derechos humanos (...) Esta realidad fue permanentemente negada, valiéndose el Gobierno Militar, también para ello, del control abusivo que ejercía sobre los medios de comunicación masiva, puestos al servicio de la confusión y desinformación de la opinión pública." CONADEP. Nunca Más. Informe de La Comisión Nacional sobre La Desaparición de Personas. 11ª Edicion. Buenos Aires: EUDEBA, 1985, p.55.

munhos informam que mais de 1500 passaram por aquele local, das quais grande parte continua desaparecida.

Figura 46 – Imagem da elevação do ex-CCDyT Club Atlético.
Foto: http://www.exccdytclubatletico.com.ar/images/Foto_pag1_JPG.jpg

Ainda de acordo com testemunhos, as pessoas eram capturadas e chegavam com os olhos vendados em carros particulares descaracterizados. Quando chegavam ao lugar eram tiradas dos carros e transportadas violentamente por uma pequena escada a uma sala subterrânea, sem ventilação. Todos seus pertences eram recolhidos, seus pés e mãos eram algemados e tinham seus nomes substituídos por uma letra e um número. Como em outros Centros Clandestinos, o método de interrogatório era a tortura.

O funcionamento deste centro foi abreviado porque no ano de 1977, o edifício do *Club Atlético* foi demolido para a construção da *Autopista 25 de Mayo*, projetada num plano de expansão de vias urbanas rápidas. Seu desaparecimento material, todavia, não foi suficiente para eliminar a memória sobre o que ocorreu ali.

Desde o fim do período do regime, sobreviventes e familiares de mortos ou desaparecidos do *Club Atlético* exigiam uma investigação no local. Em 2002, iniciaram-se as escavações no local,[58] coordenadas por uma comissão composta de "(...) representantes de organizações de direitos humanos, o governo da cidade, famílias de desaparecidos, sobreviventes do centro e profissionais (engenheiros,

---

58   Os primeiros trabalhos de escavação foram empreendidos por Marcelo Weissel em conjunto com uma comissão.

A PERSISTÊNCIA DO PASSADO 115

arquitetos e arqueólogos)".[59] As decisões foram tomadas em conjunto, de acordo com informações prestadas pelos pesquisadores envolvidos.

Em 2003, o projeto de escavação arqueológica foi definido em um concurso público, vencido por Andrés Zarankin e Márcia Bianchi Villelli, intitulado "*Arqueología como memória: intervenciones arqueológicas en el Centro Clandestino de Detención y Tortura 'Club Atlético'*", cujos principais objetivos eram compreender a lógica de funcionamento e da organização espacial da arquitetura, e contribuir com a construção de uma memória material acerca do local, que validariam os testemunhos dos sobreviventes. Através do trabalho da equipe de arqueólogos, em sua maioria estudantes da Universidade de Buenos Aires, foi possível identificar as estruturas do edifício, a localização de parte das celas e inscrições nas paredes, além de objetos que comprovam a existência de detenção naquele local.[60]

Descrições elaboradas por ex-detidos naquele local informaram sobre a existência de uma escada que "*(...) levava a uma sala provida de uma mesa de ping pong que usavam os repressores (...)*".[61] Durante as escavações, uma bolinha de ping pong foi encontrada embaixo do elevador de cargas[62], comprovando a versão dos sobreviventes. Materializavam-se algumas informações coletadas durante a elaboração do relatório da CONADEP.

A arqueologia tem sido fundamental na recuperação da memória de CCDyT na Argentina. Os trabalhos provam a existência desses locais através de fragmentos de objetos, de localização de vestígios de construção que apoiam a reconstrução virtual destes lugares. Com vistas a tornar público o resultado das pesquisas e escavações, na calçada em frente ao sítio arqueológico foi criado um memorial a céu aberto explicando o que era o local e evocando a memória dos detidos-desaparecidos.

---

59   ZARANKIN, Andrés; SALERNO, Marisa A. "Después de la tormenta: arqueologia de La represión na América Latina". In: *Revista Comluntum*, V.19, nº2, 2008, p.28. Disponível em http:// revistas.ucm.es/index.php/CMPL/article/view/CMPL0808220021A, acessado em 11 mai. 2012.

60   ZARANKIN, Andrès e NIRO, Claudio. A materialização do sadismo: arqueologia da arquitetura dos centros clandestinos de detenção da ditadura militar argentina (1976-1983). In: FUNARI, Pedro Paulo A.; ZARANKIM, Andrés; REIS, José Alberioni dos (orgs.). Arqueologia da repressão e da resistência na América Latina na era das ditaduras (década de 1960-1980). São Paulo: Annablume, FAPESP, 2008, p. 183-210.

61   CONADEP. Nunca Más. Informe de La Comisión Nacional sobre La Desaparición de Personas. 11ª Edicion. Buenos Aires: EUDEBA, 1985, p.90. Tradução livre da autora.

62   ZARANKIN, Andrès e NIRO, Claudio. *Op. cit.*, p.199.

Figura 47 – Escavações feitas no local onde era o edifício. Foto: Deborah neves (set./2011)

Figura 48 – Memorial "30.000 Desaparecidos". Foto: Deborah Neves (set./2011)

Diante dos indícios materiais identificados pelas escavações, no ano de 2005 a Assembleia Legislativa de Buenos Aires declarou a região abaixo do viaduto, onde estava localizado o *Club Atlético*, como *"Sítio de Interes Histórico"* através da *Ley 1794*. Esta lei modificou o Plano Diretor da cidade, com a inclusão um artigo que prevê que naquele local só serão permitidas ações que visem a *"recuperação arqueológica, pesquisa documental e testemunhal e avaliação do sítio, devendo contar com prévia aprovação do Poder Executivo."*[63]

---

63   Legislatura de la Ciudad Autónoma de Buenos Aires. Ley 1.794 de 22 de septiembre de

A PERSISTÊNCIA DO PASSADO

Não foi possível consultar o processo administrativo da *Comisión para la Preservación del Patrimônio Histórico Cultural* (CPPHC), para analisar seus documentos e o estudo elaborado acerca do local para compor este processo, por conta da ausência de resposta das várias tentativas de contato por parte da Comisión. Todavia, acredita-se que a solicitação tenha partido do *Instituto Espacio para la Memoria*, cuja lei de criação determinou, no Artigo 3º, que uma de suas atribuições é "Recuperar os prédios ou lugares na Cidade onde funcionaram Centros Clandestinos de Detenção ou em que ocorreram outros acontecimentos emblemáticos da época, promovendo sua integração à memória urbana".[64]

É possível ainda que tenha partido de familiares e ex-detidos que compuseram a primeira comissão de escavação, em função das descobertas apresentadas pelos trabalhos arqueológicos. Sabe-se que houve intensa participação de moradores do bairro pela identificação e valorização do local, remetendo à memória da ditadura.

Deve-se dar destaque para essa cooperação entre órgãos oficiais, atingidos pela repressão e moradores do bairro. Essa conjunção demonstra um esforço coletivo para a verdade e a manutenção da memória. A seguir, será analisado um caso de conversão de uso de um ex-CCDyT.

El Olimpo

Distante apenas a alguns quilômetros do *Club Atlético*, localizado no bairro de Vélez Sarsfield, está o CCDyT *"El Olimpo"*, que também teve curta duração – funcionou entre agosto de 1978 e fevereiro de 1979, seis meses apenas.

O edifício que abrigou *El Olimpo* foi uma estação de bonde, cuja linha era bastante utilizada para o transporte de passageiros e de cargas de carne, uma vez que a região abrigava um grande número de matadouros e frigoríficos desde o final do século XIX. O edifício passou para a posse da Polícia Federal em 1978, quando se iniciaram as obras de adaptação para abrigar o novo Centro de Detenção substituto do *Club Atlético* que estava sendo desativado. Parte do material resultante de sua demolição serviu de base para que policiais terminassem as obras civis e finalmente transferissem os presos do *Club Atlético* – que antes ficaram temporariamente detidos em um centro provisório instalado no edifício de um banco, razão pela qual ficou conhecido como *El Banco* – para *El Olimpo*.

2005. Tradução livre da autora.

64 Legislatura de la Ciudad Autónoma de Buenos Aires. Ley 961 de 05 de deciembre de 2002. Tradução livre da autora.

Com capacidade para abrigar 150 presos, relatos de sobreviventes apontam que em torno de 500 pessoas passaram e ficaram detidas em *El Olimpo* durante sua existência. O CCDyT tinha duas seções de celas separadas por um pátio. Uma delas contava com quatro fileiras de 10 celas separadas entre si por alas; cada fileira mantinha apenas dois vasos sanitários, demonstrando a situação precária a que presos eram submetidos. Em um dos corredores estavam os chuveiros e a lavanderia. Na outra seção, denominada *Sector de Incomunicados*, estavam situadas seis celas e uma sala de tortura. Num terceiro setor estavam uma cozinha, uma sala de internação, uma enfermaria, um refeitório, laboratório de fotografia, oficina de eletrônica, capela, outra sala de tortura, uma sala de inteligência e um Gabinete do Grupo de Tarefas e de agentes repressivos,[65] conforme figura 49.

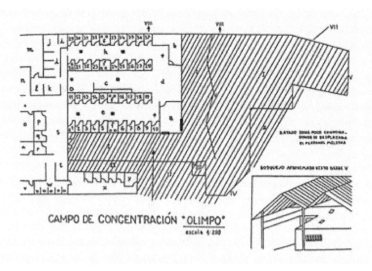

Figura 49 – Croqui desenhado por ex-detidos. Fonte: Nunca Más.

O fechamento de *El Olimpo* ocorreu em janeiro de 1979 devido ao grande número de denúncias de sobreviventes do centro que estavam no exterior. Essas denúncias incluíam, além deste Centro, o apontamento de outros Centros Clandestinos de Detenção, entre eles a ESMA. Motivaram ainda a visita de membros da Comissão Interamericana de Direitos Humanos para apurar as denúncias. Com o intuito de desmentir os sobreviventes, os militares optaram por fechar *El Olimpo*. Anos depois, o relatório *"Nunca Más"*, produzido pela *Comisión Nacional sobre la Desaparición de Personas* (CONADEP), confirmou a existência e o funcionamento

---

65 *Memoria en la ciudad: señales del terrorismo em Buenos Aires.* 1ª Edición. Buenos Aires: Eudeba, 2009, p.215.

de *El Olimpo* como um *Centro Clandestino de Detención y Tortura*,[66] frustrando as expectativas de ocultamento da existência do local.

Ao contrário do *Club Atlético*, este centro foi apenas desativado mas não demolido, e permaneceu como garagem e oficina de manutenção de veículos da Polícia Federal até o ano de 2005, quando começou a desocupação do local. Em novembro do mesmo ano, foi convertido em espaço destinado à atividades comunitárias voltadas à memória do período da ditadura.[67] Essa destinação só foi possível porque em 2004 o então Presidente Nestor Kirchner assinou um convênio com a cidade de Buenos Aires para ocupá-lo com atividades de promoção da memória, motivado pela pressão de entidades ligadas à defesa de Direitos Humanos.

---

66   A CONADEP recolheu o depoimento de pessoas que passaram pelos mais diversos Centros de Clandestinos Detención e a partir de descrições físicas fornecidas por eles, encarregavam uma equipe de investigação composta por arquitetos e técnicos para comparar os esboços de memória e desenhos feitos por sobreviventes e as instalações físicas que suspeitavam ser o Centro. "): A reconstrução dos CCD foi possível com base de centenas de testemunhos prestados por pessoas liberadas que estiveram durante um tempo mais ou menos prolongado na condição de detidos-desaparecidos. É assombrosa a semelhança entre as plantas esboçadas pelos denunciantes em suas coletas de testemunho e aquelas produzidas por arquitetos e equipes técnicas em levantamentos posteriores, a fim de subsidiar as inspeções e reconhecimentos efetuados pela Comisión (…)" foram destacados pelo relatório. CONDA-EP. Nunca más. Informe de La Comisión Nacional sobre La Desaparición de Personas. 11ª Edición. Buenos Aires: EUDEBA, 1985, p.60, 80 e 457. Tradução livre da autora.

67   JENSEN, Katherine. La recuperación de ex-Centros Clandestinos de Detención como Espacios de la Memoria: Un estudio acerca del caso del ex-centro "Olimpo". In: Buenos Aires. Vassar College: SIT Argentina: Human Rights and Social Movements, *Independent Study Project (ISP) Collection*. Paper 183, 2007, p. disponível em http://digitalcollections. sit.edu/isp_collection/183/, acessado em 11 mai 2012.

Figura 50 – Imagem atual do ex-CCDyT El Olimpo. Foto: Daniel Mancuso. Disponível em http://pibesypibas.blogspot.com.br/2011/06/antes-el-olimpo-ahora-radio-la-bemba.html

Para decidir como se daria a ocupação do espaço foi criada a *Mesa de Trabajo y Consenso de la Recuperación de la Memória del ex-CCDyT "El Olimpo"*. Uma das principais preocupações seria de que maneira se daria a preservação do prédio: seria integralmente conservado ou somente o espaço destinado ao cárcere? As celas deveriam ser reconstituídas? E o que restava da estação de bondes, deveria ser mantido ou removido? Este grupo de trabalho decidiu pela não reconstruçao das celas e preservar as características e vestígios que evidenciam a tentativa de camuflagem promovida pelos militares para confundir a equipe da Comissão Interamericana de Direitos Humanos (CIDH). Também foram mantidas as características da antiga estação de bonde, que determinantes para que as vítimas reconhecessem o local.[68] Tratou-se da construção de uma memória coletiva entre sobreviventes, familiares de desaparecidos, organizações de direitos humanos e vizinhos do edifício que desde a década de 1990 se mobilizaram pela recuperação do local.[69]

Diante das evidências do uso da estação como centro clandestino de detenção, em novembro de 2003, a Assembleia Legislativa de Buenos Aires determinou

---

68   GUGLIELMUCCI, Ana; CROCCIA, Mariana; MENDIZÁBAL, María Eugenia. Patrimonio hostil: reflexiones sobre los proyectos de recuperacion de ex centros clandestinos de detencion en la Ciudad de Buenos Aires. In: *Actas del "Primer Seminario Internacional Politicas de la Memoria"*, Centro Cultural de la Memoria Haroldo Conti, Archivo Nacional de la Memoria, Secretaria de Derechos Humanos de la Nacion. Buenos Aires, 2008, p.297.

69   JENSEN, Katherine. *Op. cit.* p.17.

o reconhecimento de *"El Olimpo"* como "Sítio Histórico" da cidade,[70] sem impor qualquer restrição quanto a modificações, como foi o caso do Club Atlético.

Todavia, o local vive um impasse recente: ocupado por diversos movimentos sociais populares do bairro de Floresta, a utilização do espaço tem sido limitada atualmente. No mês de abril de 2012 o Prefeito de Buenos Aires, Mauricio Macri[71] mandou cessar o serviço de segurança noturna, impedindo que o edifício fique aberto para além das 17h.[72] O serviço da rádio comunitária e outras atividades como a Biblioteca Popular e de organismos de defesa dos direitos ficaram prejudicados. A população, que colabora com a reconstrução do cotidiano do bairro que tinha uma detenção clandestina em suas ruas, não aceita essa ação de redução de vigilância no local e empreendem passeatas contra a postura do Prefeito.

Em maio de 2012, deputados de oposição apresentaram um pedido oficial de informações do Executivo a fim de esclarecer as razões destas restrições;[73] as atividades continuam a transcorrer nas dependências de *El Olimpo*, mas o fato prova que a construção da memória é um exercício diário e nunca consolidado. Pode encontrar obstáculos oficiais ou de parte da sociedade que se opõe à forma de ocupação e mesmo à interpretação da história construída a partir das experiências vividas nesses locais.

---

70   Legislatura de la Ciudad Autónoma de Buenos Aires. Ley 1.197 de 27 de Noviembre de 2003.

71   Maurício Macri é um político ligado à direita portenha, e foi também presidente do Club Atlético Boca Juniors. Ficou famoso por sua gestão financeira, transformando o clube de futebol numa potência de marketing. É uma figura de oposição aos Kirchner e ligado à tradição de Carlos Menem e que é constantemente acusado de abuso de autoridade, perseguição a opositores e corrupção. Em novembro de 2015 foi eleito Presidente da Argentina, pondo fim a 12 anos de Kirchnerismo.

72   DAVIS, Carlos. El Olimpo sin custodia. *La Floresta*, 2 abr. 2012. Disponível em http://www.la-floresta.com.ar/2012/abril/2.htm, acessado em 30 abr. 2012.

73   DAVIS, Carlos. Informes sobre El Olimpo y Corralón. *La Floresta*, 9 mai. 2012. Disponível em http://www.la-floresta.com.ar/2012/mayo/9.htm, acessado em 5 jan. 2013.

Implicações da preservação

A instalação dos CCDyT na Argentina era discreta e ocorreu em edifícios já existentes, não pressupondo a construção de novos prédios para evitar atrair atenção. Essa foi uma das táticas empreendidas pelos militares para limitar o conhecimento que a sociedade tinha acerca do que ocorria nas prisões e nas vizinhanças. Jorge Videla em depoimento ao jornalista Ceferino Reato afirmou que:

> (...) Estávamos de acordo sobre qual era o preço a pagar para ganhar a guerra e necessitávamos que não fosse evidente para que a sociedade não se desse conta. Por isso, para não provocar protestos dentro e fora do país, sobre a marcha se chegou à decisão de que essa gente desapareceria; cada desaparecimento pode ser entendida certamente como o mascaramento, a dissimulação, de uma morte.[74]

A intenção de não deixar rastros era evidente, ainda durante a vigência das ditaduras. Observe-se o fato de dois centros de detenção representativos da violência do Estado, tanto cá quanto lá, terem sido demolidos em nome do progresso, em um espaço temporal bastante próximo. O edifício do *Club Atlético* e o Presídio Tiradentes foram demolidos em nome do progresso de suas cidades. Resta um pergunta, talvez retórica: por que ali? Eram os únicos lugares para realizar tais construções?

Figura 51 – Imagem de satélite da Autopista 25 de Mayo.
Em destaque, está o local onde estava o CCD Club Atlético. Fonte: Google Maps, 2013.

---

74 REATO, Ceferino. Videla: *La confesión*. La Nación, Buenos Aires, 15 abr. 2012. Disponível em http://www.lanacion.com.ar/1464752-videla-la-confesion, acessado em 14 mai. 2012. Tradução livre da autora. Grifo nosso.

Figura 52 – Entrada da Estação Tiradentes, do metrô. Foto: Dornicke, Wikipedia, 2006

Esses apagamentos propositais de marcas causam sentimentos diversos em quem viveu uma história nesses locais. Sobre o assunto, Rioco Kaiano, que ficou detida no Presídio Tiradentes, diz o seguinte:

> (...) em São Paulo, o símbolo do 'milagre' prometido pela ditadura era o metrô. Vai daí que o presídio Tiradentes ser substituído pela estação Tiradentes parece, mais que uma ironia, um marco simbólico. (...) nas poucas vezes em que ando de metrô e passo pela estação Tiradentes, fico minhocando no fundo da minha memória que esse lugar tem a ver comigo, sim, e com os sonhos que povoaram minha juventude. E tem a ver com um pedaço marcante e dolorido da História desse país.[75]

Do presídio Tiradentes, restou apenas um arco, que sobrevive à voracidade da cidade grande graças ao tombamento. Todavia, esse instrumento não garante por si só a fruição pública da relevância social do bem. O Arco do presídio levava uma placa de bronze em que se marcava socialmente a memória de sobreviventes, mas foi furtada e nunca reposta. O bronze tem valor comercial de revenda, e talvez por essa razão tenha sido furtado. Esse fato pode ser encarado como uma metáfora da injustiça social que continua a acometer o país, que os tempos democráticos ainda não foram capazes de solucionar totalmente. Sobre o dia em que a placa foi afixada no local, Alípio Freire afirma o seguinte:

> Certamente eu lembrava de todo o processo de tombamento do arco, cuja 'inauguração' aconteceu no dia 25 de outubro de 1985, marcan-

---

75   KAIANO, Rioco. Estação Tiradentes. In: *Tiradentes, um presídio da ditadura*. FREIRE, Alípio; ALMADA, Izaías e PONCE, J. A. de Granville (orgs.). São Paulo: Scipione, 1997, p.341.

do os dez anos do assassinato de Vladimir Herzog, com sua placa de bronze assentada no chão, na manhã da véspera, e onde se lia: "Em memória de todos os homens e mulheres que, no Brasil, ao longo da história, lutaram contra a opressão e a exploração – pela liberdade" (ou algo muito próximo disto). Essa placa seria roubada poucos anos depois, e jamais substituída.[76]

As demolições, as tentativas de ocultação do que aconteceu explicam por um lado a dinâmica dos espaços públicos que são alterados, mutilados, subtraídos nestas duas metrópoles latino-americanas, e por outro as razões de haver uma distância temporal de mais de 15 anos entre a patrimonialização dos lugares relacionados à ditadura no Brasil e na Argentina. Certamente, a trajetória histórica de ambos os países em relação ao tratamento dispensado pelos respectivos Estados com relação a apuração de crimes cometidos durante a vigência das suas ditaduras civis-militares teve importância crucial para a determinação de lugares históricos em tempos tão diferentes.

A Argentina iniciou a transição para a democracia com a abertura de *Juicio a las juntas* imediatamente após a saída dos militares do poder. Julgamentos com testemunhos, apresentação de queixas de familiares, o relatório da CONADEP – *Nunca más* – trouxeram à tona as atrocidades cometidas nas detenções clandestinas e, por conseguinte, a punição aos envolvidos com prisão. As ações empreendidas por Carlos Ménem em nome da "reconciliação" colocaram a sociedade, em especial familiares de desaparecidos, ex-detidos e organizações de direitos humanos em alerta sobre a integridade física de locais símbolos da repressão. A mobilização para a preservação desses locais foi alimentada pelo risco de demolição e ações particulares ganharam força, como a marcação física nas calçadas (com a colocação de *"baldosas"*) e a pichação de locais emblemáticos em tom de denúncia.

---

76 FREIRE, Alípio. Depoimento pessoal enviado por e-mail. Acervo pessoal. Agradeço a Mário Augusto Medeiros da Silva pelo contato com o jornalista e por ter, gentilmente, copiado meu endereço eletrônico para que eu tivesse acesso à conversa entre os dois.

Figura 53 – Jefatura de Policia pichada com identificação, em Tucumán, por iniciativa do grupo HIJOS, em 2010.
Foto disponível em http://hijos-tucuman.blogspot.com.br/2010_06_01_archive.html

Figura 54 – Placa afixada na calçada da Av. Callao, Buenos Aires por iniciativa popular. Essa placa é conhecida por "baldosa". Foto: Deborah Neves (set/2013)

Grupos interessados da sociedade paulista também se mobilizaram quando ficou explícito que o Estado brasileiro não iria tratar dos acontecimentos da ditadura. Essa incredulidade foi potencializada pela Lei de Anistia, de 1979 – que ficou aquém dos interesses manifestados pelas Comissões de Anistia e outros movimentos civis organizados – e depois com o fracasso da intenção de se realizar eleições diretas em 1983, a partir da rejeição da Emenda Dante.

Restou então a busca por outras formas de denunciar os crimes ocultados pelos envolvidos, seja pela proibição de acesso a arquivos, seja pela imposição da Lei de Anistia. Os pedidos de tombamento, portanto, podem ser entendidos como uma das maneiras que grupos organizados da sociedade brasileira encontraram para não deixar a ferida cicatrizar sem antes ampliar o debate. A marcação física no espaço da cidade era uma forma de denúncia sobre o que aconteceu naqueles locais e por que.

Pelas razões descritas, pode-se concluir que é o que justifica o lapso temporal entre as sociedades. A memória, no caso do Brasil, tem substituído o papel da justiça. A existência de processos de tombamento, movidos por agentes da sociedade civil ainda no ano de 1985 – quando não havia propriamente uma democracia estabelecida –, colocou em xeque a suposta apatia da sociedade no Brasil, mas evidenciou a incapacidade do Condephaat em identificar e valorar o patrimônio cultural após o tombamento.

Em movimento contrário ao que desejavam os militares, os bens quando protegidos e cujas razões para essa proteção são tornadas de conhecimento público frustram a tentativa de impedir que a sociedade tome conhecimento dos fatos. Mas, de que forma, em São Paulo, Maria Antônia e Arco do Presídio Tiradentes cumprem com essa função? Se em Buenos Aires os locais identificados como relacionados à repressão levam marcas que os identificam como tal, o mesmo não se repete nos lugares paulistanos. Como Alípio Freire afirmou, a placa que evocava o passado do presídio foi furtada, e na Maria Antônia há uma placa apenas no saguão interno do prédio, afixada por pessoas ligadas aos movimentos de familiares de mortos e desaparecidos ou de sobreviventes da ditadura. Não há qualquer marcação pública que informe o que foram aqueles lugares e que eles estão protegidos por leis de defesa do patrimônio. Assim, qual o sentido social e público que esses lugares transmitem ao público que passa por eles?

Figura 55 – Placa afixada no prédio da Maria Antônia, por familiares de mortos e desaparecidos. Foto: Deborah Neves, out./2011

Se em Buenos Aires os bens tombados estão em destaque no passeio público por meio de placas de identificação afixadas nos pisos das calçadas, o mesmo não se pode afirmar sobre os bens reconhecidos pelo Condephaat Os poucos bens que possuem identificação, o têm ou por iniciativa do proprietário do imóvel ou por terem sido identificados ainda na década de 1980, quando havia uma política sistemática de sinalização pública, com recursos específicos destinados a este fim.

Nesse sentido, pode-se afirmar que a ausência de identificação de bens por meio de placas públicas em São Paulo não se restringe aos bens relacionados à ditadura, mas a quase todo o conjunto tombado, por ausência de política pública. Em sentido oposto, a Presidência da Argentina mantém um programa permanente de identificação e sinalização no que tange a locais relacionados à ditadura, executado pela Secretaria de Direitos Humanos através do organismo interjurisdicional *Red Federal de Sitios de Memoria* (REFESIM), entre cujos eixos de atuação está o de *"a recuperação e a sinalização pública dos lugares nos quais o último regime de fato panejou e executou o extermínio sistemático de toda oposição política (1976 e 1983)"*,[77] através da *"colocação de uma estrutura de concreto*

---

77 COORDINACIÓN RED FEDERAL DE SITIOS DE MEMORIA. ARCHIVO NACIONAL DE LA MEMORIA. Señalización Eexterna de ex-Centros Clandestinos de Detención y otros espacios vinculados con el accionar del Terrorismo de Estado. *Objetivos, requerimientos y especificaciones para la gestión.* Buenos Aires, 2012, p.3. Disponível em http://www.nodo50.org/exilioargentino/2012/2012_03_marzo/imag_marzo2012/Red_sitios_memoria.pdf, acessado em 03 out. 2013. Tradução livre da autora.

e/ou placas com textos altamente visíveis na entrada das unidades militares, delegacias e outros umóveis utilizados para a repressão ilegal, com informação que indica que nesses lugares funcionaram centros clandestinos de detenção durante o terrorismo de Estado.[78]

Uma das ações decorrentes dos trabalhos empreendidos pela REFESIM é a identificação das atividades de cada local e a constituição de uma cadeia de nexos entre eles. O trabalho do organismo descobriu que *Club Atlético* e *El Olimpo*, em conjunto com o CCDyT *"Banco"*, constituíram um circuito macabro, da morte, conhecido como *"Circuito ABO"*, em referência às iniciais de cada local. Ora, é sabido que DEOPS, DOI-CODI e Presídio Tiradentes eram locais obrigatórios de passagem aos detidos por subversão. Por que não pensá-los, somados aos Cemitérios de Vila Formosa e Dom Bosco (Perus), também como um "Circuito do Terror de Estado", à semelhança de Buenos Aires? Ações propositivas neste sentido foram apresentadas pela área técnica da UPPH e aprovadas pelo Condephaat,[79] entretanto, não houve nenhuma mobilização neste sentido até então.

É oportuno citar a historiadora Sheila Schvarzman, responsável pela instrução do processo do Arco Tiradentes, cuja reflexão é bastante pertinente em casos de preservação de locais relacionados aos períodos das ditaduras, seja no Brasil, seja na Argentina:

> O que este estudo nos traz de fundamentalmente novo é a visão do tombamento não apenas como um instrumento de preservação da memória, da história, e como guardião de bens culturais que se constituem em suporte de valores que formam sentido em nossa sociedade, mas também como copartícipe na identificação e manutenção de um espaço de recordação e homenagem de uma realidade histórica que muitos prefeririam negar, justamente porque o edifício não existe mais. Desta forma, o tombamento do arco 'reconstitui' o bem, reconhece, lembra e homenageia períodos da história e procedimentos que se gostaria enterrados e demolidos, como as próprias paredes do presídio.[80]

---

78 RED FEDERAL DE SITIOS DE MEMORIA. Acciones. Disponível em http://www.derhuman. jus.gov.ar/anm/sitios_memoria.html, acessado em 03 out. 2013. Tradução livre da autora.

79 Para uma consulta aprofundada desta proposta, ver CONDEPHAAT. Ata 1697, da Sessão realizada em 04.03.2013, Processo 65920/2012 – Referente aos Restos Mortais de Desaparecidos Políticos, localizados no Cemitério da Vila Formosa *in*: Diário Oficial do Estado de São Paulo de 20/03/2013, Executivo – Caderno 1, p. 158. Ver também CONDEPHAAT. Deliberações do Colegiado em Sessão Ordinária, de 4-3-2013. Processo 65920/2012. In: *Diário Oficial do Estado de São Paulo* de 01/05/2013, Executivo – Caderno 1, p. 74.

80 SCHVARZMAN, Sheila. O Presídio Tiradentes. In: CONDEPHAAT. Processo 23345/85, São Paulo, 1985, p.39

Neste capítulo procuramos analisar a constituição da prática de preservação de objetos e edifícios em perspectiva histórica tentando estabelecer comparações entre o caso brasileiro e argentino. Como estudos de caso, foram analisados os locais que, primeiramente, foram considerados importantes para serem preservados na condição de patrimônio histórico brasileiro e argentino.

No próximo capítulo abordaremos os bens tombados no Brasil e na Argentina considerados os mais importantes: Prédio do *Antigo DOPS* e *Casino de Oficiales* da ESMA. Procuraremos mostrar os processos administrativos que deram origem aos dispositivos legais de preservação como patrimônio das respectivas sociedades, a transformação destes locais em espaços públicos de remissão à memória (memoriais) e as alterações físicas às quais os edifícios foram submetidos serão abordados no capítulo IV.

Capítulo III
Antigo DOPS e ESMA: transformação em patrimônio

Nas primeiras décadas do século XX, a sociologia compreendia a memória mais como uma nuance da História do que um objeto a ser estudado. Maurice Halbwachs, pensando na dimensão coletiva da memória (ou seja, que nenhuma memória individual é dissociada de uma produção social e coletiva) é quem passa a diferenciá-la da História. Halbwachs entende que a memória coletiva é vivida e exercida por indivíduos que relatam suas experiências. Nesse sentido, a memória coletiva é objeto da História, e não a história propriamente dita,[1] já que para que a História exista é necessário que a memória coletiva desapareça com a morte do último indivíduo que contava seus relatos. Esta dicotomia surge do entendimento que a memória está sujeita a manipulações de ordem política e ideológica, a influências externas a si, como a difusão de outras memórias acerca do mesmo evento, o tempo decorrido e o distanciamento do fato, que podem criar uma interpretação, ao invés de um relato fiel. A História, por sua vez, não é vivida, mas apreendida pela escrita dos grandes acontecimentos, utilizando-se da memória como ilustração, objeto, e distante das percepções do indivíduo.

Um dos desafios impostos às Ciências Sociais é quando a memória é um dos poucos "documentos" sobre algo ocorrido no passado, como testemunhos de sobreviventes de catástrofes como o Holocausto, e mais recentemente, da ditadura na Argentina.[2] Esses novos componentes traumáticos, adicionados ao ofício

---

1   HALBWACHS, Maurice. *A memória coletiva*. São Paulo: Ed. Centauro, 2004.

2   Na Argentina, poucos são os documentos produzidos oficialmente pelo governo militar que relatam o período vivido sob ditadura. Os testemunhos de sobreviventes de Centros Clandestinos de detenção, militares, civis têm sido fundamentais para a instrução de processos judiciais em curso naquele país. Ao menos três blogs tratam desses juízos e apresentam vídeos

do historiador, fizeram com que desde a década de 1980 haja um entendimento "mediador" de que a memória serve não apenas como objeto, mas também como documento para a História, para ser analisada, comparada, criticada como tal, e não uma aceitação como verdade.[3] Ao historiador, "cabe-lhe a tarefa da apreensão da relação do presente da memória (de um acontecimento) e do passado histórico (desse acontecimento), em função da concepção de um futuro desse passado."[4] Esse movimento tem origem na França, por conta das comemorações do Bicentenário da Revolução Francesa, em 1989, e seu expoente principal é Pierre Nora. O entendimento era de que a memória coletiva é sinônimo de identidade coletiva com dimensão histórica, ou seja, a memória coletiva deixa de existir porque é reivindicada pela História.

Uma terceira via de relação, também influenciada pela questão dos testemunhos, foi desenvolvida especialmente por Paul Ricouer, ao elaborar a ideia de que a memória e História se aproximam pela "ambição de veracidade",[5] já que ambas são fragmentadas e plurais e tem em comum a temática da representação do passado. É possível, portanto, que se estabeleça uma "justa memória", ou seja, a confluência entre os testemunhos, o rigor metodológico da atividade do historiador, que possibilitem a "justiça" devida às vítimas da História que pretendeu levar à verdade; isso porque existe um "dever de memória", que significa que "em todas as minhas reflexões sobre minhas relações com os outros, eu sempre levarei em conta

---

ou transcrições de testemunhos apresentados à Justiça Argentina. Mantido pelo Centro de Estudios Legales y Sociales (CELS), há o blog "Juicios: proceso de justicia por crímenes de lesa humanidad" (http://www.cels.org.ar/blogs/); A Asociación de Ex-Detenidos Desaparecidos mantém o blog "Causa ESMA" (http://juicioesma.blogspot.com.br/), e a Equipo de Asistencia Sociológica a las Querellas, formada por estudantes da Universidad Tres de Febrero e da Universidad de Buenos Aires mantém o blog http://causaesma.wordpress.com/

3   Uma discussão aprofundada sobre a questão da memória e do testemunho é discutida em SELIGMANN-SILVA, Márcio "Apresentação da questão", in: SELIGMANN-SILVA, Márcio (org.). *História, memória, literatura. O testemunho na era das catástrofes*. Campinas: Editora da UNICAMP, 2003.

4   SILVA, Helenice Rodrigues da. "Rememoração"/comemoração: as utilizações sociais da memória. *Revista Brasileira de História*, São Paulo, V. 22, n. 44, 2002. Disponível em http://www.scielo.br/scielo.php?script=sci_arttext&pid=S0102-01882002000200008&lng =en&nrm=iso. Acessado em 03 dez. 2013.

5   RICOEUR, Paul. *A história, a memória, o esquecimento*. Tradução Alain François [*et al*]. Campinas: Editora da UNICAMP, 2007.

o que aconteceu".[6] Ou seja, para que algo possa ser interpretado pelo historiador, é preciso que primeiro exista uma percepção sobre o fato na coletividade. Pollak[7] também se situa na mesma linha de entendimento, refletindo que a coexistência entre memória e história é possível, já que cada vez mais as "memórias subterrâneas", marginalizadas ganham espaço nas interpretações produzidas pela História, especialmente com a História Oral. Trata-se de um combate contínuo pelo reconhecimento de múltiplas identidades, e não apenas de uma, invocada por aquela História criticada por Halbwachs.

Como discutido no capítulo 2, o patrimônio nasceu da necessidade de criar vínculos comuns entre habitantes de um mesmo país, com vistas a desenvolver um sentimento de pertencimento e de união num passado fundador – de estabelecer uma memória coletiva. O processo de eleição de patrimônios trata essencialmente de escolhas, que também dizem respeito a renúncias; elas caracterizam o que deve ou não ser lembrado como um símbolo de um grupo de indivíduos. Indiretamente indicam o que deve ser esquecido já que aquilo que não é aprovado para a preservação não é considerado patrimônio coletivo e fica sujeito ao desaparecimento, porque não foi protegido pelo instrumento do tombamento.

A palavra patrimônio tem correspondência, no idioma inglês, à palavra *heritage*, cuja tradução para o português é *legado*. Mais que patrimônio, que remete a um direito de propriedade, legado é a palavra que melhor expressa a intenção da preservação. Preservar o algo é transmitir para outra geração, é deixar uma herança, um sinal sobre um tempo, sobre uma sociedade. No entanto, o termo "patrimônio" também expressa uma responsabilidade coletiva de conservação e manutenção de bens tombados, que deveria gerar em todos o sentimento de pertencimento àquilo que ele representa.

É por essa razão que o patrimônio está intrinsecamente ligado a questões sobre a memória, e pode ser entendido tanto como objeto da história quanto como operações da história – porque tem uma função metonímica. Nesse sentido, como afirma Jacques Le Goff, "o patrimônio se situa entre a memória e a história" porque é, concomitantemente, um monumento – "herança do passado" – e um documento – "escolha do historiador".[8]

---

6   RICOEUR, Paul. *Por uma filosofia da memória reconciliada*. Entrevista a Vladimir Safatle. Disponível em http://www.geocities.ws/vladimirsafatle/vladi018.htm, acessado em 02 dez. 2013.

7   POLLAK, Michael. Memória, Esquecimento, Silêncio. *Estudos Históricos*, Rio de Janeiro, V.2, nº 3, 1989.

8   RICOEUR, Paul. *Op. cit.* p.526.

O patrimônio é a materialização de uma memória, e também de campo de disputas e tensões entre a memória oficial e a memória social pela hegemonia, pelo poder de narrativa sobre determinado evento,[9] e acima de tudo, é o legado do passado que, no presente, recebe uma chancela que pretende garanti-lo para o futuro. Isso porque, tanto memória quanto patrimônio constituem

> (…) forma importante na luta das forças sociais pelo poder. Tornar-se senhores da memória e do esquecimento é uma das grandes preocupações das classes, dos grupos, dos indivíduos que dominam as sociedades históricas. Os esquecimentos e os silêncios da história são reveladores destes mecanismos de manipulação de memória coletiva.[10]

Durante nossa investigação sobre locais dotados de significado político e social que remetem à ditadura no Brasil e na Argentina, um questionamento emergiu: é possível abordar os legados das ditaduras, suas memórias e seus símbolos tendo como referência o conceito de patrimônio? Tal pergunta nos parece pertinente uma vez que o tombamento é a materialização da escolha de um bem que representa um momento significativo do passado para certos grupos sociais, como indica Le Goff.

A partir dessa indagação e das reflexões sobre a história e a memória, tentaremos mostrar como a instrumentalização do passado através da criação de símbolos, signos, construiu imagens e interpretações sobre o passado, muitas vezes comprometidas com interesses relacionados a poder e prestígio.

Processo 20151/11976 – Tombamento do Antigo DOPS

O processo de tombamento do edifício que abrigou o DEOPS levou mais de 30 anos entre sua abertura e o efetivo tombamento – foi aberto no ano de 1976 e tombado em 1999. Assim, para a melhor compreensão dos contextos e a própria história do processo, é conveniente que a trajetória administrativa seja dividida e apresentada em três décadas distintas: 1970, 1980 e 1990.

---

9   ACHUGAR, Hugo. El lugar de La memoria, a propósito de monumentos (motivos y paréntesis). In: JELÍN, Elizabeth; LANGLAND, Victoria (comps.). *Monumentos, memoriales y marcas territoriales*. Madrid: Siglo Veintiuno de España Editores, 2003, p.206-210.

10   LE GOFF, Jacques. *História e memória*. Tradução Bernardo Leitão [*et al*]. 5ª Edição. Campinas: Editora da UNICAMP, 2003, p.422.

Década de 1970

O edifício identificado pelo Condephaat como *Antigo Dops* teve a pedido de tombamento apresentado no ano de 1976, quando o então Diretor do Setor Técnico de Conservação e Restauro (STCR) do Condephaat, Prof. Carlos Lemos,[11] sugeriu ao Secretario Executivo do Condephaat, Ruy de Azevedo Marques, a proteção de um conjunto de 19 imóveis espalhados pelo centro da cidade de São Paulo, numa área que abrangia os bairros da Liberdade, República, e a Luz. O pedido estava imbuído de um intuito "profilático",[12] pois inexistia uma legislação específica que regulasse o uso e a ocupação do solo nessas regiões, gerando incerteza quanto ao destino destas edificações que, sob o ponto de vista de Lemos, eram consideradas importantes para a manutenção "(...) de parte de nosso patrimônio ambiental urbano".[13]

O Condephaat, em reunião de 26/07/1976 deliberou favoravelmente ao início do estudo de tombamento de seis dos imóveis inicialmente listados: Quartel do Batalhão de Guardas, Igreja dos Aflitos, Largo Coração de Jesus, Vila Economizadora e Conjunto das Estações da Luz e da Sorocabana, "principalmente as antigas desta última, uma delas ocupada pelo DOPS. *(sic)*".[14] Foi gerado um único processo para estudar a todos os imóveis, sob o número 20077/1976. O objeto desta pesquisa é o prédio identificado como pertencente à Sorocabana.[15]

---

11   O Prof. Carlos Alberto Cerqueira Lemos é arquiteto com vasta experiência na área do patrimônio. Para uma consulta sobre a produção científica de Lemos, ver Currículo Lattes em http://lattes.cnpq.br/9045695664826163

12   Destaca-se aqui a influência de dois documentos norteadores da preservação de edifícios: a Carta de Veneza (1964), que insere a noção de "bem cultural" ao patrimônio, ou seja, enquanto bem de propriedade cultural difusa, estes edifícios só sobrevivem ao tempo se houver sua utilização, que o distancia do esquecimento e, por conseguinte, da deterioração; e também da Convenção sobre a Proteção do Patrimônio Mundial Cultural e Natural, publicada em 1972, que na mesma linha de preconização da utilização de bens, acrescentava ainda que os Estados signatários integrassem os bens tombados em um plano amplo de estratégias e programas urbanos – como Plano Diretores, Operações Urbanas etc.

13   LEMOS, Carlos. Representação 9/76. In: CONDEPHAAT. Processo 20151/1976, p.2

14   CONDEPHAAT. Síntese da decisão do E. Conselho Deliberativo. Ata 293 da Sessão de 26/07/1976. In: Processo 20151/1976, p.5.

15   A Estrada de Ferro Sorocabana foi uma das importantes companhias ferroviárias do Estado de São Paulo, criada pela iniciativa de grandes produtores algodoeiros da região da cidade de Sorocaba, com a finalidade de facilitar o transporte da matéria prima à capital,

Como informado na síntese do Conselho, o edifício da Sorocabana estava ocupado pela sede do DEOPS quando houve a abertura do estudo de tombamento. Não obstante, o momento político era bastante delicado por haver certa instabilidade da Ditadura, cujo partido que a representava – a ARENA – havia saído derrotado nas eleições para Senador em 1974,[16] fortalecendo o partido de oposição, MDB – Movimento Democrático Brasileiro.

São Paulo tinha como Governador Paulo Egydio Martins, eleito indiretamente pelo colégio eleitoral em 1975 durante a gestão presidencial de Ernesto Geisel; Martins já havia sido Ministro da Indústria e Comércio na gestão de Castello Branco. Foi durante sua gestão, em outubro de 1975, que ocorreu a morte de Vladimir Herzog nas dependências do DOI-CODI. Por conta deste episódio, o Secretário da Cultura José Mindlin[17] pediu afastamento do cargo. Em 1977,

---

onde se concentrava a maior parte das indústrias têxteis do estado. No final do século XIX, a estrada de ferro foi estendida até Botucatu, para atender às zonas cafeeiras e facilitar o transporte do produto até o porto de Santos.

16   Além de conquistar 16 das 22 cadeiras do Senado, o MDB dobrou sua representação na Câmara de Deputados (passou de 87 cadeiras para 160) e alcançou a maioria nas assembleias estaduais do Acre, Amazonas, Rio Grande do Sul, São Paulo, Rio de Janeiro e Guanabara.

17   José Mindlin foi jornalista, advogado e empresário, mas ficou marcado por sua vida intelectual – publicou mais de 20 livros e é membro imortal da Academia Brasileira de Letras. Em 1975, aceitou o convite de Paulo Egydio Martins para ser Secretário da Cultura, Ciência e Tecnologia do Estado de São Paulo. Nesse período, a Secretaria viveu uma verdadeira revolução, com a criação de carreiras para pesquisadoras, a proteção ao patrimônio histórico e uma reestruturação no Arquivo Público do Estado. Mindlin indicou para o cargo de direção de jornalismo da TV Cultura, o jornalista Vladimir Herzog, ligado ao Partido Comunista Brasileiro. Em outubro de 1975, artigos de jornal publicados pelo jornalista conservador Cláudio Marques, acusavam Mindlin de ser comunista e chamava a TV Cultura de "TV Vietcultura", por conta da presença de Herzog na direção de jornalismo da emissora. Em 10 de outubro, o então Deputado Estadual José Maria Marin, proferiu um discurso na Assembleia Legislativa cobrando providências quanto a presença de comunistas em pastas do Estado. Quinze dias depois, Herzog foi convocado a comparecer ao DOI-CODI para prestar esclarecimentos acerca de seu envolvimento com o PCB, e voluntariamente se apresentou ao órgão. No dia 25 de outubro de 1975, poucas horas após se apresentar ao DOI-CODI, Herzog foi encontrado morto em sua cela, enforcado por um cinto, numa tentativa de forjar uma cena de suicídio. Mindlin, depois de saber do assassinato de Herzog, entregou sua carta de demissão ao Governador Paulo Egydio Mar-

ocorreram grandes protestos na PUC, duramente reprimidos pela polícia, resultando na prisão de vários estudantes, sob ordens de Erasmo Dias, Secretário de Segurança de Paulo Egydio Martins. Além do momento polêmico em São Paulo, havia um ambiente de instabilidade política no país por conta do conflito interno que o Governo militar vivia.[18] Portanto, tratar do tombamento da sede do DEOPS naquele contexto era bastante inconveniente, e isso talvez explique as lacunas existentes no processo.

Apesar da decisão favorável pela abertura do estudo em conjunto, já estava aberto o Processo 20151/76, que tratava do "Tombamento dos remanescentes da instalação primitiva da antiga Estrada de Ferro Sorocabana, hoje constituídos pelas duas estações – a 1ª e a 2ª hoje sede do DEOPS" (sic). Assim, o tombamento finalizado em 1999 foi tratado neste expediente e não mais em conjunto com os demais.

O primeiro procedimento neste processo foi uma solicitação feita por Carlos Lemos à arquiteta Vera Marin, para que buscasse informações sobre as plantas do edifício na FEPASA[19] (Ferrovias Paulistas S.A.) – então proprietária do imóvel ocupado pelo DEOPS. Em de março de 1977 foi solicitado à FEPASA "todo material existente sobre os imóveis", que não se manifestou sobre a questão.

A FEPASA estabeleceu contato com o Condephaat em maio de 1978, mas para encaminhar pedido de autorização para demolir a 1ª estação da Sorocabana – adquirida em 1892, e que anteriormente pertenceu à Companhia Ytuana –, localizada na esquina com o Viaduto Couto Magalhães, para adequação da Estação da

---

tins, conhecido desafeto de Ednardo D'Avila de Mello – então comandante do DOI-CODI paulista – que o acusava de infiltrar comunistas no governo. Para mais informações, ver: MORAES, Mário Sérgio de. *O ocaso da ditadura: caso Herzog*. São Paulo: Barcarolla, 2006. Entre outros livros que tratam do caso.

18   GASPARI, Elio. *A ditadura encurralada*. São Paulo: Companhia das Letras, 2004.

19   A empresa Ferrovias Paulistas S.A. – FEPASA era uma empresa pública, criada através de um Decreto de 1971 do então Governador do Estado de São Paulo Laudo Natel. A empresa, criada também no período da Ditadura, visava a unificação de cinco companhias ferroviárias do estado em uma única, abrindo o capital estatal para acionistas – daí a constituição da empresa em Sociedade Anônima. Em maio de 1998, num contexto de privatizações e de forte presença neoliberal na administração do Estado brasileiro, a FEPASA foi incorporada à Rede Ferroviária Federal S.A. – RFFSA e em novembro do mesmo ano, a malha ferroviária paulista foi leiloada a uma empresa privada (América Latina Logística) que detém o controle das linhas até o ano de 2018. Em dezembro de 1999, a RFFSA foi liquidada.

Luz. É possível supor que os pedidos de documentos foram ignorados justamente porque o edifício, embora de propriedade da FEPASA, estava sendo ocupado pelo DEOPS desde o final da década de 1930.

Figura 56 – Em primeiro plano os antigos depósitos e a velha estação da Ytuana; ao centro-esquerdo, o Viaduto Couto Magalhães e ao fundo, parte da torre da Estação da Luz. Foto: Foto: Sebastião de Assis Ferreira, 11/09/1935. Acervo Biblioteca Mário de Andrade. Coleção Vistas da Cidade de São Paulo entre as décadas de 1930 e 1960, N° Registro 226F. Disponível em http://docvirt.no-ip.com/demo/bma/bma.htm, acessado em 08 out. 2013.

Um relatório da RFFSA,[20] datado de 1978, que compunha o pedido de demolição da estação da Ytuana (1ª Estação), apresenta fotos e uma breve descrição do local destinado à 1ª estação, cujo terreno foi cedido à Sorocabana pela São Paulo

---

20   Rede Ferroviária Federal S.A. era uma sociedade de economia mista integrante da Administração Indireta do Governo Federal, vinculada funcionalmente ao Ministério dos Transportes. Foi criada pela Lei n° 3.115, de 16 de março de 1957, pela consolidação de 18 ferrovias regionais, com o objetivo principal de promover e gerir os interesses da União no setor de transportes ferroviários. Durante 40 anos prestou serviços de transporte ferroviário, atendendo diretamente a 19 unidades da Federação, em quatro das cinco grandes regiões do País, operando uma malha que, em 1996, compreendia cerca de 22 mil quilômetros de linhas (73% do total nacional). Em 1992, a RFFSA foi incluída num plano de privatização executado entre 1996 e 1998, até sua liquidação em 1999.

Railway (administradora da Estação da Luz) em 1873, e afirmava que a construção ocorreu em torno de 1900. Carlos Lemos se queixou sobre o fato de que as informações prestadas excluíram a 2ª estação, "ocupada pelo DOPS".

Em dezembro de 1978, o Conselheiro Arquiteto Murilo Marx, relator do processo, emitiu seu parecer favorável à demolição da 1ª estação, decisão "difícil e muito ponderada" apostando no "resultado urbanístico, possível e desejável, de se valorizar todo o grande conjunto e de se dar maior destaque à Estação da Luz e à atual sede do DEOPS".[21] A demolição da 1ª estação ocorreu, e em seu lugar nada foi construído até o momento atual. O edifício ocupado pelo DEOPS não foi mais analisado na década de 1970, e ficou aparentemente sobrestado no órgão.

Figura 57 – Imagem da 1ª Estação da Sorocabana-Ytuana,
que ficava localizada próxima à Estação da Luz.
Foto: sem autoria, 1908 (disponível no Processo CONDEPHAAT 20151/1976, p.48)

Em busca nos arquivos do DEOPS e da FEPASA, ambos depositados no Arquivo Público do Estado de São Paulo, nada foi encontrado sobre o assunto do tombamento do edifício. Isso não significa que o órgão policial ou a FEPASA não tivessem conhecimento do pedido de tombamento, mas aponta para a hipótese de que não houve produção de documento sobre o tema, ou esta pesquisa não teve o êxito de encontrá-lo, feito que pode ser obtido em outro trabalho.

---

21 MARX, Murilo. Parecer. In: CONDEPHAAT. Processo 20151/1976, p.57.

Década de 1980

Entre os anos de 1978 e 1980 o processo não teve andamento registrado. Em 1980, a historiadora Heloísa Barbosa da Silva, pertencente aos quadros do Setor Técnico do Condephaat, foi designada para instruir o processo; na oportunidade, elaborou seu parecer em tom de denúncia:

> Senhor Diretor Técnico
>
> O presente processo, mesmo sem conter a destinação para a Seção de História, encontrava-se na mesma com a finalidade de:
>
> - Levantar dados e iconografia a respeito das 1ª e 2ª estações da antiga Sorocabana;
>
> - Elaborar resenha histórica que pudesse demonstrar o valor daquelas, como patrimônio cultural da cidade.
>
> Entretanto, e não podemos explicar como, esse processo foi retirado desta Seção somente reaparecendo após algum tempo. Após esse fato, retirado novamente pela Secretaria do STCR para informações.
>
> Revendo seu conteúdo, observamos que foram juntadas resoluções do Egrégio Conselho quanto à demolição da 1ª Estação em questão.
>
> Resta-nos agora o pedido de tombamento da 2ª estação, atualmente sede do DEOPS. Dessa maneira sugerimos sejam feitos dois ofícios: um dirigido ao presidente da FEPASA solicitando informações sobre a existência de arquivos onde pudéssemos pesquisar elementos histórico-arquitetônicos do prédio e outro, dirigido ao diretor do DEOPS pedindo permissão para a realização de uma vistoria.
>
> Era o que tínhamos a informar.[22] (sic)

A informação contida no verso daquele parecer aponta que a sugestão da historiadora foi encaminhada ao presidente do Conselho, Ruy Ohtake,[20] para decisão sobre o que fazer. Não há informações sobre o que foi decidido, apenas o Ofício SE/STCR 105/80 encaminhado à FEPASA solicitando plantas e arquivos para consulta acerca do imóvel. Todavia, não consta dos autos nenhum ofício ao DEOPS, pedido feito por Barbosa.

---

22   SILVA, Heloísa Barbosa da. Parecer. In: CONDEPHAAT. Processo 20151/1976, p.66.

No verso do Ofício à FEPASA, consta um encaminhamento datado de 16/07/1980 à Arquiteta Mariângela Costa, assinado pelo Diretor Técnico Substituto (não foi possível identificá-lo) a fim de providenciar o ofício ao DEOPS agendando vistoria. Em resposta, uma anotação de Aldo Nilo Losso,[23] Diretor da Secretaria Executiva do Condephaat, datado de 08/12/1980, informando:

> Aqui por solicitação
>
> Volte ao STCR para, por telefone, saber do andamento do ofício retro, e se é possível ou não a vistoria necessária no DEOPS, propondo conclusivamente a respeito. (Grifo nosso)

Destacam-se a ausência de identificação de quem elaborou esta solicitação, as razões do por que a consulta deveria ser feita por telefone e ainda os motivos da determinação de propor "conclusivamente".

Silvia Finguerut, arquiteta, foi designada para atender às recomendações de Aldo Losso. Seu parecer tem o seguinte teor:

> INFORMAÇÃO STCR nº 52/80
>
> Senhora Diretora Técnica
>
> Em contato telefônico mantido com o Sr. Ivan Sérgio Costa, chefe do Departamento do Patrimônio da FEPASA, fomos informados que não constam nos arquivos da FEPASA, os dados solicitados e que devido a ocupação do prédio pelo DEOPS, torna-se praticamente impossível, por motivos de segurança, a vistoria e consequente levantamento métrico arquitetônico dos bens em questão.
>
> S.T.C.R., 17 de dezembro de 1980 (Grifo nosso)

O Presidente Ruy Ohtake, diante das informações prestadas pela técnica e baseado na possibilidade de avocar a decisão – conforme previa a Lei 13.426/1979–,[24] decidiu:

---

23 Aldo Nilo Losso era funcionário público lotado na Secretaria de Segurança Pública e atuou como Diretor Administrativo na Procuradoria do Patrimônio Imobiliário ao final da década de 1950 e depois com atuação mais prolongada durante a década de 1960 e início da década de 1970 na direção do Instituto Penal do Estado. Em 1974, foi designado para integrar a Câmara de Artes do Conselho Estadual de Cultura. Sua atuação no CONDEPHAAT inicia-se aparentemente a partir de 1975, como Diretor.

24 De acordo com a o artigo 122 da Lei 13.427/1979, uma das incumbências do Presidente

Sr. Diretor da SE, nos termos da informação STCR nº52/80, de fl. 70, Arquive-se o presente processo.

G.P., aos 19 de dezembro/80

21 de janeiro/81

Depois do arquivamento, o Condephaat recebeu um Ofício da FEPASA, datado de 11/02/1981, em que informou que não foram localizados documentos ou plantas do edifício e que a demora em responder à solicitação se deu porque estavam empreendendo buscas para tentar atender ao pedido; o ofício vem assinado por Renato Guimarães, Chefe de Gabinete da Presidência da FEPASA.

Restam dúvidas quanto aos procedimentos. Por que a informação sobre a vistoria foi perguntada ao Diretor da FEPASA e não a alguém do DEOPS? Por que em dezembro de 1980 o Diretor Ivan Costa prestou informações antecipadas de que não havia nada se o ofício foi respondido apenas em 1981? Talvez se possa argumentar que havia problemas de interlocução entre as diferentes seções da empresa ou que havia o desinteresse em facilitar o acesso a qualquer documentação. A tempestividade determinada por Losso ficou caracterizada na decisão de arquivamento, ocorrida apenas dois dias depois da informação prestada pela arquiteta. Não há explicações para a rasura na data do despacho, alterando-a para 21 de janeiro de 1981.

Não há informações no processo se houve tentativa de contato com o DEOPS por parte dos técnicos do Condephaat. Alegou-se "razões de segurança" para impossibilitar esta vistoria, mas sem detalhamentos. Existem apenas indícios e a teoria de que não havia a disposição da Polícia e/ou da FEPASA em permitir qualquer visita ou acesso a documentos para o Condephaat, evidenciando, neste "silêncio" que os documentos produziram,[25] a incompatibilidade entre a pretensão do órgão

---

do CONDEPHAAT era "avocar a decisão de qualquer assunto ou processo em exame no Colegiado." Essa possibilidade vigorou até outubro de 2008, quando o Decreto 53571/08 revogou esta atribuição das competências do Presidente do CONDEPHAAT. Tratava-se de um instrumento característico do período autoritário que o Brasil vivia, onde o Presidente poderia sobrepor sua opinião à do Conselho.

25 Neste sentido, essa teoria a partir do silêncio, vai ao encontro daquilo que Jacque Le Goff afirma: "O documento não é inócuo. É, antes de mais nada, o resultado de uma montagem, consciente ou inconsciente, da história, da época, da sociedade que o produziram, mas também das épocas sucessivas durante as quais continuou a viver, talvez esquecido, durante as quais continuou a ser manipulado, ainda que pelo silêncio. O documento é uma coisa que

do patrimônio e a utilização do edifício à época. Poder-se-ia perguntar o porquê de a arquiteta, aparentemente, ter baseado sua informação à Diretoria Técnica a partir da suposição de uma pessoa que não estava ligada ao órgão de segurança. Todavia, o contexto político vivido ainda em 1981 é suficiente para compreender que não se queria – por parte da FEPASA e do DEOPS, possivelmente – vistorias em um local de repressão, detenção e tortura.

São perguntas talvez retóricas, porém não constam esclarecimentos no Processo que atendam a estas lacunas, bastante importantes, visto que o momento vivido já era de distensão política.

SEGUNDA CHANCE PARA O TOMBAMENTO

Sob a presidência do Prof. Antônio Augusto Arantes, antropólogo, o processo foi reaberto em 1984. A primeira instrução após a abertura, feita pelo arquiteto Marcos Antônio Osello, no ano de 1985, forneceu informações importantes. Segundo o arquiteto, o escritório Severo & Villares (do qual Francisco Ramos de Azevedo[26] era sócio) cedeu desenhos originais do edifício, e que o mesmo era denominado "Armazém Central da Sorocabana", lançando dúvidas sobre o uso como estação, como informado até então. Parte desses desenhos está inserida no processo de tombamento, constituindo importante e única fonte documental que se dedica à arquitetura deste edifício.

Trata-se da primeira informação acerca da autoria do prédio e com fins distintos daqueles preconizados, inclusive pela FEPASA. Partindo desta informação, o arquiteto solicitou a colaboração de um historiador para instruir o processo adequadamente.[27] Foi designada a historiadora Celina Kuniyoshi, que entendeu ser mais adequado incorporar o estudo do edifício ao conjunto de imóveis dos Campos Elíseos, Processo 24506/86; sua sugestão ia ao encontro da decisão tomada pelo Conselho em 27 de março de 1986, de incluir o estudo do *Antigo DOPS*

---

fica, que dura, e o testemunho, o ensinamento (para evocar a etimologia) que ele traz devem ser em primeiro lugar analisados, desmistificando-lhe o seu significado aparente. O documento é monumento." LE GOFF, Jacques. *História e memória*. Tradução Bernardo Leitão [*et al*]. 5ª Edição. Campinas: Editora da UNICAMP, 2003, p.537-538.

26 Como foi dito no capítulo 1, o escritório de Ramos de Azevedo foi responsável pelo projeto do Edifício de Armazéns da E.F. Sorocabana, que depois serviu de sede ao DEOPS.

27 ORSELLO, Marcos Augusto. Parecer. In: Processo 20151/1976, p.77.

naquele estudo conjunto.[28] Ocorre que o processo 20151/76 – relativo ao DOPS como bem isolado – havia sido enviado à historiadora em agosto de 1985, antes de este ser listado em conjunto com outros imóveis, ou seja, antes da abertura do Estudo dos Campos Elíseos.

Embora o Condephaat estivesse, à época, imbuído do espírito de estudar bens de forma conjunta, e não mais isoladamente, numa tentativa de leitura de paisagem urbana[29] – buscando a preservação de uma paisagem construída e não de um bem isolado –, a inclusão do edifício do DEOPS no conjunto de Campos Elíseos pode ser compreendida como equivocada. Isso porque o estudo daquele bairro considerava a urbanização planejada pelos empresários Victor Nothmann e Fernando Glete, que adquiriram a área em 1878 – uma chácara à época – e idealizaram lotes em tamanho padrão destinados à construção de grandes casas visando atender à elite cafeeira paulista, constituindo um dos primeiros bairros nobres e planejados da cidade. A construção do Armazém da Sorocabana em 1914 – embora ligada à produção do café – nada tem a ver com o planejamento urbano que deu origem ao bairro dos Campos Elíseos e, portanto, está à margem do estudo em conjunto, uma vez que não foi planejado juntamente com as demais edificações estudadas.

---

28 De acordo com a Recomendação de Nairóbi, "considera-se conjunto histórico ou tradicional todo agrupamento de construções e de espaços (…) que constituam um assentamento humano, tanto no meio urbano quanto no rural e cuja coesão e valor são reconhecidos do ponto de vista arqueológico, arquitetônico, pré-histórico, histórico, estético ou sócio-cultural. Entre esses 'conjuntos' (…) podem-se distinguir especialmente (…) os bairros urbanos antigos (…)". Recomendação de Nairóbi, UNESCO, 1976. Disponível em http://portal.iphan.gov.br/portal/baixaFcdAnexo.do?id=249, acessado em 8 out. 2012

29 Essa visão de inserção do edifício em uma leitura de paisagem, como um conjunto histórico, ia ao encontro das diretrizes da Recomendação de Nairóbi, que entende que "Cada conjunto histórico ou tradicional e sua ambiência deveria ser considerado em sua globalidade como um todo coerente cujo equilíbrio e caráter específico dependem da síntese dos elementos que o compõem e que compreendem tanto as atividades humanas como as construções, a estrutura espacial e as zonas circundantes." Recomendação de Nairóbi, UNESCO, 1976. Disponível em http://portal.iphan.gov.br/portal/baixaFcdAnexo.do?id=249, acessado em 8 out. 2012.

Figura 58 – Prédio do DEOPS, ainda como armazém da Sorocabana. Ao fundo, a construção da nova sede dos escritórios da Estrada de Ferro, que liberariam o uso do edifício de armazéns para o DEOPS. Foto: Sebastião de Assis Ferreira, aprox. 1935.
Acervo Biblioteca Mário de Andrade. Coleção Vistas da Cidade de São Paulo entre as décadas de 1930 e 1960, Nº Registro 775E.
Disponível em http://docvirt.no-ip.com/demo/bma/bma.htm, acessado em 08 ago. 2012.

O estudo da área dos Campos Elíseos, em 1986, foi aberto em decorrência da proposta de Jânio Quadros, então prefeito da cidade de São Paulo, de demolir "(...) suas moradias precárias e dotar a cidade de um amplo espaço para novos empreendimentos imobiliários", cuja "(...) iniciativa procurava assegurar a preservação do conjunto urbano de dois dos primeiros bairros paulistanos e os primeiros a serem planejados",[30] quase que numa materialização das ameaças previstas na Recomendação de Nairóbi. Entre as considerações para criar o documento, estava justamente o fato de que "(...) no mundo inteiro, sob o pretexto de expansão ou de modernização, destruições que ignoram o que destroem e reconstruções irracionais e inadequadas ocasionam grave prejuízo a esse patrimônio histórico (...)".[31]

---

30 MARINS, Paulo César Garcez. Do luz cultural ao Monumenta: sobre a opção pela escala monumental na preservação de uma área de São Paulo. In: GAGLIARDI, Clarissa Rosa et al (coord.). *Intervenções urbanas em centros históricos: casos da Itália e São Paulo em discussão*. São Paulo: Educ/PUCSP, 2011 (no prelo).

31 Recomendação de Nairóbi. *Op. cit.*

146 DEBORAH R. L. NEVES

O tombamento de diversos edifícios do bairro foi aprovado pelo Conselho, mas finalizado apenas em 2013 por conta de problemas de ordem jurídica, excluído o prédio do *Antigo DOPS*.

DÉCADA DE 1990

Mas e o tombamento do *Antigo DOPS*?

Por conta dos problemas jurídicos citados anteriormente, o Processo 24506/86, que tratava do tombamento do Bairro dos Campos Elíseos permaneceu sobrestado por anos, mas impediu – em grande medida – demolições pretendidas pelo Poder Público e também pelo interesse privado. Num quase retorno às intenções de "modernização" da década de 1980, o Poder Público decidiu novamente buscar intervir na realidade do bairro, degradado desde meados da década de 1950 por sua própria omissão. O local se transformara de bairro nobre da elite em centro de comércio popular, ponto de tráfico de drogas e prostituição – controlado muitas vezes por membros das Polícias instaladas na região –, ficando estigmatizado pela alcunha de "Boca do Lixo".

Entendido como edifício pertencente a uma política de "revitalização" da região da Luz por intermédio da implantação de uma espécie de "corredor cultural", em sessão de 06/07/1999, o Conselho decidiu destacar o edifício do *Antigo Dops* do processo de tombamento de conjunto de Campos Elíseos, que voltou a ser analisado como edifício isolado. Buscava-se o tombamento para obter recursos oriundos de leis de incentivo à cultura para transformar o local numa Escola de Música.[32] O mesmo mecanismo foi utilizado na reconversão de uso do prédio que abrigou os escritórios e a nova estação da E.F. Sorocabana, construído entre as décadas de 1920 e 1930. Tombado pela Resolução SC-27 de 08 de julho de 1999, o prédio de escritórios, vizinho à estação Júlio Prestes foi transformado em sala de concertos eruditos, conhecida como Sala São Paulo. Ambos os tombamentos serviram como artifício para a captação de financiamento que objetivava a "requalificação" da área através da instalação de equipamentos culturais. É o que demonstra a redação do Artigo 1º da Resolução SC-27, "Sua proximidade com a Estação da Luz e o prédio do antigo DOPS fazem deste edifício, um elemento de importância na revitalização da área central da cidade."

Não houve discussão sobre o mérito do tombamento do edifício, na ata 1158 da reunião do Condephaat. Não obstante, a celeridade imposta aos conselheiros na finalização do processo de tombamento foi justificada pelo Presidente do Con-

---

32 CONDEPHAAT. Ata nº 1158 da Sessão Ordinária realizada em 06.07.1999.

dephaat José Roberto Fanganiello Melhem pela "(…) necessidade de captação de recursos através da Lei Rouanet".[33] A conselheira e representante do Iphan Cecília Rodrigues dos Santos questiona a indispensabilidade do tombamento para a liberação dos referidos recursos e que a redação da Resolução de tombamento deveria considerar as reformas empreendidas no edifício, já que este "(…) sofreu uma série de modificações."[34] Melhem afirma que já havia uma decisão pelo tombamento e que novos elementos deveriam considerar a revisão da decisão anterior. A ata registra que houve ampla discussão sobre o assunto, sem registrar o seu teor, que incorreu na inclusão de um adendo à decisão anterior. Esse adendo deveria ser realizado pelo STCR, responsável também pela minuta a ser encaminhada para o Secretário da Cultura. Não há registros sobre quais elementos foram incluídos pelos técnicos do STCR.

O entendimento de Melhem para que não houvesse deliberação pelo tombamento em 06/07/1999 é de que no ano de 1986 o Conselho já havia decidido pelo tombamento do conjunto de edifícios dos Campos Elíseos, no qual o *Antigo DOPS* estava inserido, restando apenas a sua homologação enquanto edifício isolado. A Ata de Reunião 708 de 24/03/1986, onde foi discutido e tombado o bairro de Campos Elíseos é bastante pormenorizada na descrição dos debates empreendidos sobre a decisão por este tombamento, mas em nenhum momento particulariza a questão do prédio do *Antigo DOPS*, justamente porque se discutia o tombamento de uma grande mancha urbana, onde alguns edifícios se destacariam. A notificação do tombamento, publicada no *Diário Oficial* de 27/03/1986 lista o prédio do *Antigo DOPS* no conjunto de edifícios preservados, identificando-o como *Antiga Estação da Estrada de Ferro* Sorocabana, e confere o Grau de Proteção 1 – o que pressupõe a preservação integral do edifício interna e externamente.

Melhem, ao ratificar a decisão de tombamento de 1986, e que não havia sido homologada, desconsiderou o fato de que esta fora tomada entendendo o referido prédio como parte integrante de um conjunto, o que certamente confere outro valor ao bem. Mesmo assim, não houve deliberação pelo tombamento do edifício isolado na sessão de 06/07/1999, restando apenas a "(…) homologação do tombamento do referido edifício, uma vez que já se encontra com decisão de tombamento pelo Conselho desde 1986".[35]

---

33   CONDEPHAAT. Ata nº 1158 da Sessão Ordinária realizada em 06.07.1999, p.1.

34   *Idem.*

35   CONDEPHAAT. Síntese de decisão do Egrégio Colegiado. Sessão Ordinária de 06 de julho de 1999, Ata nº1158.

A Resolução SC-28 de 08/07/1999, homologada apenas dois dias após o desta-camento do *Antigo DOPS* do processo de Campos Elíseos, foi publicada no *Diário Oficial do Estado* de 09/07/1999 – aniversário da Revolução Constitucionalista, por-tanto, uma data simbólica e estratégica – tombando o edifício, isolado e sem estudo – não há qualquer manifestação técnica ou relatoria de conselheiro relator, ativida-des de praxe do Condephaat. Assim, ao contrário do possível entendimento de que o local fora preservado dado o seu caráter histórico, sendo pensado como um "lugar de memória", carregado de sentidos e significados, o tombamento do edifício do DE-OPS não tem qualquer nexo com a preservação e/ou construção de uma memória sobre a ditadura. Entretanto, há que se destacar que possivelmente a discussão dos conselheiros, que não está registrada em ata, é que permitiu a inclusão de elementos que remetem ao período de utilização do edifício pelo DEOPS, já que a Ata 1158 informa que "seguiu-se ampla discussão sobre o assunto, tendo o Senhor Presidente sugerido [que] fosse feito um adendo à decisão, o que foi acatado".[36]

O estudo de tombamento do *Antigo DOPS* careceu de avaliação como pa-trimônio cultural em suas múltiplas potencialidades, ao contrário do que ocor-reu com processos de tombamento do Arco do Presídio Tiradentes e do Edifício Maria Antônia, cujos estudos técnicos foram primorosos. Nessa última fase do processo, em que voltou a ser identificado como 20151/76, não há um só parecer técnico que analise o local, que vistorie o imóvel, que reflita sobre as utilizações ao longo de sua existência. Não há sequer uma reflexão sobre a finalidade a que serviria aquele tombamento, tampouco a importância histórico-cultural do bem. A instrução do processo na década de 1990 limitou-se a uma coletânea de recortes de jornal e de revistas – que valorizavam a iniciativa de transformar o local em uma escola de música – e algumas fotos externas mais contemporâneas.

A ação de reformar os prédios do *Antigo DOPS* e da Estação Júlio Prestes sob a perspectiva da "revitalização" da região ou da tentativa de atrair um público mais "qualificado" para o bairro se mostrou pouco eficaz. A região continua aban-donada, com imóveis tombados em estado precário de conservação ou em ruínas, pessoas em situação de rua e expostas ao tráfico de drogas, prostituição, comércio ilegal mercadorias. O tombamento foi instrumentalizado e também atuou como agente de exclusão; como exemplo, para evitar o contato de frequentadores da Sala São Paulo com seu entorno degradado, foi criada uma entrada pela parte posterior do edifício, através da garagem. Raramente há integração do equipamento cultural e de seus frequentadores com o espaço público.

---

36   CONDEPHAAT. Ata nº 1158 da Sessão Ordinária realizada em 06.07.1999, p.1

A PERSISTÊNCIA DO PASSADO

Nesse ponto, há que se fazer análise em perspectiva comparada com a ação de tombamento do edifício da ESMA em Buenos Aires, ocorrido em 2008, sob a presidência de Cristina Kirchner. Não devemos acreditar que sua declaração como patrimônio cultural tenha ocorrido sem qualquer conflito, pois não o foi.

Expediente 7506/2005 – Declárase ESMA Monumento Nacional

Antecedentes à abertura do estudo

Tal como na análise do Processo do *Antigo DOPS*, esta será organizada em periodizações, que explicam distintos momentos não só da preservação, mas do debate na sociedade argentina acerca do que fazer com o complexo de edifícios que compunham a *Escuela de Mecánica de la Armada*– ESMA.

A década de 1980 foi marcada, na Argentina, pelo fim das ditaduras e a ascensão de Raul Afonsín à Presidência, por meio de eleições diretas. Empossado em 10 de dezembro de 1983, Alfonsín instituiu – entre outras medidas por verdade e justiça –, em 15 de dezembro do mesmo ano, a *Comisión Nacional sobre la Desaparición de Personas* (CONADEP). A CONADEP ficou responsável por colher depoimentos de ex-presos que sobreviveram, de familiares de mortos e de desaparecidos, bem como de militares e demais funcionários do Governo, com a finalidade de apurar as violações aos Direitos Humanos e crimes cometidos pelo Estado durante a Ditadura que durou sete anos, entre 1976 e 1983. Ao final dos trabalhos, um informe intitulado *Nunca más* apontou mais de 300 Centros de Detenção Clandestinos, e milhares de desaparecidos pelas mãos dos militares. Entre esses Centros de Detenção estava a ESMA, cujo edifício conhecido como "Casino de Oficiales" é considerado o cérebro das operações de repressão, detenção e tortura, responsável pela morte e/ou desaparecimento de 90% das mais de 5.000 pessoas que passaram por lá.[37]

---

37 Uma descrição detalhada sobre o processo de instituição da CONADEP e os desafios encontrados pelo novo presidente, pode ser obtida em ALFONSIN, Raul. *Memoria política. Transición a la democracia y derechos humanos*. 2ª reimpressão. Buenos Aires: Fondo de Cultura Económica de Argentina, 2004, p.39-48.

Figura 59 – Ernesto Sábato entrega o relatório final da CONADEP ao Presidente Raul Alfonsín.
Foto: Archivo General de la Nación. Dpto. Doc. Fotográficos. Argentina, 1984.

Estabeleceu-se na Argentina um pacto político para apurar os crimes cometidos, visando *"terminar, de uma vez por todas, com esta tradição (...) Deveria-se evitar que se repetisse este ciclo histórico da impunidade e estabelecer o precedente de que, a partir de 1983, não se tolerariam nunca mais, episódios à margem da lei."*.[38]

Com o intuito de proteger a ESMA como patrimônio cultural, foi aberto na CNMMyLH o Expediente 7506 no ano de 2005. Todavia, outro pedido com o mesmo teor foi enviado ao órgão ainda na década de 1990, através de projetos de lei formulados por Deputados.

Esse pedido de reconhecimento em Buenos Aires é tardio em relação ao histórico de São Paulo porque durante os primeiros anos da década de 1990, de acordo com Elizabeth Jelín, os movimentos em defesa dos Direitos Humanos "hibernaram", perdendo fôlego quando Carlos Ménem instituiu decretos de perdão aos militares julgados e condenados pela justiça na década de 1980.[39] Esses decretos foram entendidos como uma derrota para as lutas pela verdade, memória e justiça, que tiveram êxito durante a presidência da Raul Alfonsín.

---

38   ALFONSIN, Raul. *Op. cit.*, p. 34 e 36. Tradução livre da autora.

39   JELÍN, Elizabeth.La justicia después del juicio: legados y desafíos en la Argentina postdictatorial. In: FICO, Carlos; FERREIRA, Marieta de Moraes; ARAUJO, Maria Paula; QUADRAT, Samantha Viz (orgs.). *Ditadura e democracia na América latina: balanço histórico e perspectivas*. Rio de Janeiro: Editora FGV, 2008, p.341-360.

A PERSISTÊNCIA DO PASSADO

Para conter a cobrança pública e minimizar o impacto negativo dos indultos concedidos àqueles que já haviam sido condenados pelos *Juicios a las Juntas*, Ménem instituiu um programa de reparação financeira direcionado no início a quem havia sido detido ilegalmente (1991) e depois aos familiares de mortos e desaparecidos (1994).[40] Essas medidas são até hoje bastante criticadas e entendidas como individualistas, como expressão do ideal neoliberal do então presidente.[41]

O cenário de hiperinflação no país durante a década de 1990 também desfavoreceu a defesa pública da temática dos Direitos Humanos na sociedade argentina, uma vez que o desemprego e a diminuição do poder de compra se faziam temas mais urgentes.

Foi a partir de 1995 que a discussão acerca do assunto foi retomada pela sociedade, movida por acontecimentos importantes como a confissão de Adolfo Scilingo confirmando a prática dos voos da morte,[42] as comemorações do Congresso pelos 10 anos de início dos Juicios a las Juntas e o surgimento do agrupamento H.I.J.O.S.: *Hijos por la Identidad, Justicia contra el Olvido y el Silencio* – que mobilizava uma nova geração pela Verdade e Justiça, somando-se a outros organismos históricos, que viam seus quadros envelhecerem.

Esse grupo de jovens, alguns são filhos de desaparecidos, criou uma nova dinâmica de protestos, e com o lema "*Si no hay justicia, hay escraches*" (*Se não há justiça, há escrachos*), organizavam manifestações de denúncia pública em frente

---

40   MEZAROBBA, Glenda. *O preço do esquecimento: as reparações pagas às vítimas do regime militar (uma comparação entre Brasil, Argentina e Chile)*. Tese (Doutorado em Ciência Política). Universidade de São Paulo, São Paulo, 2007, p.208-213.

41   JELIN, *Op. cit.*, p.354.; MEZAROBBA, *Op. cit.*, p.224-225.

42   Sobre a repercussão e detalhes dos voos da morte ver VERBITSKY, Horacio. El Vuelo. Buenos Aires: Editorial Sudamericana, 2004. Neste livro, Verbitsky conta detalhes de como Scilingo o procurou e contou sobre como os detidos na ESMA eram sedados e jogados vivos de aviões da Aeronáutica que sobrevoavam o Rio de la Plata. Uma reportagem da rede de televisão TELAM, intitulada "Los vuelos de la muerte – El piloto Poch ante el Juez", de 07/05/2010, que conta como parte destes cadáveres chegaram à costa do Uruguai pode ser assistida em http://www.youtube.com/watch?feature=player_ embedded&v=SlEXGN8hMrk#t=21. Também é possível obter informações em LUQUE, Francisco. Liberadas fotografias de vítimas dos "Vôos da morte", disponível em http://www.cartamaior.com.br/?/Editoria/Direitos-Humanos/Liberadas-fotografias-de-vitimas-dos-'voos-da-morte'%0d%0a/5/18152, acessado em 14 out 2013.

152 DEBORAH R. L. NEVES

à casa de pessoas indicadas como partícipes das práticas ilegais militares durante a ditadura. Essa mobilização de jovens apontava que havia espaço e vontade de discussão na sociedade argentina.

Década de 1990

Nesse novo quadro político social, organismos de defesa dos Direitos Humanos entendiam que a continuidade da ocupação da ESMA pela Marinha era uma afronta à memória e à justiça, e iniciaram mobilizações que reivindicavam uma destinação social para os prédios. Existia uma possibilidade de essa reivindicação ser atendida porque na Marinha havia consenso de que as instalações da ESMA na Av. Libertador eram antiquadas.

O Presidente Carlos Menem propôs, através do Decreto 8/98 publicado em 06 de janeiro de 1998, que as instalações da *Escuela de Mecánica de la Armada* deveriam ser transferidas para a Base Naval de *Puerto Belgrano*, considerada mais moderna. Entretanto, dois pontos do decreto, que tratavam da justificativa para a transferência, sinalizavam que os prédios do bairro de Nuñez serviriam a uma suposta reconciliação e não a uma reflexão sobre o passado:

> Que o traslado da ESCUELA DE MECANICA DE LA ARMADA tem um valor simbólico inegável, sustentado no afã por deixar no passado as antinomias e assumir as lições da história recente, expressando plenamente a contade de conciliação dos argentinos.
>
> Que destinar ao uso público os terrenos que atualmente ocupa a dita instalação militar e erigir no dito espaço livre um símbolo da união nacional como único propósito, representa um compromisso ético de convivência democrática e respeito à lei.
>
> (...)
>
> Art. 3º – Instrui-se ao Ministério da Defesa para que realize as tarefas necessárias que permitam destinar ao prédio mencionado no artigo anterior para o único propósito de gerar um espaço verde de uso público e o lugar de colocação de um símbolo da união nacional.[43]

O intuito de Menem era demolir a ESMA e construir em seu lugar um parque público com um monumento erigido em nome da união nacional. Seu decreto previa que o povo argentino deveria aprender "as lições da história recente", acreditando que a desocupação do espaço pela Marinha seria o suficiente para apagar da História

---

43   Tradução livre da autora.

os desaparecimentos, mortes e torturas. Supunha-se ainda um desejo de conciliação em detrimento da justiça e um afã de deixar para trás as antinomias em detrimento da verdade. O decreto provocou a revolta dos organismos congregadores de sobreviventes e familiares de mortos e desaparecidos, mobilizando igualmente alguns deputados da oposição[44] e despertou um intenso debate na sociedade.

Não é absurdo afirmar que parte da população de fato possuía afinidade com a proposta, já que na eleição presidencial de 1983 o candidato Ítalo Luder, do Partido Justicialista, obteve 40% dos votos, com um discurso de irrevogabilidade das leis de anistia publicadas ainda durante a ditadura. Porém, a decisão unilateral sobre a demolição desconsiderou a divisão de opinião da sociedade argentina quanto à temática.

Com este decreto, Menem estava apenas sendo coerente com sua política de esquecimento. Entre 1989 e 1990, publicou sete decretos concedendo o "perdão" presidencial aos condenados durante o *Juicio a las Juntas,* promovido durante o mandato de Raúl Alfonsín.[45] Como resultado, a liberdade foi concedida a Jorge Videla, Emilio Massera e Leopoldo Galtieri, citando-se apenas as figuras mais representativas da ditadura militar.[46] O perdão parecia uma retaliação a um projeto apresentado por um grupo de deputados de oposição que propunha a revogação das chamadas *"leyes de olvido"* (*leis de esquecimento*).[47]

Com a finalidade de inviabilizar a demolição da ESMA, Fernando De La Rúa, então Prefeito de Buenos Aires, ingressou com uma ação no Poder Judiciário pedindo a nulidade do decreto de Ménem. De La Rúa alegava que o terreno onde foi construída

---

44 CALVO, Javier. "Demolerán la ESMA y colocarán un monumento por la unión nacional". *Clarín.com,* Buenos Aires, 08/01/1998, Política, disponível em http://edant.clarin.com/diario/1998/01/08/t-00211d.htm, acessado em 17 jul. 2011.

45 BAUER, Caroline Silveira. *Um estudo comparativo das práticas de desaparecimento nas ditaduras civil-militares argentina e brasileira e a elaboração de políticas de memória em ambos os países.* Tese (Doutorado em História). Universidade Federal do Rio Grande do Sul/Universitat de Barcelona, Porto Alegre/Barcelona, 2011, p.290-291.

46 Mezarobba afirma que 295 pessoas – 265 militares e 30 civis – receberam indulto de Menem. MEZAROBBA, Glenda *Op. cit.,* p.208.

47 Tratam-se das leis de *Punto Final* (lei nº 23.492/86), que extinguia todas as ações em curso contra os autores das detenções ilegais, torturas e assassinatos e *Obediencia Debida* (lei nº 23.521/87), que estabelecia que os militares de baixa patente não poderiam ser julgados por suas ações durante a ditadura civil-militar entre 1976-1983, por estarem subordinados a uma obediência devida à hierarquia.

a ESMA era propriedade do município de Buenos Aires, que o cedeu à Marinha para a instalação da Escola. Caso ocorresse a demolição, a motivação da doação estaria anulada. A Justiça argentina entendeu dessa forma e a Prefeitura ganhou a ação.

O Ministério da Defesa recorreu da decisão que revogou a cessão do terreno, mas também perdeu na *Cámara de Apelaciones en lo Contencioso Administrativo Federal*. Na sentença foi decidido que *"para que seja declarado monumento histórico integrante do patrimônio cultural da nação, não basta a mera vontade de seus habitantes, mas se requer uma declaração expressa da autoridade competente, neste caso, a Legislativa. Esta decisão "não pode ser suprida pela decisão do magistrado"*,[48] já que havia o entendimento no Poder Judiciário que a competência da declaração como patrimônio era do Legislativo, por ter em seu quadro os representantes da sociedade.

Em outra ação, movida por duas familiares de desaparecidos políticos, Laura Beatriz Bonaparte de Bruschtein, membro das *Madres de Plaza de Mayo (Línea Fundadora)* e Graciela Palacio de Lois alegavam o valor histórico das edificações e pediam que a demolição não ocorresse e que a ESMA fosse declarada como patrimônio cultural. As autoras contaram com a adesão de outras integrantes das *Madres de Plaza de Mayo*, dos deputados socialistas Alfredo Bravo e Jorge Rivas e dos defensores público da cidade Antonio Cartañá e Eugenio Semino. O juiz Ernesto Marinelli, em 16 de outubro de 1998, declarou que era obrigação do Estado preservar o complexo de edifícios da ESMA *"como parte do patrimônio cultural coletivo"*[49] e deferiu o pedido das autoras em não demolir o prédio.

As recomendações dos magistrados nos dois processos incentivou os Deputados a transformarem o pedido de declaração da ESMA como "Monumento Histórico Nacional" num Projeto de Lei (Expediente 1010-D-1999) que tramitou na *Legislatura* da *Ciudad Autónoma* de Buenos Aires.[50] O projeto, de março de

---

48   VERBITSKY, Horacio. "Regalo de nochebuena". 24/12/1998. Página/12. Disponível em http://www.pagina12.com.ar/1998/98-12/98-12-24/pag09.htm, acessado em 20 dez. 2012. Tradução livre da autora.

49   O artigo de Horacio Verbitsky no jornal *Página/12* apresenta vários fragmentos extraídos da sentença proferida pelo Juiz. VERBITSKY, Horacio. *La ESMA es del pueblo.* 17/10/1998. Disponível em http://www.pagina12.com.ar/1998/98-10/98-10-17/pag03. htm, acessado em 20 dez. 2012. Tradução livre da autora.

50   Expediente 1010-D-1999. Declarar Monumento Historico Nacional al edificio de la Escuela de Mecanica de la Armada (ESMA) ubicado en la Avenida Libertador de la Capital Federal, con los alcances de los articulos 3 y 4 de la ley 12665. Foi proposto pelos Deputados Jorge Rivas, Alfredo Pedro Bravo, Gustavo Carlos Galland, Ruben Hector Giustiniani,

1999, foi enviado à CNMMyLH que se posicionou favorável à criação do *Museo de la Memoria* na ESMA, mas contrapropôs o reconhecimento adequado seria o de "Lugar Histórico Nacional" ao invés de "Monumento Histórico".

A proposta apresentada pela CNMMyLH seguia o entendimento de sua *Disposición Interna 05/91*, que trata a categoria "Monumento Histórico" (MHN) como *"um imóvel de existência material construído ou edificado"*. A categoria "Lugar Histórico" (LHN) refere-se a *"uma área de existência material, constituída por um espaço rural ou urbano ou determinada por um ponto geográfico do país"*. Como a CNMMyLH fazia uma leitura de que o tombamento recairia sobre todo o conjunto de edifícios, entendeu que a categoria "Lugar Histórico" era mais adequada.

Mas a disputa pela propriedade ainda tinha andamento. Em 01 de junho de 2000, a *Legislatura da Ciudad Autónoma* de Buenos Aires apresentou outro Projeto de Lei (Expediente 1192-D-2000) em que propôs a revogação do Termo de Cessão de Uso do terreno onde estava instalada a ESMA – seguindo a atuação de Fernando de La Rúa, que levou a discussão à Justiça. Em discurso na 12ª Sessão Ordinária, o Deputado Daniel Bravo afirmou que a concessão foi feita com a finalidade de instalar uma escola que servisse à sociedade, mas que esta atividade há muito não acontecia. Adicionou que a Marinha subverteu seu uso e constituiu ali *"um dos campos de extermínio mais importantes da Argentina"*, constituindo um testemunho material importante da história. *"Queremos que as paredes, os tetos, as portas, as janelas da Escuela de Mecánica de la Armada sigam em pé, mas para que todas as gerações da Argentina recordem o que aconteceu entre essas paredes"*.[51]

A proposta foi colocada em votação e aprovada, revogando a cessão do terreno para o Ministério da Marinha. A aprovação deu origem à *Ley* n°392/2000,[52] que em seu texto determina a instalação do *Museo de la Memoria* nas dependências da ESMA.

Hector Teodoro Polino, Marcela Antonia Bordenave, Diana Beatriz Conti, Federico Teobaldo Manuel Storani, Guillermo E.Estevez Boero.

51   BRAVO, Daniel. Discurso. In: CIUDAD AUTONOMA DE BUENOS AIRES. Legislatura. Actas de la 12ª Sesión Ordinária de la Cámara. 01 de junio de 2000, Versión Taquigráfico n° 18, p.38-40. Disponível no processo CNMMLH relativo a declaração da ESMA como Monumento Histórico, sem anotação de página no processo. Também disponível em http://www.legislatura.gov.ar/vt.php. O documento completo encontra-se entre as páginas 35 e 47 do documento.

52   A íntegra da lei pode ser consultada em http://www.cedom.gov.ar/es/legislacion/normas/leyes/ley392.html.

Na tentativa de impedir a devolução do terreno para o Município, a Nação ingressou com uma ação na Justiça alegando que documentos cartoriais comprovavam a transferência da propriedade por doação entre a municipalidade de Buenos Aires e a Nação, através do Decreto 10.950 de 22/11/1961. Contraditoriamente, a ação foi movida quando o Presidente da República era Fernando de La Rúa, que embora tenha combatido a decisão de Ménem em demolir a ESMA em 1998, como presidente, pretendia ali instalar a *Escuela de Guerra del Estado Mayor Conjunto*, não contemplando qualquer celebração memorial. O objetivo era neutralizar dois focos de conflito: acabar com o processo de reintegração promovido pela *Legislatura de Buenos Aires* e "confortar" uma parte dos Almirantes que não queriam ceder a ESMA *"para que se propague a ideologia da guerrilha e os aponte como monstros"*.[53]

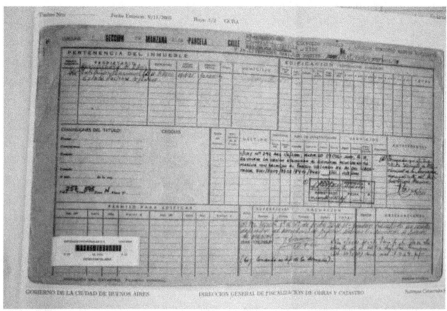

Figura 60 – Imagem do cartão de registro de propriedade do terreno onde se localiza a ESMA. No campo "Pertenecia del Inmueble" (canto superior esquerdo) aparece uma marca ao lado de "Gobierno Nacional". Esta marca remete a uma anotação na parte inferior direita do documento, apontando o Decreto 16.350 de 1961 que transferia a propriedade do Município para a Nação. Foto: Deborah Neves (Set/11).
Fonte: Expediente CNMMyLH 7506/2005.

---

53 IZUMI, Julia; RECÚPERO, Andrea. Revista tres puntos n°151 de 25/05/2000 (tradução livre da autora). Trata-se de uma reprodução de um trecho de uma matéria publicada nesta revista, que saiu de circulação em 16 de janeiro de 2003. A consulta foi possível porque há uma fotocópia da matéria – que não contempla o título – encartada no processo da CNMMyLH. Todavia, não conseguimos obter a referência completa.

A PERSISTÊNCIA DO PASSADO

Embora a ação judicial ainda estivesse em curso, em dezembro de 2002, a *Legislatura da Ciudad* de Buenos Aires sancionou a *Ley 961*, que criou o *Instituto Espacio para la Memoria* (IEM), cujo objetivo é resguardar e transmitir a memória e história daquilo que ocorreu durante o período conhecido como Terrorismo de Estado entre meados dos anos 1970 e início das anos 1980,[54] com intenção implantar o *Museo de la Memoria*; todavia, a lei não informa em qual dos prédios se instalaria o Instituto. A questão só se resolve em 2004, como veremos a seguir.

DÉCADA DE 2000

A contextualização acerca do ambiente em que transcorreu processo de tombamento da ESMA é importante para que se possa compreender inclusive o porquê deste processo administrativo ter tantas pausas, idas e vindas. As páginas iniciais do processo são vários documentos, como Ofícios, Projetos de Lei, e-mails, recortes de notícias relacionados ao tema, reunindo 61 páginas. São documentos em sua maioria relevantes à composição do processo; porém, o Expediente 7506 só é iniciado – considerando a numeração de páginas – após essa compilação de documentos, no ano de 2005. Sem eles, não seria possível identificar que o pedido foi iniciado ainda na década de 1990 por meio do legislativo. O expediente formal também dificulta a leitura por conter documentos que não estão em ordem cronológica, sendo necessárias várias leituras para compreender o curso que seguiu o processo.

Embora o Legislativo seja o proponente do projeto de Lei encaminhado a CNMMyLH, o Dep. Daniel Bravo fez questão de salientar que esta sempre foi uma luta dos organismos de defesa dos direitos humanos, do qual ele é apenas um interlocutor.[55] Essa declaração é importante uma vez que não personifica a iniciativa.

O expediente na CNMMyLH foi iniciado com um ofício da *Asociación de Ex-Detenidos Desaparecidos* (ADD), afirmando que tomaram conhecimento haver *"um projeto de lei apresentado para a Câmara de Deputados por vários legisladores em fevereiro de 1999, assim como o Expediente 1986/2003 da Secretaria da Cultura da Presidência da Nação"*[56] a fim de declarar a ESMA como Monumento Histórico.

---

54 ARGENTINA. Leyes: principales instrumentos legales sobre derechos humanos y memória. 1ª Edição. Buenos Aires: Instituto Espacio para la Memória, 2007. Disponível em www.institutomemoria.org.ar/media/publi/leyes/leyes.pdf, acessado em 03 jan. 2013. Trata-se de uma compilação contendo parte significativa das leis referentes aos Direitos Humanos.

55 BRAVO, *Op. cit. Idem.*

56 ASOCIACIÓN DE EX-DETENIDOS DESAPARECIDOS. Carta. 10 jun. 2004. In: Comisión Nacional de Museos y Monumentos y Lugares Históricos. Expediente 7506/2005, p.1.

Por isso, solicitavam um posicionamento acerca do andamento do processo, do máximo interesse daquela entidade. Esta é a primeira manifestação formal de uma entidade de direitos humanos que consta nos autos; antes disso, apenas manifestações do Legislativo e de secretarias ligadas ao Poder Executivo se manifestaram. Em setembro de 2004, a ADD reiterou o pedido de informação, já que não teve resposta. Sua reiteração tampouco é atendida.

Segue a esta última carta da ADD, a Nota CNMMLH nº 918, de 10 de setembro de 2003, encaminhada à Secretaria de Derechos Humanos de La Nación (SDH), sob a coordenação de Eduardo Duhalde,[57] solicitando a indicação de organizações ou pessoas que possam auxiliar na instrução do projeto de lei que declararia a ESMA como patrimônio. Observamos, portanto, a preocupação da CNMMyLH em tornar o processo o mais legítimo possível junto a atores sociais interessados no tema – ainda que não tenha respondido diretamente à ADD. Todavia, a SDH não respondeu à solicitação, levando a CNMMyLH a emitir nova nota,[58] em 19 de outubro de 2004, mais de um ano após a primeira solicitação, reiterando o pedido. Não consta no processo a resposta da SDH, todavia acreditamos que a indicação tenha sido feita, mesmo sem constar dos autos, uma vez que o projeto de lei foi elaborado. A ausência deste documento é importante, porque deixa uma lacuna quanto à participação de grupos de Direitos Humanos na elaboração do projeto de lei.

Paralelamente ao andamento na CNMMyLH, no dia 24 de março de 2004 – quando se completou 28 anos do Golpe – o então Presidente Nestor Kirchner assinou um Convênio[59] de cooperação entre o *Poder Ejecutivo Nacional* (PEN) e

---

Tradução livre da autora.

57 Eduardo Luis Duhalde era historiador, jornalista e também advogado, cuja atuação ficou marcada no início da década de 1970 pela defesa de militantes de oposição à ditadura que tiveram julgamentos em cortes argentinas. Durante seu exílio na Espanha, organizou uma entidade destinada a denunciar os crimes contra os direitos humanos na Argentina. Já em período de democracia, Duhalde atuou como Juiz nos Tribunais Orais de Buenos Aires e em 2003, na Presidência de Nestor Kirchner, assumiu a Secretaria de Derechos Humanos (SDH), cargo que ocupou até 03/04/2012, quando faleceu. Importante não confundi-lo com Eduardo Alberto Duhalde, que foi vice-Presidente de Carlos Menem e assumiu a Presidência interina entre janeiro de 2002 e maio de 2003, após a renúncia de Fernando de La Rúa

58 COMISIÓN NACIONAL DE MUSEOS Y MONUMENTOS y LUGARES HISTÓRICOS. Nota CNMMLH nº1323, de 19/10/2004. In: Expediente 7506/2005, p.4.

59 ARGENTINA. Leyes: principales instrumentos legales sobre derechos humanos y memó-

o *Gobierno de la Ciudad de Buenos Aires* (GCBA), determinando que a área da ESMA seria ocupada pelo *"Espacio para la Memoria y para la Promoción y Defensa de los Derechos Humanos"*. Para tornar possível, previu-se a criação de uma comissão bipartida que coordenaria a desocupação de parte dos edifícios. Numa expressão definitiva de cooperação e reconciliação, o item 6 do acordo estabeleceu a desistência de ambas as partes na ação judicial corrente, em que se disputava a propriedade do prédio.

Em 06/10/2004, lavrou-se uma ata de execução deste acordo, com um cronograma para a desocupação dos prédios da ESMA; estabeleceu-se que até 31 de dezembro de 2004 os seguintes edifícios seriam entregues livres: *Casino de los Oficiales, Quincho, Sanidad, Casa de Suboficiales I, Pabellón Central (4 columnas), Guardia, Casa de Suboficiales II, Control de Acceso*. Eram os principais edifícios da ESMA, que fazem frente para a Av. Libertador. Estabeleceu-se ainda que todo o restante dos edifícios deveriam ser entregues livres até 31/12/2005.

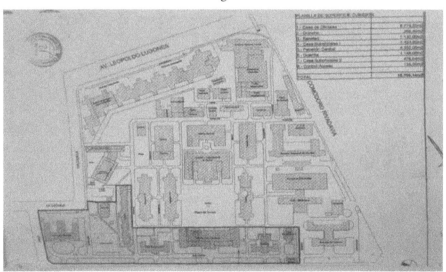

Figura 61 – Mapa das edificações que compõem a ESMA, com destaque para as edificações entregues em dezembro de 2004. Foto: Deborah Neves (set/11).
Fonte: Expediente CNMMyLH 7506/2005, p.12.

Somente em 2007, a CNMMyLH retomou o estudo de tombamento da ESMA, quando apresentou ao *Secretario de Derechos Humanos* Eduardo Duhalde projeto de lei para sua declaração como patrimônio cultural, solicitando que o mesmo especi-

---

ria. 1ª Edição. Buenos Aires: Instituto Espacio para la Memória, 2007, p.101-103. Disponível em www.institutomemoria.org.ar/media/publi/leyes/leyes.pdf, acessado em 03 jan. 2013.

ficasse quais áreas deveriam ser identificadas como "Lugar Histórico" e como "Monumento Nacional". Retomando a ideia original apresentada como contraproposta à *Legislatura*, a CNMMyLH passou a entender que as duas caracterizações patrimoniais poderiam coexistir e seriam adequadas ao espaço da ESMA.

A SDH então apresentou proposta de declarar apenas o *Casino de Oficiales* como "Monumento Nacional" e o restante das edificações como "Lugar Histórico". Foi elaborado um mapa pela SDH, que destacou na cor verde o *Casino* e em área hachurada amarela as edificações que *"integram um todo inseparável, matendo sua configuração original e envolvente (...) e as edificações erigidas posteriormente à etapa de Terrorismo de Estado."*[60] Houve um entendimento do patrimônio como um documento inserido em um contexto histórico e paisagístico, indissociáveis um do outro, impedindo mutilações e recortes temporais que prejudicassem o entendimento do local como fruto de um processo histórico.

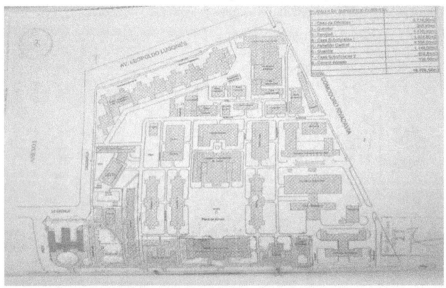

Figura 62 – Mapa de edificações da ESMA. Em verde, no canto inferior esquerdo, o Casino de Oficiales, Monumento Histórico. A área hachurada em amarelo, o restante do espaço, Lugar Histórico. Foto: Deborah Neves (set/11). Fonte: Expediente CNMMyLH 7506/2005, p.54.

A decisão de Duhalde se baseou no fato de que o *Casino de Oficiales* foi o local onde foram mantidos clandestinamente os presos capturados pelos serviços de repressão. Além disso, era a área de planejamento e de investigação (Grupo de Tarefas 3.3.2). Sua forma de operação se disseminou e levou à criação de um

---

60   Tradução livre da autora.

modelo replicado em outros Centros Clandestinos de Detenção e Tortura. A importância simbólica e histórica do *Casino* o qualificou para que fosse declarado como Monumento Histórico.

Os outros edifícios não estavam dissociados das práticas clandestinas do *Casino*, já que prestaram suporte ao funcionamento do Grupo de Tarefas. Portanto, foram classificados como Lugar Histórico, ou seja, espaço onde se desenvolveram práticas relevantes que permite a leitura de uma paisagem como documento histórico de uma lógica de repressão.

Entre fevereiro e abril de 2008, o processo administrativo tramitou nos órgãos da Secretaria de Cultura para receber adequações formais, até que em 23/05/2008 o projeto foi finalizado. Em 22/08/2008, foi publicado no *Boletín Oficial* o Decreto 1333, assinado pela Presidenta Cristina Fernández de Kirchner, tornando o *Casino de Oficiales* "Monumento Histórico Nacional" e os demais edifícios da ESMA "Lugar Histórico Nacional".

A trajetória que o processo administrativo trilhou e os atores sociais envolvidos em cada etapa da declaração da ESMA como patrimônio cultural na Nação argentina demonstra os conflitos sociais que permearam o período em que o processo tramitou na CNMMyLH e um compromisso de governo – e não de Estado – com a temática dos Direitos Humanos. Secretário de Direitos Humanos, Secretário de Cultura e Presidência da Nação estavam conjugados em executar políticas de memória articuladas e coordenadas. A declaração da ESMA e do *Casino de Oficiales* como patrimônio daquele país demonstram um interesse real de perpetuar a ideia de valorização da memória acerca do período da ditadura, para além do momento oportuno deste governo em particular. Configura, ainda, uma retomada da política de Alfonsín, iniciada em 1983, de "Nunca Mais" à violação de leis e à impunidade.

Considerações sobre os processos administrativos Condephaat e CNMMyLH

A década de 1990 ficou marcada, no Condephaat, pelo esvaziamento do quadro de pessoal especializado na área técnica. Historiadores, geógrafos e arquitetos contratados na década de 1980 desligaram-se do órgão pelas mais diversas razões que não cabe serem explicadas nesta pesquisa. Ademais, a América Latina viveu um momento importante em que a política neoliberal[61] foi impactante sobre os

---

61   A discussão sobre o impacto das políticas neoliberais no Condephaat é feita pela geógrafa Simone Scifoni, que trabalhou no órgão no começo da década de 1990 e hoje é professora

serviços públicos, sobre a mentalidade e, por conseguinte, também sobre a política de preservação do patrimônio.

Lamentavelmente, os processos de Condephaat e CNMMyLH se assemelham na ausência de reflexão histórica e arquitetônica dos objetos estudados. Entendemos que, em ambos os casos, a chancela conferida pelos órgãos do patrimônio trataram-se de mera formalidade, embora em contextos sociais e políticos bastante diferentes, bem como por motivações também diferentes conforme demonstrado e analisado neste capítulo.

No caso da CNMMyLH, o processo de tombamento da ESMA, careceu de fundamentação técnica para sua declaração como patrimônio cultural. Não há atas de reunião ou mesmo sínteses de ata que tornem possível identificar qual o teor e a existência de discussões empreendidas no âmbito o órgão de preservação quando instado a tratar do tema, tão diferente de sua prática cotidiana até então.

Por que pareceres das áreas técnicas foram dispensados em ambos os casos de preservação? Por que, no caso paulista, o Presídio Tiradentes teve tão boa instrução e o DOPS não?

A primeira pergunta parece ficar parcialmente sem resposta; no caso argentino, não ficou clara a razão desta ausência de discussão teórica acerca da preservação da ESMA. As circunstâncias em que a preservação foi pedida e concluída só se tornaram inteligíveis a partir da pesquisa em fontes externas ao Expediente 7506/2005, que contextualizaram as disputas simbólicas, políticas e de propriedade em torno do local; talvez a elaboração de um parecer técnico pudesse preencher as lacunas, o que este trabalho buscou fazer.

No caso do *Antigo DOPS*, a necessidade de celeridade na realização do tombamento, visando obter financiamento para as obras de adaptação no prédio

---

da Universidade de São Paulo. Em sua tese de doutorado, Scifoni afirma que a década foi de "desregulamentação" e "flexibilização" das políticas de preservação no órgão, em consonância com o que acontecia não só no Brasil, mas na América Latina. Essa desregulamentação é marcada pela submissão dos campos da vida social à valorização do capital privado. Já a flexibilização é caracterizada pela eliminação de obstáculos existentes no aparato jurídico em vigor, incluindo a interrupção de estudos de tombamento, em benefício de um capital privado ou público. Além das duas características já apontadas, o período ficou marcado pela mínima participação do Estado na garantia das necessidades coletivas, incluindo o tombamento. SCIFONI, Simone. *A construção do patrimônio natural*.Tese (Doutorado em Geografia). Faculdade de Filosofia, Letras e Ciências Humanas, Universidade de São Paulo. São Paulo, 2006.

foi o elemento principal para que se prescindisse de uma fundamentação técnica. O processo se arrastava havia mais de 20 anos no órgão e a justificativa que o prédio fosse tombado no momento em que o foi parecia ser convincente, por seu apelo à utilização cultural. Entretanto, a ausência de discussão com a sociedade e de um parecer técnico consistente gerou um instrumento de proteção que fragilizou sua preservação, resultando em mutilações do bem, como veremos no próximo capítulo.

A disparidade de intenções na preservação da ESMA e do *Antigo DOPS* explicita a "tensão" produzida pelo crescente debate em ambas as sociedades, especialmente quando se trata da apuração de responsabilidade do Estado em relação a crimes cometidos por suas estruturas de repressão. Em São Paulo, tentou-se minimizar a obviedade do interesse financeiro na preservação por meio da consideração apresentada na resolução de tombamento do *Antigo DOPS*, que como prática comum do órgão, conferiu importância arquitetônica em detrimento do valor histórico do local.

A preservação, nesse caso tendeu "(…) a reproduzir no seu interior as mesmas contradições que emergem em outras áreas da vida social",[62] ou seja, como reflexo da sociedade brasileira, minimizou-se a importância do *Antigo DOPS* enquanto lugar de sofrimento e simbólico de uma política voltada à repressão; numa expressão típica daqueles que resistem a discutir as arbitrariedades da Ditadura, "virou-se a página". Destacou-se o que é belo através de suas características físicas, de modo que não motivou grandes debates públicos acerca deste tombamento. Trata-se de uma prática comum nos órgãos de patrimônio no Brasil, onde é comum haver "relativamente pouca reflexão sobre alguns aspectos da questão preservacionista que se põem em relevo em casos (…) em que o sentido de se preservar um bem ultrapassa os limites de suas características formais".[63]

Para compreender essa reflexão, passamos à análise do Artigo 1º da Resolução, que destaca as motivações para o tombamento do *Antigo DOPS*:

> (…) Artigo 1º – fica tombado como bem cultural de interesse para a memória social paulista o edifício localizado na Praça General Osório, nº 66, 88, 120 e 136, o 'antigo DOPS', construído para abrigar armazéns da Estrada de Ferro Sorocabana, foi ocupado parcial e temporariamente pela direção da mesma empresa até o término das obras da Estado (sic) Júlio Prestes, de 1951 a 1953 pelo Arquivo do Estado e,

---

62 ARANTES, Antônio Augusto. "Documentos históricos, documentos de cultura". *Revista do Patrimônio Histórico e Artístico Nacional*, Brasília, nº 22, 1987, p.53.

63 *Idem*, p.48

em seguida, pelo DOPS, Departamento de Ordem Política e Social da Secretaria de Segurança Pública do Estado de São Paulo. Foi projetado pelo Escritório de Ramos de Azevedo, sua importância arquitetônica é grande e decorre principalmente do seu partido arquitetônico. O espaço é definido de forma racional e organiza os ambientes, amplos, entre as prumadas verticais de circulação. Os sistemas estruturais adotados associam elementos modulares em ferro às duas torres de alvenaria portante e resolvem tecnicamente o espaço pretendido. No conjunto de celas, produto da ocupação do edifício pelo DOPS, reside parte significativa do seu valor histórico. Tal conjunto será preservado juntamente com os elementos originais do projeto.[64]

Há algumas poucas referências ao uso do prédio pelo DEOPS. Uma delas é a preocupação em manter as celas, mesmo que sejam intervenções que não constem no projeto original.[65] Todavia, o destaque da Resolução é dado para a qualidade e solução arquitetônica executadas no prédio e não ao seu uso predominante.[66] Não há problema em observar a qualidade arquitetônica do edifício – que é inegável–, mas desprezar sua importância histórica e política é minimizar e renegar a própria história do bem. Tanto a Arquitetura quanto a História são importantes para a caracterização do patrimônio. Entretanto, a ausência da história – seja intencional, seja por desinteresse – caracterizou um modo de pensar e fazer este patrimônio.

---

64 SÃO PAULO. Secretaria de Estado da Cultura. Resolução SC-28, de 07/07/1999, disponível em http://www.imprensaoficial.com.br/PortalIO/DO/Popup/Pop_DO_Busca1991Resultado.aspx?Trinca=139&CadernoID=ex1&Data=19990709&Name=139 6D790017.PDF&SubDiretorio=0. Grifo nosso. Vale ressaltar a incorreção dos dados na Resolução. O DOPS passou a ocupar o edifício ainda na década de 1940, e não na década de 1950, como afirmado.

65 Por "projeto original", entende-se aquele que foi pensado e desenhado pelo arquiteto responsável pela concepção de um edifício. Quando restauros ou tombamento ocorrem, é comum a recomendação de eliminar intervenções posteriores à construção primitiva e que não estavam previstas no projeto original, muitas vezes consideradas "espúrias". No caso do *Antigo DOPS*, houve o entendimento de que as celas, embora não constantes do projeto e da sua execução inicial, estavam ligadas ao passado mais marcante do edifício.

66 Destaca-se uma contradição importante neste tombamento: o nome conferido ao bem e que o identifica – Edifício do Antigo DOPS – remete a uma importância que se mostrou secundária no texto da redação da resolução, ou seja, a importância histórica.

Não entendê-lo como documento histórico permitiu que intervenções físicas fossem feitas sem critérios técnicos, resultando na eliminação de informações importantes sobre o edifício. Foi uma decisão de gabinete, sem diálogo com a sociedade e que gerou conflitos nos anos que se seguiram.

Em Buenos Aires, ainda que a CNMMyLH tenha tido uma função meramente burocrática, a preservação da ESMA com destaque para o *Casino* foi precedida de um amplo debate social, inclusive na esfera jurídica. Mas foi a mobilização popular aliada a poderes políticos importantes que impediram a mutilação da ESMA, levando ao seu tombamento, aparentemente uma unanimidade. O conflito entre as organizações sociais, em especial aquelas ligadas a sobreviventes ou a desaparecidos durante o regime, emergiu quando se discutiu o que fazer com aquele lugar.

Reside nessa participação popular uma das grandes diferenças na apropriação do espaço, em relação ao *Antigo DOPS*. Outra diferença está nas considerações que levaram à declaração do *Casino* como Monumento Histórico Nacional e da ESMA como Lugar Histórico, elaborados a partir da perspectiva da CNMMyLH de que ali estavam retratados o *"(...) valor de memória que a materialidade do lugar possui (...)"*: a utilização do espaço como centro clandestino de detenção, onde

> *(...) episódios de repressão ilegal ocorridos naquela Escola – que incluem delitos de lesa humanidade tais como tortura, desaparecimento de pessoas e apropriação de menores –, reconstruídos testemunhalmente, motivaram uma tomada de consciência da opinião pública a respeito daquele sistema repressivo implementado por fora do Estado de Direito.*[67]

Ou seja, a motivação principal para o tombamento foi sua importância histórica recente, ligada ao passado de tortura, não obstante a edificação tenha tido outros usos ao longo de sua história; os valores estéticos sequer são considerados.

Observamos nesse capítulo que a unidade impossível do momento é ocultada pela celebração de uma união passada ou por uma ação otimista para o futuro. Nesse sentido, tombar ESMA e *Antigo DOPS* vai em sentido contrário à fundamentação ideológica do tombamento – promover tal união. Nesse sentido, é do interesse do Estado preservar como seu legado para o futuro, para seu povo, lugares que representam sua face autoritária, por vezes, arbitrária?

---

67 Trecho extraído do Decreto 1333/2008, disponível em http://www.infoleg.gob.ar/infolegInternet/anexos/140000-144999/143656/norma.htm, acessado em 29 jun 2011. Tradução livre da autora.

Capítulo IV

O tempo e os lugares: pretérito, presente, futuro

Nos capítulos anteriores foram discutidas criticamente a ocupação original de cada um dos edifícios estudados, a atuação dos órgãos de preservação do patrimônio cultural em relação a bens que remetem às ditaduras e os processos políticos e sociais envolvidos na preservação específica do *Antigo DEOPS* e da ESMA.

No presente capítulo serão discutidas três questões importantes acerca da utilização destes edifícios: as intervenções físicas às quais foram submetidos, a instalação de instituições ligadas à memória da ditadura e as políticas de memória envolvidas – ou não – na reocupação destes lugares. Por fim, será possível analisar as consequências das respectivas preservações e de que forma elas interferiram na utilização atual de cada um dos edifícios.

A preservação por meio do tombamento não se encerra em si, e está ligada ao tipo de ocupação que os imóveis recebem. Vale salientar que a mera preservação do ponto de vista do material se mostra insuficiente para a produção do impacto social positivo que se pretende com tal. O tombamento é somente um passo, embora importantíssimo, para a construção de consciência e reflexão sobre os mais diversos valores, incluindo os democráticos, na sociedade brasileira. Portanto, o Estado – resgatando o Informe Rettig, do Chile [1] – pode e deve encabeçar gestos e criar símbolos que outorguem sentido social à reparação de danos causado por regimes autoritários. Nos casos específicos deste tipo de preservação, trata-se de uma medida de reparação simbólica que demonstra a legitimidade da mobilização

---

1 CORPORACION NACIONAL DE REPARACIÓN Y RECONCILIACIÓN. *Informe de la Comisión Nacional de Verdad y Reconciliación (Informe Rettig).* Capítulo I – Métodos de trabajo y labor desplegada por la Comision Nacional de Verdad y Reconciliación para la elaboración de este informe. A. Los Objetivos de La Comision. 1991.

168 DEBORAH R. L. NEVES

de parte da sociedade interessada na preservação de direitos humanos bem como contribuir para a discussão pública de temas relacionados às mais recentes ditaduras no Cone Sul.

Embora os locais vinculados a este passado – delegacias, cemitérios, centros clandestinos, praças públicas, locais de manifestação e outros relacionados à resistência – já sejam significativos para determinados grupos sociais, o reconhecimento oficial por parte do Estado é uma das formas mais eficazes de transformar aquela memória, até então restrita a esse grupo, importante para todos. Afinal, com o tombamento – no Brasil, mas de forma similar em outros países –reconhece-se um local como portador de "referências à identidade, à ação e à memória dos diferentes grupos formadores da sociedade".[2] Ou seja, ao se tombar um lugar, a importância deixa a esfera privada para se tornar referência coletiva – ou ao menos indicado como tal pelo Estado.

Além da reparação simbólica produzida pelo ato, o tombamento de locais ligados a uma memória traumática torna público os efeitos de ditaduras, e pode ser instrumento relevante na defesa dos direitos humanos e dos valores democráticos. Nesse sentido, o reconhecimento como patrimônio cultural contribui para a superação "[d]o problema que se coloca em longo prazo para as memórias clandestinas e inaudíveis [que] é o de sua transmissão intacta até o dia em que possam aproveitar uma ocasião para invadir o espaço público e passar do não dito para a contestação e para a reivindicação."[3] É o momento em que a história e a memória oficial passam a representar não uma visão do Estado sobre si mesmo, mas permite evidenciar a perspectiva de parte da sociedade sobre a história, apontando não somente virtudes, mas também vícios. Trata-se de uma democratização da história e também da memória, tendência não só na América Latina, mas em outras partes do mundo. Um dos exemplos é a memória acerca do holocausto, que, segundo Aleida Assmann, tem ganhado outras vozes e possibilitando outras interpretações.

---

2   SÃO PAULO. Constituição do Estado de São Paulo. Seção II. Da Cultura. Artigo 260. São Paulo, 1989. BRASIL. Constituição da República Federativa do Brasil de 1988. Seção II. Da Cultura. Artigo 216. Brasília, 1988. Utilizou-se apenas a citação das Constituições de São Paulo e do Brasil, porque a Constituição Argentina é bastante sintética e não aborda a questão do patrimônio de maneira específica. Todavia, observou-se que a identidade de nação foi uma preocupação permanente na eleição do patrimônio cultural argentino.

3   POLLAK, Michael. Memória, esquecimento, silêncio. In: *Revista Estudos Históricos*. Rio de Janeiro, V.2 nº3, 1989, p.9

> Parece ter chegado ao fim a fase em que os respectivos governos procuram transformar lugares traumáticos como Auschwitz ou Buchenwald em memoriais com uma mensagem política inequívoca. Sob verniz das significações oficiais, hoje vêm cada vez mais à tona a multiplicidade de vozes e, em boa parte dos casos, a incompatibilidade das diferentes lembranças. (...)[4]

Uma vez que uma determinada tendência política é superada, o regime e o sistema de valores ligados a ela deixam de ter significado predominante, de modo que "(...) os símbolos se organizam de maneira diferente – (...) a mensagem oficial silencia, as vozes condenadas ao silêncio tornam-se audíveis, perseguidores e perseguidos trocam de reputação".[5]

A partir dessa reflexão, serão analisados alguns aspectos acerca da utilização dos edifícios do *Antigo DOPS* e *Casino de Oficiales*: as alterações físicas empreendidas, a concepção desses lugares como portadores de memória, transmitida através de instituições voltadas a este fim (memoriais) e a importância dos memoriais estarem instalados no lugar onde aconteceu aquilo que retratam.

INTERVENÇÕES FÍSICAS NOS EDIFÍCIOS

É importante neste trabalho abordar e analisar as transformações físicas às quais os edifícios foram submetidos. Conforme será discutido, tais mudanças contam muito sobre a história de cada um desses locais e sobre as tensões envolvidas nas suas preservações, inclusive como patrimônio. Do ponto de vista material, as mudanças físicas representam estratégias de ocultamento de características particulares da sua ocupação, com objetivos distintos: no caso do *Casino de Oficiales*, tais reformas visaram contradizer depoimentos de sobreviventes do local, cujas descrições eram minuciosas com a finalidade de denunciar as práticas de tortura e morte para organismos internacionais ainda na vigência da Ditadura castrense. No caso do DEOPS, tratou-se de uma intervenção entendida pelo Ministério Público Estadual como criminosa,[6] que modificou não só a estrutura do patrimônio

---

4 ASSMANN, Aleida. *Espaços da recordação: formas e transformações da memória cultural.* Trad. Paulo Soethe. Campinas: Editora da UNICAMP, 2011, p.351.

5 *Idem*, p.358

6 O Ministério Público Estadual de São Paulo ingressou com ação civil pública reparatória de danos ao patrimônio histórico e à memória nacional contra a Fazenda Pública Estadual porque há o entendimento de que a obra promovida no Antigo DOPS promoveu a

tombado como apagou vestígios da ocupação carcerária num momento em que a volta à democracia já completava 10 anos – sintoma de que a democracia é uma construção diária.

Em perspectiva comparada, analisou-se como e porque estas modificações físicas ocorreram – o contexto, a motivação – e dessa forma, discutir como elas impactaram na implantação dos memoriais, como as instituições responsáveis pela manutenção do espaço abordam o tema e, a partir da análise das reformas como inscrições em documentos históricos (*Antigo DOPS* e *Casino de Oficiales*), entender o que essas alterações nos contam sobre os prédios e sobre a história.

As análises foram realizadas sob a luz das recomendações previstas no documento chamado "Carta de Veneza". As cartas patrimoniais são documentos que visam orientar o trabalho dos profissionais envolvidos no trabalho de preservação, mas não possuem caráter de norma, apenas "prescritivo".[7] Sua importância está no fato de que as recomendações estão baseadas em critérios científicos amplamente discutidos, que criam uma "segurança" para os profissionais e, mais importante, para o patrimônio.

De acordo com a carta de Veneza,

> A conservação e o restauro dos monumentos devem recorrer à colaboração de todas as ciências e a todas as técnicas que possam contribuir para o estudo e para a salvaguarda do patrimônio arquitetônico.

> O objetivo de se conservarem e de se restaurarem os monumentos é salvaguardá-los não apenas como obras de arte, mas também como evidências históricas.[8]

É desejável que o patrimônio seja utilizado para qualquer finalidade, entretanto, para que isso aconteça, "não deve alterar a disposição interna ou a decora-

---

eliminação de inscrições de paredes, o desaparecimentos de instrumentos de tortura e a cessão indevida de materiais para a restauração da estação da Luz. A justiça aceitou o pedido e a ação tramita sob o número 0059357-29.2012.8.26.0053, pedindo a indenização coletiva no valor de R$10 milhões.

7 KÜHL, Beatriz Mugayar. Notas sobre a Carta de Veneza. Anais do Museu Paulista, V. 18, nº 2, p. 287-320, dez. 2010. Disponível em: <http://www.revistas.usp.br/anaismp/article/view/5539/7069>. Acesso em: 28 nov. 2013.

8 UNESCO. *Carta Internacional sobre a conservação e o restauro dos monumentos e dos sítios*. Carta de Veneza, 1964, Artigos 2º e 3º. Disponível em http://www.icomos.org.br/cartas/Carta_de_Veneza_1964.pdf, acessado em 03 out. 2013.

ção do edifício. É dentro destes limites que as modificações necessárias para a alteração de funções devem ser encaradas e podem ser permitidas".[9] A carta salienta que o patrimônio «é inseparável da sua história, da qual ele é testemunha, e do meio em que se situa»,[10] por essa razão, a restauração "tem por objetivo conservar e revelar os valores estéticos e históricos (…) e será sempre precedida e acompanhada de um estudo arqueológico e histórico do monumento."[11]

Esses estudos visam identificar e valorizar intervenções distintas, compreendendo que "as contribuições válidas de todas as épocas para a edificação do monumento devem ser respeitadas" e aquilo que eventualmente for eliminado tenha "(…)pouco interesse e o material que é revelado é de grande valor histórico, arqueológico, ou estético (…) O julgamento do valor dos elementos em causa e a decisão quanto ao que pode ser eliminado não podem depender somente do autor do projeto.[12]

É sob a luz desses conceitos que as análises das obras empreendidas no *Antigo Dops* e no *Casino de Oficiales* foram feitas neste trabalho. Isso porque, embora não se trate de uma normativa, são boas práticas que, se adotadas, resguardam a integridade do bem histórico.

Antigo DOPS

No primeiro capítulo deste trabalho, foi abordada a distribuição das repartições do DEOPS em cada um dos andares do edifício do *Antigo DOPS* para compreender a lógica de sistematização da repressão utilizada no órgão. Essa descrição baseou-se em informações publicadas no Diário Oficial do Estado de São Paulo, em bibliografia sobre o local, além de documentos da Estrada de Ferro Sorocabana, primeira proprietária do edifício. Esse exercício foi necessário porque se desconhece estudos que tratem da ocupação de cada um dos andares do DEOPS e de como isso impactava a vida de pessoas que ali foram interrogadas e/ou detidas. Desde a transferência do prédio da Secretaria de Segurança Pública para a Secretaria da Cultura, nenhum trabalho sério – com exceção do Memorial da Resistência – de investigação foi produzido com tal finalidade, gerando impactos inclusive na implantação do próprio Memorial.

---

9   *Idem*, Artigo 5º.

10   *Idem*, Artigo 7º.

11   *Idem*, Artigo 9º.

12   *Idem*, Artigo 11º.

172   DEBORAH R. L. NEVES

Em 1997, o então Governador do Estado de São Paulo, Mário Covas, assinou a transferência de uso do edifício entre as referidas Secretarias. Esta transmissão teve a participação ativa de Belisário dos Santos Júnior, que atuou em defesa de presos políticos durante a Ditadura. Naquela ocasião, Belisário era Secretário de Justiça e Cidadania, e desde sua posse, articulou a destinação do prédio para fins distintos de seu uso mais simbólico, o de polícia. Sua primeira ação nesse sentido foi colaborar com a concepção da peça de teatro "Lembrar é resistir", cujo cenário foi a carceragem do *Antigo DOPS*; com a liberdade como tema central, tratou-se de uma das primeiras intervenções culturais no prédio. Para Belisário, a peça foi um ato de reocupação simbólica que "exorcizou" o passado de dor e sofrimento que permeava o lugar.[13]

Destinado então à Cultura, iniciou-se a nova trajetória daquele edifício, que atendia parcialmente aos anseios de organizações ligadas aos direitos humanos e também de ex-presos. Parcialmente, porque outro combate foi iniciado: decidir como ocupar aquele local, a melhor destinação para um espaço permeado de uma carga simbólica de sentidos e sentimentos. Esse desafio é discutido por Elizabeth Jelín e Victoria Langland que, ao tratarem de reapropriações de lugares ligados a uma história difícil, afirmam:

> Se falar e dizer é difícil, os empreendimentos que tentam marcar o espaço físico parecem ser, ao mesmo tempo, mais fáceis e mais complexos. Mais fáceis porque, em muitos casos, há rastros, ruínas e restos;há uma materialidade que pode falar por si mesma. Mais difíceis porque não se trata de marcas pessoais ou grupais, significativas para alguém em particular, com sentido privado ou íntimo. Além disso, nos referimos a espaços físicos públicos, reconhecidos pelo Estado e pela autoridade legítima, o que implica em processos de luta política por parte de quem leva adiante as iniciativas. Implica também lutas acerca dos critérios estéticos. Existe uma estética mais "apropriada" que outras para representar o horror?[14]

---

13   Para acessar as declarações de Belisário dos Santos Júnior e obter mais informações e discussões sobre a peça de teatro "Lembrar é Resistir", foi utilizado o trabalho de ALMEIDA, Gisele Maria Ribeiro de. *As esperanças do passado*. Dissertação (Mestrado em Sociologia). Instituto de Filosofia e Ciências Humanas, Universidade Estadual de Campinas, Campinas, 2004.

14   JELÍN, Elizabeth; LANGLAND, Victoria. "Las marcas territoriales como nexo entre pasado y presente". In: JELÍN, Elizabeth; LANGLAND, Victoria (comps.). *Monumentos, memoriales y marcas territoriales*. Madrid: Siglo XXI de España Editores, 2003, p.2. Tradução livre da autora.

A partir desta reflexão, podemos atribuir ao *Antigo DOPS* a materialidade discutida pelas autoras, e às celas os "rastros e restos", razão pela qual foram destacadas no tombamento. A despeito de tal relevância histórica, a reforma a que o prédio foi submetido a partir de 1999 descaracterizou as celas e apagou vestígios deixados por detidos, como inscrições em paredes, por exemplo.

A obra de "restauro" para abrigar a Universidade Livre de Música é considerada polêmica porque modificou o local não só fisicamente, mas também o seu sentido social: transformou-se um espaço destinado à repressão em um "museu" de arte, reservando uma pequena parte do pavimento térreo para o Memorial da Resistência. Locais como as celas, foram recaracterizados, numa verdadeira higienização do lugar; para o arquiteto responsável pela obra, Haron Cohen[15], as mudanças foram positivas, pois "(...) ao invés de fazer uma espécie de Portinari, mostrar a seca no Brasil, toda colorida, não, nós fizemos tudo acinzentado (...)".[16]

Sobre a execução da obra no edifício, há um trabalho de dissertação que analisa a reconversão sob o ponto de vista arquitetônico, contribuindo com aportes históricos sobre o contexto em que ela ocorreu. Ivanise Lo Turco, em seu trabalho, afirma que

---

15 Haron Cohen é arquiteto, formado pela Universidade Presbiteriana Mackenzie, com pós graduação pela Universidade de São Paulo, de onde foi professor. Foi um dos professores fundadores do Instituto de Arte e Decoração (Iadê), importante na introdução da comunicação visual no Brasil, da Fundação Armando Alvares Penteado (FAAP). Segundo a biografia do arquiteto, disponível no site de seu escritório próprio, afirma que "(...)em seus projetos, a estética e a vivência predominam sobre o conteúdo. Quer outras soluções porque "as pessoas precisam viver um espaço novo". Além disso, "a marca pessoal dos projetos de Haron Cohen(...) liga-se diretamente à sua concepção de organização do espaço. (...) Da necessidade de encontrar uma destinação de uso que as façam se sentirem bem". (Disponível em http://haroncohen.com/perfil.htm). Não obstante, destaca-se a grande quantidade de projetos de museografia desenvolvidas pelo arquiteto, obras de arte na Bienal, curadoria de exposição junto ao Museu de Arte Sacra, além de projetos ligados à "requalificação" da região da Luz, como o Café da Sala São Paulo, instalado no interior dos Escritórios da E.F. Sorocabana que foram convertidos na sala de concertos Sala São Paulo, vizinha do *Antigo Dops*, cuja intervenção foi contemporânea.

16 LO TURCO, Ivanise. *Exemplo de reconversão arquitetônica: da Estação da Sorocabana ao Museu do Imaginário do Povo Brasileiro (1914 a 2002)*. Dissertação (Mestrado em Arquitetura e Urbanismo). Faculdade de Arquitetura e Urbanismo, Universidade Presbiteriana Mackenzie, São Paulo, 2002, p.111.

(...) ao assumir o projeto, o arquiteto verificou que as celas usadas pelos presos políticos não mais preservavam suas características, marcadas pelos fatos da época, porque durante 10 anos o prédio foi ocupado pelo DECON (...) causando a destruição do histórico político ali registrado durante anos.[17]

Acrescenta ainda que "(...) o projeto apresentado pelo arquiteto Haron Cohen, não traz muitas modificações de ordem estrutural relacionadas ao projeto original (...)"[18] e que portanto segue as diretrizes da Carta de Veneza.

A forma de apresentar argumentos contrários ou favoráveis às afirmações anteriores foi estudar o processo que documentou as obras. Analisando o Processo nº 36924/1997 do Condephaat, relativo às obras no edifício, buscou-se confirmar tais reflexões da autora. O processo foi iniciado administrativamente quando as obras já haviam começado no edifício (fim do ano de 1997), sem autorização prévia do conselho estadual. Quando instada pelo Departamento de Patrimônio Histórico do município de São Paulo acerca das obras que aconteciam no edifício sem autorização também do conselho municipal,[19] a área técnica do Condephaat informou que desconhecia o andamento de obras no local, e que o projeto passava por reelaboração de acordo com diretrizes estabelecidas em acordo com a empresa de engenharia, em dezembro de 1997.[20]

No ano seguinte, o Diretor Técnico no Condephaat José Guilherme Savoy de Castro apresentou um relatório ao Gabinete do Secretário da Cultura afirmando a necessidade de readequação do projeto e da preocupação acerca do prosseguimento das obras sem a autorização do Condephaat, sugerindo que a Secretaria fosse prontamente oficiada da situação irregular das obras.[21] Acompanhou este parecer uma minuta explicativa apontando quais elementos de projeto deveriam

---

17 LO TURCO. *Op. cit.*, p.109.

18 *Idem* p. 102.

19 Conselho Municipal de Preservação do Patrimônio Histórico, Cultural e Ambiental da Cidade de São Paulo (Conpresp), que por meio da Resolução 44/92 abriu estudo de tombamento de diversos imóveis na região, incluindo o Edifício do *Antigo DOPS*. Nesse sentido, qualquer intervenção deveria ser previamente aprovada também por aquele órgão.

20 FERREIRA, Roberto Leme. Parecer. In: *Condephaat*. Processo 36924/1997, volume III, fls.442-443.

21 CASTRO, José Guilherme Savoy de. Parecer. In: *Condephaat*. Processo 36924/1997, volume III, fls.469-471.

ser readequados, por criarem "pontos de embate com a edificação original, seja pelo não entrosamento entre forma e função, seja pela supressão de elementos estruturais definidores da integridade do edifício.[22]

Os conflitos apontados por Savoy de Castro eram: 1. As dimensões propostas para o auditório resultariam na ocupação integral do pavimento térreo que prejudicaria a instalação do "Memorial do Cárcere", além de obrigar a remoção da laje no primeiro piso no módulo central do edifício, com remoção de vigas e pilares; 2. Ocupação do módulo central no quinto andar, desprovido de qualquer interferência visual, por setores de administração que criariam obstáculos à fruição visual do espaço livre; 3. Ocupação inadequada às proporções espaciais dos módulos laterais do quarto andar; 4. Instalação de Elevadores nas prumadas verticais em substituição às escadas e elevadores originais ainda existentes no edifício. O destaque é importante porque explicam algumas alterações que foram executadas e implicam em sérios danos ao patrimônio e à memória, que serão discutidos adiante.

Diante das questões apresentadas pelo Diretor, o Presidente do Condephaat Carlos Heck,[23] foi enviou uma informação para a Secretaria de Cultura, datada de fevereiro de 1999, solicitando que sua Assessoria de Obras da Secretaria contatasse a Diretoria do Setor Técnico de Conservação e Restauro do Condephaat para prosseguimento das obras com o acompanhamento do órgão, mas não solicitou a paralisação das obras até a adequação do projeto e aprovação pelo Conselho. Somente em agosto de 2000 é que a obra foi aprovada pelo Condephaat,[24] a despeito da resistência de José Guilherme Savoy de Castro.

Embora a obra tenha sido aprovada, ela ainda persistiu como um tema incômodo ao Condephaat. Isso porque, em 2001, o Iphan – Instituto do Patrimônio Histórico e Artístico Nacional, órgão federal de preservação –, registrou um Boletim de Ocorrência denunciando a obra no Antigo DEOPS por ausência de autorização para sua execução. Essa denúncia resultou no embargo da obra e no

---

22 CASTRO, José Guilherme Savoy de. Minuta de Parecer Técnico. In: *Condephaat*. Processo 36924/1997, volume III, fls.478-479.

23 Carlos Henrique Heck é arquiteto e atualmente professor da Universidade Presbiteriana Mackenzie. Na década de 1970 esteve ligado à Ação Libertadora Nacional (ALN) e em 1971 foi preso pelo DOI-CODI; aguardou julgamento pela Justiça Militar no Presídio Tiradentes. Embora tenha este histórico, sua atuação na preservação deste edifício, tanto no Condephaat como no Iphan, foi bastante diferente daquilo que se esperava de uma figura que teve participação ativa na luta contra a Ditadura.

24 Condephaat. Ata nº1186 da Sessão Ordinária de 28 de agosto de 2000.

176 DEBORAH R. L. NEVES

Inquérito Civil 077/01, no qual a Secretaria da Cultura figurava como investigada. O referido Inquérito tinha por princípio investigar a questão da eliminação das inscrições nas paredes, tidas como a principal característica de identificação da história política que permeava o edifício.

Em uma das reuniões entre Condephaat, Iphan e Conpresp – que só aconteceram por conta da existência deste Inquérito –, José Saia Neto, representante do órgão federal, questionou se era "(...) possível reverter as paredes do cárcere ao original, removendo o revestimento feito recentemente." A resposta de Bento Carlos Martinez Neto, engenheiro e representante da Secretaria de Cultura, foi que "(...) as paredes já foram encontradas totalmente descaracterizadas quando da posse do imóvel pela Secretaria da Cultura",[25] sustentando a argumentação de Haron Cohen.

Em nova reunião entre os três órgãos de preservação, em julho de 2001, ocorreu uma reviravolta. José Saia Neto informou que o embargo da obra por parte do órgão que representava deixou de existir por aprovação em reunião, em sentido contrário ao defendido até então. De fato, no volume V do processo de Obras do Condephaat, consta o Ofício 336/2001 da Superintendência Regional do Iphan em São Paulo, assinado por José Saia Neto, informando que boa parte dos problemas referentes à obra havia sido resolvida. Entretanto, em 2003, Saia Neto relata "(...) a ocorrência de pressões políticas 'constrangedoras' para a aprovação do Iphan (...)".[26] Em busca da origem de tais pressões políticas relatadas por Saia Neto, identificou-se que entre 1999 e 2002, Carlos Heck, que havia presidido o Condephaat quando da licitação e início das obras no Antigo DEOPS, atuou como Presidente do Iphan, período em que a obra foi também aprovada naquele órgão. O único órgão que nunca aprovou a obra executada foi o DPH.[27]

---

25 Ata de Reunião de 25 de maio de 2001. In: *Condephaat*. Processo 36924/1997, volume IV, fls.636-637.

26 MINISTÉRIO PÚBLICO DO ESTADO DE SÃO PAULO. Ação Civil Pública ambiental reparatória de danos ao patrimônio histórico e à memória nacional. Inicial, p.13. Disponível em http://www.mpsp.mp.br/portal/page/portal/noticias/publicacao_noticias/2013/janeiro_2013/2013%2001%2010%20MP%20pede%20indeniza%C3%A7%C3%A3o%20por%20reforma%20que%20descaracterizou%20a%20Esta%C3%A7%C3%A3o%20Pinacoteca.pdf, acesso em 04/10/2013. Em um texto livre, datado de junho de 2001 e inserido no processo de tombamento do Iphan, José Saia Neto expõe seu descontentamento com as obras realizadas não só no edifício do DEOPS, mas também no edifício da Estrada de Ferro Sorocabana que também abriga a Estação Júlio Prestes.

27 Em ata de Reunião realizada pelo Ministério Público Estadual no âmbito do Inquérito Ci-

A PERSISTÊNCIA DO PASSADO   177

Nesse ínterim, em 21 de dezembro de 2001 constatou-se que a Universidade Livre de Música não poderia ser instalada naquele edifício conforme os projetos apresentados em decorrência das adequações sugeridas pela área técnica do Condephaat. Em uma análise do projeto físico-financeiro, a Assessoria de Obras da Secretaria da Cultura informou que "(...) as alterações (...) especialmente a retirada das paredes acústicas, inviabilizam a implantação da Escola Superior de Música, no antigo prédio do DOPS, devendo ser reavaliado o uso do espaço público".[28] Não obstante este problema técnico, a viabilidade financeira do projeto ficou prejudicada, já que a previsão inicial de gastos girava em torno de R\$9 milhões, e com as alterações propostas e a dilatação do prazo de execução da obra, esse valor superou os R\$17 milhões, ultrapassando o limite legal para aditamentos, cujo aumento permitido no orçamento é limitado a 50% sobre o valor original do contrato.

Com a ocupação pretendida prejudicada, "surgiu" a proposta de ocupação do prédio do *Antigo DOPS* pelo Museu do Imaginário do Povo Brasileiro, apresentada em tempo recorde pela Secretaria de Cultura. Entre a comunicação da Assessoria de Obras da inviabilidade da Universidade de Música e a publicação da Resolução SC-79/2001, decorreram apenas sete dias. Esta Resolução designava seis pessoas para compor uma comissão para "avaliação do prédio do antigo DOPS para a instalação do Museu do Imaginário do Povo Brasileiro".[29] Para esta instalação – cuja qual será tratada em detalhes adiante – novo projeto foi apresentado e, em 15 de dezembro de 2003, o Condephaat aprovou "o projeto de reforma e restauro executado no edifício".[30] Aprovou-se, portanto, uma obra *as built* (da

---

vil 077/01 em 02/03/2011, Walter Pires, diretor do DPH afirma que "as obras executadas para a instalação da Estação Pinacoteca no edifício investigado jamais foram aprovadas pelo Conpresp". No mesmo sentido, Cássia Magaldi, também do DPH informa que "(...) os três setores técnicos dos órgãos de preservação constataram por diversas vezes os danos ao patrimônio histórico (...) que cerca de 80% da fachada do edifício foi devidamente recuperada, mas que muito pouco foi preservado no seu interior (...).". MINISTÉRIO PÚBLICO ESTADUAL. Promotoria de Justiça do Meio Ambiente da Capital. Ata de Reunião IC 077/01. In: *Condephaat*. Processo 36924/1997, volume VI, fls. 1129-1130.

28   SECRETARIA DE ESTADO DA CULTURA. Informação ao Chefe de Gabinete prestada pelo Eng° Edson Caram. In: *Condephaat*. Processo 36924/1997, volume V, fl.913

29   SECRETARIA DE ESTADO DA CULTURA. Resolução SC-79 de 28 de dezembro de 2001. Designando comissão para avaliação do prédio do antigo DOPS para a instalação do Museu do Imaginário do Povo Brasileiro.

30   Condephaat. Síntese de decisão do Egrégio Colegiado. Sessão Ordinária de 15 de dezem-

forma executada), sem qualquer sanção ou crítica à qualidade do restauro – como a demolição de celas preservadas pelo tombamento (na lateral direita do prédio), a remoção do revestimento que continha inscrições de detidos e a substituição dos elevadores.

Embora os relatos de funcionários ligados à Secretaria de Cultura e ao Condephaat tenham informado reiteradamente que as inscrições de presos já tinham sido removidas antes da entrega do edifício à Secretaria, não havia absoluta certeza desta informação, já que no processo Condephaat não há sequer um relatório fotográfico da situação em que o prédio se encontrava quando foi transferido para a Secretaria, nem das condições anteriores à obra.

Foi necessário buscar em outras fontes informações sobre tais condições. Matérias de jornal datadas de 1998 mostravam que as celas estavam intactas quando do anúncio de transferência do edifício da Secretaria de Segurança Pública para a Secretaria de Cultura.

Figura 63 – Reprodução da reportagem do jornal *O Estado de S. Paulo*, que aponta para mensagens e desenhos nas paredes das celas e para a presença de instrumentos de tortura no prédio do DEOPS. Fonte: *O Estado de S. Paulo*, São Paulo, 02 abr. 1998. Caderno Cidades, p. C7.

---

bro de 2003, Ata nº 1315. In: *Condephaat*. Processo 36924/1997, volume V, fl.934

Destaca-se nesta matéria o subitem "Memorial", transcrito a seguir:

> A construção da nova escola não apagará, no entanto, todas as marcas dos tempos de repressão. Uma parte do prédio do Dops, as seis celas onde ocorriam as torturas, permanecerá intacta. O espaço, no andar térreo, será transformado em Memorial do Cárcere.
>
> Depois de concluída a reforma, o espaço será aberto pela primeira vez à visitação pública. Mensagens e desenhos gravados nas paredes durante os anos 70 poderão ser vistos nas celas. Alguns instrumentos de tortura enferrujados, como uma máquina de dar choques, ainda podem ser vistos no local.
>
> Segundo o Secretário da Cultura, Marcos Mendonça, a intenção ao manter as celas intactas é gravar a memória do período mais trágico da história recente do país. (…)[31]

Esse também é o relato de Elza Ferreira Lobo, que ficou presa no DOPS na década de 1970 e que visitou as dependências do edifício quando da assinatura da transferência, em 1997. Em entrevista à socióloga Gisele Maria Ribeiro de Almeida, Lobo afirma que "Esteve no prédio do DOPS (…) na solenidade em que o então governador, Mário Covas, assinou o decreto que passou o prédio para a Secretaria da Cultura e neste momento, a emoção teria sido maior porque as celas estavam mais parecidas com a época em que foi presa lá. (…)".[32] Ao encontro destas declarações está o relato a seguir:

> "Os ex-prisioneiros políticos Gregório Gomes Silvestre, trabalhador rural de 56 anos, e Alípio Freire, jornalista de 53, fizeram questão de retornar ao antigo prédio do Dops antes do início das obras. (…) Silvestre não parecia estar à vontade, mas ficou emocionado ao ver os rabiscos feitos por presos nas paredes da cela 4, em que Freire ficou por três meses.
>
> 'Como o prisioneiro político ficava detido sem mandado judicial, em uma espécie de sequestro, era importante deixar registrada a passagem pelo lugar', explica o jornalista".[33]

---

31 MOREIRA, Ivana. Antigo prédio do Dops será academia de música. *O Estado de S. Paulo*, São Paulo, 02 abr. 1998. Caderno Cidades, p. C7

32 ALMEIDA, Gisele Maria Ribeiro de. *As esperanças do passado*, p.74.

33 BRANDÃO, Francisco. Prédio do Dops será transformado em Centro Cultural. *O Estado de S.*

180   DEBORAH R. L. NEVES

Entre 29 de agosto e 26 de setembro de 1999 o prédio recebeu a exposição "Anistia – 20 anos", em comemoração ao aniversário da Lei 6.683 – conhecida como Lei de Anistia – promulgada em 28 de agosto de 1979. A exposição, organizada pelo Arquivo Público do Estado de São Paulo, contava com a exibição de 50 painéis que reuniam textos, fotografias, reproduções de documentos policiais, cartazes e jornais, apresentando o contexto político que levou à edição da referida Lei. Na data da abertura da exposição, pessoas que estiveram detidas durante a Ditadura, políticos, religiosos e familiares de desaparecidos marcharam entre o Arco do Presídio Tiradentes e a antiga sede do DEOPS paulista – refazendo, simbolicamente, o caminho percorrido por presos políticos no período da Ditadura.

A cerimônia no edifício em reforma contou com um ato ecumênico – para a "purificação" do local, como desejava Belizário dos Santos –, a assinatura de convênio para a criação do "Programa Estadual de Proteção à Testemunha", e também do projeto que previa a reparação financeira de pessoas torturadas ou presas por razões políticas.[34] Ao chegar ao prédio do Largo General Osório, o grupo deparou-se não somente com as imagens da exposição, como também com as alterações promovidas pela obra de Cohen e da Secretaria da Cultura, como observado nas imagens a seguir.

Não obstante, a caminhada entre o Arco do Presídio Tiradentes e o DOPS empreendida em 1999 tem valor simbólico importante, porque retrata os passos dos presos políticos durante a Ditadura, e aponta a importância de haver uma indicação de nexo causal entre os dois edifícios tombados, que hoje inexiste.

Paulo, São Paulo, 23 mar. 1998. Caderno Seu Bairro – Norte, ano 4, nº210, p. Z7. Grifo nosso.

34   Comemoração dos 20 anos da lei começa hoje com ato em São Paulo. Folha de São Paulo, 23 ago. 1999, Caderno Brasil, p.7.

Figura 64 – Fachada frontal do edifício já em reformas, com os cartazes de anúncio da exposição "Anistia 20 anos". Foto: Arquivo Público do Estado de São Paulo.

Figura 65 – Marcha na Av. Tiradentes. Em destaque, o Rabino Henry Sobel, conhecido por sua atuação em defesa dos direitos humanos, segurando um cartaz com fotos de desaparecidos. Foto: Arquivo Público do Estado de São Paulo.

Figura 66 – Parte da exposição no interior do edifício do Antigo Dops, com poucas alterações produzidas pela reforma. Foto: Arquivo Público do Estado de São Paulo.

Figura 67 – Os Senadores Eduardo e Marta Suplicy em visita a uma das celas, já totalmente rebocada. Foto: Arquivo Público do Estado de São Paulo.

Como se observou a partir da investigação no processo de obras, a tese defendida por Lo Turco, de que o "projeto trazia poucas modificações estruturais" não procede, uma vez que a execução da obra tal como pretendida foi prejudicada justamente porque a proposta de Cohen realizaria profundas alterações no edifício, inclusive de ordem estrutural, conforme apontava relatório da área técnica. O que se depreendeu após a análise dos documentos constantes do processo de obras no Condephaat foi a inviabilidade financeira da Universidade de Música; o fato de haver um Inquérito Civil em andamento pode ter sido um fator político agravante para o abandono da proposta. Todavia, o dano material ao patrimônio já estava consolidado e a reversão era impossível do ponto de vista técnico.

A PERSISTÊNCIA DO PASSADO

É esse o entendimento da arquiteta Lucilena Whitaker de Mello Bastos,[35] que elaborou um parecer técnico a pedido do Ministério Público de São Paulo, no âmbito da Ação Civil Pública movida contra do Governo do estado de São Paulo em virtude das descaracterizações promovidas no edifício do DEOPS quando da execução das obras de "restauro". Segundo seu parecer,

> Não há dúvidas de que [a obra] gerou graves danos ao bem tombado porquanto foram eliminadas, irrefletida e arbitrariamente, informações importantes sobre ele: de um lado, a substituição de pisos e revestimentos das paredes, que mantinham vivas as origens do edifício, ou seja, um armazém de estrada de ferro, e de outro, as de caráter histórico-documental constituído pelas inscrições nas paredes das celas. Enfim, os autores da pseudo restauração foram incapazes de apreender o bem tombado como um documento histórico. Seria o caso de se indagar: em nome do que alguém se acha no direito de apagar, de eliminar parte da memória coletiva, reconhecida com justeza no ato do tombamento?

> (...)

> As inscrições não existem mais. Foram removidas assim como outros elementos que havia nas celas, numa autêntica operação de maquiagem: desapareceram os canos que serviam de chuveiro, as bacias turcas e os pequenos lavatórios.

> (...)

> Quando se está no interior do prédio, não há nada que nos faça lembrar o seu significado histórico, nem mesmo as celas do Memorial da Liberdade, a começar da remoção das inscrições das paredes.

> É o interior de um edifício qualquer, em qualquer local da cidade, sem nada de singular que o distinga de outros prédios, pela sua condição de bem tombado.[36]

---

35 Lucilena Bastos é arquiteta e trabalhou no Condephaat na década de 1980, quando instruiu o processo relativo ao tombamento do DEOPS. Atualmente, Bastos é Assessora Técnica (perita) do Centro de Apoio Operacional das Promotorias de Justiça de Urbanismo e Meio Ambiente, vinculado ao Ministério Público de São Paulo.

36 BASTOS, Lucilena W. M. Parecer Técnico. Protocolado nº 0153/03. Ministério Público do

184 DEBORAH R. L. NEVES

Interessante destacar as percepções sobre o espaço do edifício e as condições em que essas se dão. No ano de 2002, o mesmo jornal *O Estado de S. Paulo* – que publicou informações acerca da presença das inscrições nas celas conforme apontado nos parágrafos anteriores – assimila a versão sustentada pela Secretaria da Cultura de que as inscrições foram prejudicadas pela ocupação do DECON durante as décadas de 1980 e 1990. Criava-se aí um novo imaginário sobre o estado de conservação do edifício, em especial das celas, que se perpetua até os dias atuais no Memorial da Resistência e que será demonstrado adiante.

> A Secretaria de Estado da Cultura concluiu a primeira fase da reforma do edifício, que abrigará um centro cultural e um memorial sobre as atividades do Dops durante o período repressivo. (...) Os cinco andares foram totalmente reformados, sem perder as características originais. A grande atração está no pavimento térreo. As celas, que abrigarão exposições sobre o período, foram reformadas, mas revelam ao visitante as condições em que eram tratados os presos políticos, que dividiam um espaço de 3,5 metros por 5,5 metros. O mesmo ocorria na área do banho de sol, um retângulo minúsculo coberto por grades. A ideia era preservar uma das celas, mas as várias utilizações do prédio, que na década de 80 abrigou a Delegacia do Consumidor (Decon), apagaram os escritos deixados pelos presos políticos nas paredes.[37]

Não foi diferente com a *Folha de São Paulo*. Em seu caderno "Ilustrada", o jornal faz uma apresentação destacada das exposições que inaugurariam o novo equipamento cultural, a Estação Pinacoteca, e em uma tira fala sobre o projeto arquitetônico e museográfico, enaltecendo-os. Sobre as inscrições, relata:

> Resgatando um passado bem anterior aos anos 1960, o futuro Museu do Imaginário do Povo Brasileiro *optou por evocar o prédio construído em 1914* por Ramos de Azevedo para armazéns e escritórios ferroviários, *em vez do uso feito pelo Departamento de Ordem Política e Social.*

Estado de São Paulo, Procuradoria de Justiça do Meio Ambiente da Capital. Assunto: Patrimônio Cultural – Bem Tombado – Intervenções – Antigo Prédio do DOPS, situado no Largo general Osório, 66, 86, 120 e 136, Bairro da Luz, São Paulo – SP IC 077/2001 – 4ª PJMAC, 2003. Agradeço ao Promotor Luiz Proença pela disponibilização de documentos.

37 LOPES, Marcus. "Quase pronto o centro cultural no prédio do Dops". *O Estado de S. Paulo*, São Paulo, 16 jan. 2002. Caderno Cidades, p. C2. Grifo nosso.

> (...) As marcas do período militar estão atrás do museu, no alpendre adaptado pelo Dops, onde funcionará o Memorial da Liberdade, quatro celas, com suas portas e janelas gradeadas servem de registro do passado carcerário.

> O Secretário da Cultura, Marcos Mendonça, 57, lembra que após a extinção do Dops (83), o prédio passou a abrigar o Departamento de Polícia do Consumidor. 'Virou prisão de muambeiro', diz, contando que os *rastros como inscrições nas paredes, foram apagados com o uso do lugar pelo Decon*.[38]

Embora as celas fossem a "grande atração", a mudança no discurso sobre este espaço demonstra os conflitos que permearam não só a obra de reforma, mas também toda a questão sobre a ditadura militar no Brasil e as memórias que dela advém. Por que o jornal assumiu a postura do discurso oficial do Governo do Estado ao invés de apontar os problemas e o apagamento da memória, a rasura do documento histórico promovida pela reforma?

Outra reportagem de julho de 2002 de O Estado de São Paulo sequer menciona a questão das alterações nas celas. Seis meses foram suficientes para o jornal "esquecer" as modificações a que o edifício foi submetido, tratar de sua inauguração como uma questão desvinculada da história política da Ditadura e acabar com a polêmica acerca da reforma. Essa nova abordagem tratava do prédio como fruto do presente, de uma nova etapa da história. Era um discurso que favorecia ao Secretário de Cultura Marcos Mendonça, candidato a Deputado nas eleições daquele ano, que acelerou a entrega das grandes obras iniciadas em sua gestão (como a Sala São Paulo e o Memorial da Liberdade).

> Existem histórias do Departamento de Ordem Política e Social (Dops) que não são muito conhecidas e não têm nada a ver com os relatos de presos políticos do período da ditadura militar nos anos 60. (...) A ideia de restaurar o edifício projetado por Ramos de Azevedo e dar a ele um uso bem diferente daquele que "consagrou" a construção vinha sendo amadurecida. Em 2000, a fachada foi restaurada. Em 2001, o arquiteto Haron Cohen iniciou a transformação do prédio em um museu. Amanhã à noite, o governador Geraldo Alckmin entrega a obra pronta. É lá que o secretário de Cultura Marcos Mendonça, espera

---

38 ANGIOLILLO, Francesca. "Projeto foca período anterior à repressão". *Folha de São Paulo*, São Paulo, 03 jul. 2002. Caderno Ilustrada, p. E1. Grifo nosso.

montar o Museu do Imaginário do Povo Brasileiro até o fim do ano. (...) *A ideia, diz o secretário, é usar o espaço para celebrar a liberdade,* por meio de exposições. *Cohen diz que procurou eliminar lembranças da repressão.* Mendonça, que tem ficha no Dops, afirma que sempre sonhou em *fazer do prédio um "espaço de felicidade".*[39]

A matéria publicada apresenta alteração estratégica na interpretação dos fatos, como dizer que a obra foi "amadurecida" paulatinamente, afirmar que a fachada foi restaurada antes da reforma empreendida no interior do edifício, que as obras foram destinadas a instalar um museu e que as celas ficavam no subsolo do prédio, que sequer existe. Mas o principal "erro" é promover uma memória equivocada sobre o local, sonegar ao leitor o direito de se informar sobre todo o problema e histórico que permeava aquela inauguração, corroborando com a eliminação de "lembranças do passado de repressão" e com a visão da criação de um "lugar de felicidade". Forjava-se um consenso sobre um espaço cujo conflito era intrínseco.

Isso demonstra que a imprensa faz a crítica apenas em algumas situações. No caso da reforma do DEOPS, a postura de parte da imprensa escrita – no caso os jornais *O Estado de S. Paulo* e a *Folha de São Paulo* – foi a de conivência com as alterações produzidas no espaço. É importante destacar tal postura, pois ela foi determinante na produção da imagem pública do Condephaat bem como acerca da reforma empreendida e suas decorrências.

---

39   PORTELLA, Andréa. Dops renovado: prédio do terror abriga mostras. *O Estado de S. Paulo*, São Paulo, 03 jul. 2002. Caderno Cidades, p. C6. Grifo nosso.

Figura 68 – Inauguração do Memorial da Liberdade.
Foto: Fernando Braga. Acervo Arquivo do Estado de São Paulo (aprox.2002)

A intenção inicial da Secretaria em preservar as celas, destruídas ao longo do processo de reforma, foi logo substituída por uma posição não somente de negação sobre os danos causados, como também silenciou a discussão sobre a existência da materialidade de remanescentes do cárcere. Mas relatos pessoais e registrados na imprensa sustentavam que havia a "materialidade", "rastros" – nas palavras de Jelín e Langland – deixados por quem esteve ali detido, embora funcionários da Secretaria de Cultura, o arquiteto Haron Cohen e membros do Condephaat insistissem em afirmar que não havia mais nada que restasse da década de 1970 no local, contrariando a declaração prestada pelo próprio Secretário da Cultura em 1998.

Diante desse confronto de informações, empreendeu-se buscas ao acervo fotográfico do Arquivo do Estado de São Paulo, a fim de identificar a existência de imagens que encerrassem a discussão sobre a existência de escritos nas paredes e configuração espacial remanescente da ditadura. Localizou-se então um jogo de fotografias internas e externas, datadas de 1999, no período em que a obra de Cohen estava em fase inicial, em que é possível ler inscrições nas paredes que datam das décadas de 1960 e 1970, contradizendo o arquiteto e confirmando os testemunhos de ex-presos. As imagens a seguir constituem importante registro e fonte documental que legou alguma memória sobre como realmente era o espaço.

Figura 69 – Foto das inscrições no interior das celas do DEOPS. Nela podem ser vistas 4 datas distintas: xx-6-78 (lado superior esquerdo); 29/09/79 (centro da foto), acrescido das inscrições ELCA ARICA Chile-Peru; 20/8/81 (lado inferior esquerdo); 15/5/61(centro inferior), acrescido do nome Raul. Foto: Fernando Braga, outubro de 1999.
Acervo do Arquivo do Estado de São Paulo, Fundo ICO-ARQ, Caixa 16.

Figura 70 – Foto das inscrições no interior das celas do DEOPS. Nela destacam-se duas inscrições: Os nomes "Waldomiro" e "Huri" e a data 15-6-78. Na parte central logo abaixo, aparenta haver a inscrição do ano "78" Foto: Fernando Braga, outubro de 1999.
Acervo do Arquivo do Estado de São Paulo, Fundo ICO-ARQ, Caixa 16.

A PERSISTÊNCIA DO PASSADO 189

Figura 71 – Foto de inscrições no interior das celas externas do DEOPS, demolidas. Nela destaca-se o desenho de um rosto e a frase "Argentina Presente". Foto: Fernando Braga, outubro de 1999. Acervo do Arquivo do Estado de São Paulo, Fundo ICO-ARQ, Caixa 16.

Figura 72 – Foto de inscrições no interior das celas do DEOPS. Nela destacam-se a frase "Jesus Cristo está com nós" e a data 19-01-73. Entre as inscrições, está o símbolo da ALN (círculo com uma cruz que o perpassa – "alça de mira") Foto: Fernando Braga, outubro de 1999. Acervo do Arquivo do Estado de São Paulo, Fundo ICO-ARQ, Caixa 16.

190   DEBORAH R. L. NEVES

Essas imagens estão disponíveis ao acesso público e comprovam a existência de remanescentes dos presos durante a ditadura, mas até então, desconhece-se a utilização delas como prova material junto à justiça e mesmo como fonte primária em outras pesquisas. Trata-se, portanto, de uma contribuição à discussão dos fatos promovidos pelas obras de reforma. E mais, são materiais que demonstram a existência de vestígios nada estudados e pouco documentados, que foram suprimidos durante a reforma. Não há, tampouco, divulgação ampla sobre a existência dessas fotografias no Arquivo do Estado ou uso delas na exposição do Memorial da Resistência.

Entendemos, portanto, que diante da mudança de discurso sobre o local, as demolições estratégicas e as reformas que alteraram o edifício enquanto documento histórico, não foram empreendidas ações de restauro. Os valores acrescidos ao prédio ao longo de sua existência não foram considerados como evidências históricas, como bem inseparável de sua história, da qual é testemunha e não contou com estudos de áreas técnicas das diversas áreas, como a História e a arqueologia, de modo que o julgamento do valor destes elementos, ao contrário do que preconiza a Carta de Veneza, dependeu apenas do critério do autor do projeto. Só por essas razões, esse projeto não é legítimo de ser considerado um exemplo positivo.

Mas ao invés de ser objeto de críticas e rechaço, o projeto recebeu elogios, ocultamento e conivência sobre seus vícios e obstruindo o debate público sobre o tratamento de locais históricos ligados a memórias difíceis. A Secretaria da Cultura permitiu e corroborou com a execução de reforma mutiladora no edifício do DEOPS e também se calou diante da demolição da Casa de Detenção do Carandiru em 2002–[40] embora este fosse projeto do Escritório de Ramos de Azevedo tal qual o Deops. Ficou claro que não havia interesse do Condephaat em problematizar historicamente a ocupação destes edifícios e sua importância histórica e social. Sobre o resultado da reforma, José Saia Neto escreveu o seguinte:

Sobre o impacto promovido pelas alterações, José Saia Neto escreve, em 2001:

> (…) Mas não sejamos impertinentes, primeiro vamos conhecer o Memorial, já que as obras estão praticamente prontas, falta apenas instalar painéis e telas.
>
> Me preparo (sic) para enfrentar os espartanos, grosseiros e mal cuidados espaços das celas; nas suas paredes, as marcas do sofrimento, da solidão, da ansiedade, e ainda os últimos registros do desespero

---

40   No ano de 2002, um cidadão ingressou com pedido de tombamento da Casa de Detenção do Carandiru (Processo 00816/02). O Condephaat não se manifestou até o ano de 2012, dez anos após a demolição, quando deliberou pelo arquivamento do pedido.

> de quem sabia que não mais veria parentes, amigos e companheiros; pressinto o odor ferido das latrinas, do sangue e do vômito; sentirei o calor sufocante ou o frio que faz doer os ossos; fiquei alerta para talvez ouvir o eco daqueles inesquecíveis sons.
>
> Estranhamente, nosso guia nos conduz para fora do prédio, damos a volta e passamos por uma entrada nova, exclusiva para o Memorial. Cruzamos uma moderna porta de vidro; andamos sobre um piso liso e bem acabado; vemos paredes cuidadosamente revestidas, emassadas e pintadas; passamos por um moderno e prático banheiro (a minha ingenuidade me alerta para o fato que alguns tem o estômago fraco); as portas internas estão arrematadas por guarnições; o novíssimo forro de gesso está impecável, e, se não fosse pelo apagão, o ar condicionado exigiria blusa de mangas compridas neste início de inverno.
>
> Tento, mas não consigo reconhecer as celas; me esforço, mas a sensação que tenho é que o guia, por meio de algum hábil artifício, me conduziu a uma perversa caricatura tridimensional de um local que, para mim, era parte de um importante documento.[41]

Como forma de comparar as transformações às quais o espaço foi submetido, seguem-se fotos realizadas em distintas fases do edifício, especialmente entre 1999 e 2002, período em que as obras na parte interna ocorreram, sendo relevantes para a reflexão acerca daquilo que se perdeu em termos de conhecimento histórico com a reforma não orientada a este olhar. Essas fotos, também arquivadas no Arquivo Público do Estado de São Paulo sem classificação, foram encontradas durante esta pesquisa e representam prova material que não foi acessada por nenhum dos órgãos de preservação, constituindo importante documento para observar as contradições entre o dito e o executado. Elas reafirmam as suspeitas de técnicos que se opuseram às obras em algum momento, como o Parecer de Diretrizes elaborado pelo DPH em dezembro de 2000, que afirma que as obras

> Ocorreram, sem qualquer CRITÉRIO aparente e sem qualquer DOCUMENTAÇÃO (que se conheça), demolições não só de elementos construtivos (pisos, revestimentos de paredes, etc), mas de partes inteiras do edifício (como é o caso da área coberta originalmente anexa à planta térrea), que muito provavelmente constituíam componentes

---

41   SAIA NETO, José. Texto sem título. São Paulo, junho de 2001. Acervo Processo Iphan.

originais de sua arquitetura. Ocorreram, também, descaracterizações nas celas dos antigos cárceres, o que, imprudentemente, contraria a própria intenção de caracterizar esse conjunto como documento histórico ("memorial").[42]

Saliente-se que a completa raspagem das paredes das celas inviabilizou qualquer identificação de vestígios de ocupação prisional, conforme mostram as fotos 76 e 79, a seguir, e não revelou qualquer material mais significante em substituição às inscrições, apenas tijolos.

Figura 73 – Imagem aérea do edifício antes da reforma. É possível observar a parte da carceragem externa (fundão), anexada ao lado direito do prédio principal, que durante a reforma foi completamente demolida. Ao lado esquerdo, também no fundo do lote, estava um anexo previsto no projeto original, que também foi demolido durante as reformas.
Foto: Acervo Arquivo Público do Estado de São Paulo.

---

42   PIRES, Walter; SALES, Pedro M. R. Parecer de Diretrizes. *Comunique-se* de 21 dez. 2000, *in*: DEPARTAMENTO DO PATRIMÔNIO HISTÓRICO DO MUNICÍPIO DE SÃO PAULO. Processo nº 2000.0.217.547-5.

A PERSISTÊNCIA DO PASSADO 193

Figura 74 – Planta do pavimento térreo (identificado como 1º Pavimento no original). Atenção para edificação anexa e externa ao prédio principal, na parte posterior traseira. Ao lado Direito do desenho, consta na parte posterior do edifício área livre original, possivelmente uma área de embarque e desembarque, onde mais tarde foi estabelecido o corredor do banho de sol. Na planta principal, a área onde foram erigidas as celas.
Foto: Deborah Neves. Documento: Acervo Condephaat.

Figura 75 – Imagem da cela antes do início da reforma. Foto: Fernando Braga, 1999.
Acervo Arquivo do Estado de São Paulo.

Figura 76 – Foto de uma das celas, com o início das reformas.
Foto: Acervo Arquivo do Estado de São Paulo, circa 2000.

Figura 77 – Cela "restaurada". Foto: Memorial da Resistência. s/d.

Figura 78 – Corredor de banho de sol, antes do início das reformas.
Foto: Memorial da Resistência.

Figura 79 – O corredor durante as reformas, com as celas do fundão já demolidas.
Foto: Acervo Arquivo do Estado de São Paulo, circa 2000.

Figura 80 – Corredor "restaurado".
Foto: Memorial da Resistência.

Figura 81 – Segundo andar (bloco central) antes da reforma. Foto: Fernando Braga, 1999. Acervo Arquivo do Estado de São Paulo.

Figura 82 – Segundo andar (bloco central) após a implantação da Estação Pinacoteca (Coleção Nemirovsky). Foto: Márcio Fernandes, 2011. Acervo Agência Estado.

Figura 83 – Corredor das celas. A porta que dava acesso ao fundão já estava fechada por blocos. Foto: Fernando Braga, 1999. Acervo Arquivo do Estado de São Paulo.

Figura 84 – Corredor das celas após o "restauro". Repare que foi aberto um "dente" na parede da direita. A porta no fundo é apenas um simulacro. Foto: Carlos Beltrão, 2010.

Figura 85 – Segundo andar (bloco lateral) com a Delegacia de Estrangeiros, 1959.
Foto: Prontuário 126.204-B.

Figura 86 – Segundo andar (bloco lateral), no início das reformas. Fernando Braga, 1999. Acervo Arquivo do Estado de São Paulo.

Figura 87 – Segundo andar (bloco lateral), com a Estação Pinacoteca implantada (Gabinete de Gravura Guita e José Mindlin). Foto: Maristela Salvatori, 2012

Casino de Oficiales

Como já estudado em capítulos anteriores, o complexo da ESMA possui 35 edifícios que serviam a diferentes usos pela Marinha, mas era no *Casino de Oficiales* que ficavam os detidos pelo Grupo de Tarefas 3.3.2. Entre 1976 e 1978, países da Europa, Estados Unidos e as Nações Unidas receberam denúncias sistemáticas da existência de vários centros clandestinos de detenção, onde pessoas eram mantidas sequestradas sem contato com seus familiares, torturadas e assassinadas. A partir de então, as relações diplomáticas e auxílios financeiros e militares foram

200 DEBORAH R. L. NEVES

afetados ainda que o governo militar procurasse desmentir tais versões e desqualificar os postulantes, por meio da classificação destes como "comunistas" em tom pejorativo, que intentavam desmoralizar a "Argentina Ocidental e Cristã". Nesse sentido, a posição oficial do Governo – em especial de Videla – era afirmar que "excessos" poderiam ter ocorrido como fatos isolados, numa tentativa de desvincular do Estado a prática da violação ao ser humano, minimizando a questão a uma conduta inadequada de alguns militares.

A primeira organização internacional a desembarcar na Argentina a convite de Videla foi a Anistia Internacional, em novembro de 1976, poucos meses após o golpe. Segundo informações contidas no Informe publicado pela organização após a visita, o objetivo da delegação da Anistia Internacional era "discutir com membros do governo os seguintes temas: número e identidade de prisioneiros políticos; denúncias de tortura suposta cumplicidade de policiais e militares em sequestros violentos e ilegais (...)".[43] Não obstante esta visita tenha sido franqueada por Videla, os delegados relataram intimidações, detenção de pessoas que prestaram informações, vigilância constante sobre os membros da Anistia e publicação de notícias que criaram factoides sobre a visita.[44] Esse comportamento das forças de repressão argentinas contribuiu para que a Anistia Internacional compreendesse as denúncias recebidas como verossímeis, já que liberdade da própria delegação esteve limitada.

Na oportunidade, a Anistia Internacional visitou alguns presídios e tentou conversar com presos, solicitação que lhe foi negada. Todavia, algumas pessoas foram autorizadas a ceder entrevistas – ainda que acompanhados por funcionários dos presídios – e prestaram informações sobre a existência de Centros Clandestinos de Detenção, incluindo em sua lista, a ESMA. Segundo o Informe,

> Existem muitas dificuldades para obter informação de primeira mão sobre esses estabelecimentos, não sendo a menor o fato de que, frequentemente, os prisioneiros permanecem encapuzados ou com uma venda sobre os olhos durante todo o tempo de sua detenção, a fim de que não reconheçam a seus capturadores ou a seus companheiros de cativeiro. Outras razões são que aqueles que têm a sorte de serem colocados em liberdade experimentam grande temor de fazer qualquer declaração pú-

---

43 AMNISTIA INTERNACIONAL. Informe de uma mision de Amnistia Internacional a la Republica Argentina. Barcelona: Editorial Blume, 1977, p.7. Disponível em http://www.ruinasdigitales.com/revistas/ddhh/Informe%20Amnistia%201976.pdf, acessado em 20 nov. 2013. Tradução livre da autora.

44 *Idem*, p.8-9.

blica; também o dado de que é praticamente impossível a organismos internacionais comprovar a localização dos centros de detenção, já que muitos deles se encontram em zonas de circulação restrita (...).[45]

O Informe prossegue descrevendo relatos de torturas, desaparecimentos e a repatriação forçada de exilados para seus países de origem, especialmente aqueles que também tinham no poder governos militares, como o Brasil. Finalizou com uma série de críticas ao Estado de Sítio permanente que se instalou no país, a ausência de liberdade e de garantias jurídicas e apontou recomendações. A recepção pelo governo e por parte da imprensa foi a esperada: Videla insistiu em caracterizar este informe como fruto de uma "campanha antiargentina",[46] e os jornais no mesmo tom, criticaram um dos delegados da Anistia por não ter concedido entrevista.[47]

Em setembro de 1978, Videla foi a Roma para a posse do Papa João Paulo I, e lá se encontrou com o vice-presidente dos Estados Unidos, Walter Mondale. Em conversa, Videla expôs as dificuldades pela qual seu país passava por conta da restrição de crédito imposta. Como forma de resolver a questão, o ditador argentino aceitou a proposta de receber no país a visita da Comissão Interamericana de Direitos Humanos (CIDH) para apurar as denúncias que também havia recebido e, em troca, os EUA liberariam créditos para a Argentina.

Assim, em setembro de 1979, a CIDH realizou uma visita ao país para inspecionar o cumprimento de tratados sobre Direitos Humanos e a veracidade das denúncias recebidas. Videla sabia da repercussão negativa da visita e por isso, desqualificou a inspeção realizada, apelando para sentimentos de patriotismo. Foi também uma maneira de prestar algum "esclarecimento" aos Estados Unidos, que propuseram a visita como condicionante à liberação de crédito.

A questão patriótica não ficou apenas no discurso do ditador. Uma das formas de desacreditar as denúncias foi a criação – por parte do Governo – de uma campanha "publicitária" cujo bordão era *"Los argentinos somos derechos y humanos"* (*Nós argentinos somos direitos e humanos*),[48] produzindo-se adesivos e bro-

---

45   AMNISTIA INTERNACIONAL. *Op. cit.*, p.43.

46   NOVARO, Marcos; PALERMO, Vicente. *A Ditadura Militar Argentina (1976-1983)*, p.386.

47   ANGUITA, Eduardo; CAPARRÓS, Martín. *La voluntad. una historia de la militancia revolucionaria en la Argentina*. Tomo 5 /1976-1978. 1ª Edicion. Buenos Aires: Booket, 2006, p.296-297.

48   Para esta campanha, foi reservado orçamento do Ministério do Interior, que convocou seis empresas gráficas para produzirem materiais publicitários, como adesivos, botons

ches com a frase. Essa campanha foi criada a partir de um dos temas que a CIDH abordou na referida visita: o tratamento dispensado aos detidos em presídios oficiais e também a investigação acerca da existência de Centros Clandestinos de Detenção, onde ficavam os presos políticos.

Figura 88 – Prova Gráfica do "Coração". Foto: Deborah Neves (set.2011).
Fonte: REPÚBLICA ARGENTINA. Ministério del Interior. Subsecretaria General. Proceso 330/79. Compras y Suministros. Archivo General de la Nación – Intermedio.

---

e bandeirinhas. A vencedora foi a empresa Libson S.A., com o orçamento aprovado de AR$23.000.000,00 (Resolucion 1695/79 do Ministerio del Interior), para produzir 50 mil corações e 200.000 adesivos em forma de bandeira argentina. Por muitos anos acreditou-se que este era um bordão criado pela classe média argentina, mas este expediente classificado como "Secreto" demonstra que se tratou de uma campanha iniciada pelo governo, cuja frase foi criada pela empresa Burson Marsteller, contratada em 1978 para melhorar a imagem de Videla. A Libson S.A. também havia vencido a licitação para produzir material promocional da Copa do Mundo de 1978, realizada na Argentina. Ver REPÚBLICA ARGENTINA. Ministério del Interior. Subsecretaria General. Proceso 330/79. Compras y Suministros. E também SEOANE, Maria. Somos derechos y humanos: como se armó la campaña. *Clarín*, 23 mar. 2006, Suplemento *El País*. Disponível em http://edant.clarin.com/diario/2006/03/23/elpais/p-01501.htm, acessado em 23 dez. 2013.

Figura 89 – Prova Gráfica da "bandeira". Foto: Deborah Neves (set.2011).
Fonte: REPÚBLICA ARGENTINA. Ministério del Interior. Subsecretaria General. Proceso 330/79. Compras y Suministros. Archivo General de la Nación – Intermedio.

Tal qual havia acontecido em 1976, com a visita da Anistia Internacional, os membros da CIDH foram hostilizados por parte população e por militares. As *Madres de la Plaza da Mayo* foram impedidas de marchar, e detidos que prestaram depoimentos sofreram ameaças e foram colocados em solitárias.

Mesmo sob forte pressão pública e política, a CIDH realizou vistorias em diversos locais para identificar as condições em que os presos viviam nos cárceres e também a existência de locais clandestinos onde as pessoas eram mantidas sequestradas.

De acordo com o Informe, um dos lugares vistoriados pela equipe da CIDH foi a ESMA, onde identificaram que havia "algumas partes em processo de reconstrução",[49] mas que, todavia, "durante as visitas referidas, a Comissão realizou uma inspeção em termos gerais, sem ter encontrado, em nenhum dos lugares visitados, evidências ou indícios da existência de detidos." Como a CIDH havia recebido também a informação de que os militares estavam transferindo os prisioneiros políticos destes centros clandestinos para instituições oficiais de detenção, decidiu por entrevistar pessoas presas por crimes comuns e também detidos por razões políticas, e constatou que o tratamento dispensado ao preso "comum" "é relativamente melhor que as condições e o regime em que se encontram submetidos os detidos por razões vinculadas à ordem pública ou segurança de Estado".[50]

---

49 COMISIÓN INTERAMERICANA DE DERECHOS HUMANOS. Informe sobre la situación de los Derechos Humanos en Argentina. Capítulo 5.C – Inspecciones en cárceles y otros centros de detención. Disponível em http://www.cidh.oas.org/countryrep/Argentina80sp/indice.htm, acessado em 12 dez. 2013. Tradução livre da autora.

50 COMISIÓN INTERAMERICANA DE DERECHOS HUMANOS. Informe sobre la situa-

Esse resultado das vistorias não foi ao acaso. Para receber a visita da comissão que avaliaria a veracidade das denúncias, os militares empreenderam operações de transferência de presos não só a outros centros oficiais de detenção, mas também a locais afastados e ermos. No caso dos presos da ESMA, a maioria dos detidos foi transferida para uma propriedade rural na zona norte da Grande Buenos Aires e também para uma ilha em Tigre. Aqueles poucos que permaneceram na ESMA foram vestidos com uniforme do pessoal da limpeza, a fim de enganar os representantes da CIDH e assim, desacreditar as denúncias apresentadas.[51]

Segundo depoimentos de pessoas que sobreviveram à ESMA e foram transferidas para a referida ilha sem venda nos olhos ou capuz sobre as cabeças, eles chegaram até o local por meio de lanchas da Prefeitura e se depararam com uma ampla propriedade pantanosa e com uma placa com a expressão "El descanso". Mais tarde, descobriu-se que o local pertencia à Igreja e servira de local de descanso para os bispos argentinos,[52] razão pela qual não havia identificação militar no local. Por terem sido transportados sem obstrução da visão, essas pessoas conseguiram identificar o lugar em ocasião posterior.[53]

Para provar à CIDH que as denúncias eram infundadas, uma das detidas que foi levada à ilha, Thelma Jara de Cabezas, foi obrigada a redigir notas à imprensa e cartas à sua família informando que havia fugido para o Uruguai e que não voltava porque tinha medo de "represálias" por parte de organizações armadas por sua deserção. Cabezas também foi obrigada, no Uruguai, a conceder uma entrevista para a revista "Para ti", informando que ela não esteve sequestrada ou desaparecida, mas apenas havia fugido.[54]

Foram utilizados diversos artifícios para evitar a denúncia pública e internacional das graves violações aos direitos humanos cometidos na Argentina durante a Ditadura. Entretanto, os informes da Anistia Internacional e da CIDH foram

---

ción de los Derechos Humanos en Argentina. Capítulo 5.C – Inspecciones en cárceles y otros centros de detención. Disponível em http://www.cidh.oas.org/countryrep/Argentina80sp/indice.htm, acessado em 12 dez. 2013.

51   CONADEP. Op.cit., p.137 e 139.

52   Mais informações sobre este local podem ser obtidas em VERBITSKY, Horacio. *El silencio*. Buenos Aires: Sudamericana, 2005.

53   PEREYRA, Ruben. "Las huellas en El Silencio". *Revista Veintitres*, 17 jul. 2013. Disponível em http://veintitres.infonews.com/nota-7094-sociedad-Las-huellas-en-El-Silencio.html, acessada em 23 dez. 2013.

54   CONADEP. Op.cit., p. 139.

publicados ainda durante o regime e tiveram ampla repercussão negativa no cenário mundial. Na Argentina, a publicação e a comercialização desses materiais foi proibida durante a Ditadura, embora os organismos de direitos humanos tenham tido acesso a exemplares clandestinamente.

Esses informes foram importantes para a consolidação das ações de investigação da CONADEP. Com sua vistoria à ESMA, realizada em 1984, foram identificadas algumas das mais evidentes alterações físicas realizadas no *Casino de Oficiales*. Nenhuma pesquisa aprofundada pode ser feita no local à época, já que o edifício ainda estava ocupado pelas instalações militares e que frustrariam qualquer tentativa de investigação.

Quase 20 anos depois, em 2003, essa perspectiva começou a mudar, quando o recém-eleito Presidente Néstor Kirchner declarou publicamente apoiar a criação de um Museu da Memória na ESMA. Tratava-se de uma nova perspectiva acerca da reparação simbólica em tempos de democracia[55] e de uma intenção de interpretação pública do passado recente, "expressa em uma série de disputas político-jurídicas sobre o domínio do terreno e o destino funcional da 'ESMA'",[56] como já discutido nos capítulos anteriores.

Entre janeiro e março de 2004, Kirchner participou de uma série de reuniões que resultaram na assinatura, em 24 de março de 2004, do *Acuerdo entre el Estado Nacional y la Ciudad Autónoma de Buenos Aires conviniendo el destino del prédio donde funcionara el CCD identificado como E.S.M.A.(Acordo entre o Estado Nacional e a Cidade Autônoma de Buenos Aires concordando com o destino do prédio onde funcionou o Centro Clandestino de Detenção (CCD) identificado como E.S.M.A.)*, com a finalidade de resolver os problemas jurídicos acerca da propriedade e para instalar o *Instituto Espacio para La Memoria* (IEM), criado em 2002.

A data – 24 de março – já havia entrado no calendário de manifestações públicas em frente a ESMA ao menos desde 1995, quando as *Madres de La Plaza de Mayo* foram marchando até a frente do prédio após a declaração de Alfredo

---

55   Tradução livre da autora. A primeira medida foi tomada por Raúl Alfonsín ao criar a CONADEP e abrir os Juizos às Juntas Militares, podendo ser entendidas como medidas de Verdade e Justiça. Carlos Menem agiu timidamente neste campo, reparando monetariamente pessoas ou familiares de atingidos pela ditadura.

56   GUGLIELMUCCI, Ana. *La consagración de la memoria. Una etnografía acerca de la institucionalización del recuerdo sobre los crímenes del terrorismo de Estado en la Argentina.* Buenos Aires, 2013, p.194.

Scilingo sobre os voos da morte.[57] Este dia também é marcado pelo aniversário do golpe de 1976, que foi apropriado pelos organismos de direitos humanos como uma data de luta.

Figura 90 – Multidão em frente à ESMA no dia da assinatura do Convênio, 24 de março de 2004. Foto: Gonzalo Martínez, Espacio Memoria y Derechos Humanos.

A assinatura do referido acordo foi realizada na ESMA, no edifício *Cuatro Columnas*, gerando reações positivas por parte dessas organizações e negativas por parte de militares, de pais de alunos que estudavam na Escola e de parte dos membros do Partido Justicialista, do qual Kirchner era parte.[58] Mas, mesmo diante de críticas, o convênio foi firmado diante de milhares de pessoas que estavam em frente à ESMA, reunindo grupos de defesa de Direitos Humanos das mais diversas correntes. É evidente a forma de condução pública e conjunta que o tema dos direitos humanos e da destinação da ESMA tinham na Argentina.

Na ocasião, Néstor Kirchner pediu perdão aos argentinos em nome do Estado, por todas as atrocidades cometidas durante a ditadura. A simbologia deste dia foi ainda reforçada pela retirada da foto de Jorge Videla, afixada numa parede do *Casino de Suboficiales* – refazendo o mesmo ato de horas antes, quando no Colégio Militar de Porto Belgrano, também ordenou a retirada das fotos de Videla e Roberto Bignone das

---

57   Sobre os "voos da morte" ver nota 229 no capítulo 3.

58   As manifestações não foram de forma alguma homogêneas. Para um relato detalhado das reações de cada um dos setores, ver o texto "Las conmemoraciones del 24 de marzo en la ESMA", no capítulo 4 de GUGLIELMUCCI, Ana. *Op. cit.*, p. 202-222.

paredes. Um ato simbólico em que o Presidente firmava um acordo com as Forças Armadas de que não se levantariam contra o povo argentino outra vez, e que evidenciava aos militares que as Armas são subordinadas ao Chefe do Poder Executivo.

Figura 91 – Momento em que o quadro de Videla é retirado da parede do *Casino de Suboficiales*.
Foto: *Archivo General de la Nación*. Dpto. Doc. Fotográficos. Argentina, 2004.

Logo depois os portões foram abertos ao público, formado especialmente por organizações de defesa dos Direitos Humanos que, uma vez dentro do terreno, depositaram cravos vermelhos,[59] bandeiras e cartazes nas escadas do edifício. Foi um momento também de reivindicação por Verdade, Memória e Justiça, pauta recorrente das organizações civis, e uma marcação pública de que mais que um ato particular do Presidente, tratava-se de uma vitória histórica dos militantes que por mais de duas décadas levaram suas pautas para a rua. Segundo Guglielmucci, muitas pessoas vagaram pelas instalações da ESMA "buscando vestígios de um passado onde não parecia haver"[60] e outras, que conheciam o espaço, foram diretamente ao *Casino de Oficiales*. O clima festivo demonstrado em outras instalações se converteu em um ato de respeito e quase luto ao ingressar no *Casino*.

---

59   O cravo vermelho é muito simbólico na luta pelos Direitos Humanos. Na década de 1970, foi utilizado como símbolo da resistência na Revolução dos Cravos, em Portugal. No Memorial da Resistência, a cela 4 conta com um cravo vermelho em destaque no meio da cela, representando a resistência dos detidos no local.

60   GUGLIELMUCCI, Ana. Op.cit., p.218. Tradução livre da autora.

> *A forma de transitar e permanecer no espaço, no entanto, mudava completamente quando as pessoas ingressavam no Casino de Oficiales. Ali recorriam em silêncio, falavam em voz baixa e escutavam atentamente o que os demais sabiam sobre o lugar. Os sobreviventes que concordaram com o ato, subiram até o setor do edifício onde estiveram sequestrados; uma vez ali, apontavam cantos e identificavam marcas sobre sua experiência passada. Bastava que alguém dissesse: 'Eu estive aqui', para que um grupo de pessoas se amontoasse ao seu redor querendo escutar seu testemunho e visualizar o lugar indicado. Pois, sem os relatos dos sobreviventes ou as referências testemunhais o lugar parecia apenas um grande sótão vazio.[61]*

Alguns dias antes, sobreviventes da ESMA realizaram uma visita ao *Casino de Oficiales* na companhia do Presidente Kirchner. Segundo Lila Pastoriza, foi um momento importante e simbólico porque pela primeira vez, ingressavam no prédio onde estiveram detidos. Para ela, tratou-se de "um ato reparatório, como nunca havíamos tido, nem sequer judicialmente fomos citados alguma vez para ir ao lugar onde estivemos sequestrados (...) entrar na ESMA com o Presidente como representante do mesmo Estado que fez o que fez neste lugar foi um ato muito importante para todos nós".[62]

---

61   *Idem, Ibidem*, p.219-220. Tradução livre da autora.

62   LVOVICH, Daniel; BISQUERT, Jaquelina. *La cambiante memoria de la dictadura.: discursos públicos, movimientos sociales y legitimidad democrática*. Los Polvorines: Universidad Nacional General Sarmiento; Buenos Aires: Biblioteca Nacional, 2008, p.82-83. Tradução livre da autora. Grifo nosso.

Figura 92 – **Visita de sobreviventes e do Presidente Nestor Kirchner ao** *Casino de Oficiales*. **Foto:** *Archivo Clarín*, **2004.**

Esse momento é bastante relevante na reapropriação do espaço físico e das memórias acerca do lugar. Os relatos lidos por milhares de argentinos na década de 1980 reproduzidos no livro *"Nunca más"*[63] e pelos muitos programas de televisão se materializaram em uma experiência vivida dentro do local onde ela aconteceu. Ali dois movimentos importantes aconteceram:[64] inicialmente, a "reestruturação de uma subjetividade destroçada", ou seja, o reencontro do indivíduo com o mundo social, resultando tanto em marcas singulares no indivíduo quanto na construção de crenças e valores compartilhados na dimensão cultural, constituindo a experiência histórica e coletiva da sociedade argentina. E em segundo, a "responsabilidade do patrimônio do saber", não sendo mais possível ignorar o que aconteceu durante a ditadura.

63 A primeira edição vendeu todos os 40 mil exemplares na noite de seu lançamento; entre o final de 1984 e 1985, foram feiras mais dez edições, vendendo mais de 175 mil exemplares. Acredita-se que até o ano de 2004 – quando se completou 20 anos da publicação –, o livro vendeu mais de 400.000 cópias, em 22 edições. BLEJMAN, Mariano. "*El libro de la buena memoria se convirtió en un best-seller*". Página 12, 28 nov. 2004. Disponível em http://www.pagina12.com.ar/diario/cultura/7-44148-2004-11-28.html, acessado em 20 dez. 2013.

64 Ambas as reflexões são fruto do trabalho de SARLO, Beatriz. "*Uma alucinação dispersa em agonia*". *Novos Estudos CEBRAP*, São Paulo, nº11, jan. 1985, p.34-39

A partir de então, a desocupação dos edifícios foi realizada em duas etapas, de modo que o *Casino* foi contemplado na primeira, que ocorreu em 28/12/2004. Frentes de trabalho e discussão formadas por sobreviventes, familiares de detidos--desaparecidos, organismos de direitos humanos, organizações sociais, arquitetos, historiadores, antropólogos, arqueólogos etc., formaram-se para discutir o que fazer com o local. A decisão foi por uma gestão compartilhada entre estes e técnicos ligados à Cidade de Buenos Aires e ao Poder Executivo Nacional, que se denominou *"Comisión Bipartita"*, sendo os "afetados diretos" agentes indispensáveis para a definição do destino dos edifícios, reunidos numa *Comisión Ad Hoc*, que juntamente com a *Bipartita* debateram os destinos do *Espacio para la Memoria y Defensa de los Derechos Humanos*, como passou a se chamar a área onde esteve instalada a ESMA.

A *Comisión Bipartita* supervisionou as tarefas de desocupação dos prédios, e se encarregou de definir a ocupação de cada um dos edifícios durante o ano de 2004 e 2005. Ao final desta etapa, a *Comisión* foi extinta e criou-se o *Ente Público Espacio Memoria*. Trata-se de uma entidade de direito público interjurisdicional, com autonomia administrativa e econômico-financeira, autonomia e capacidade de aprovar seus próprios regulamentos. Como autoridades, o *Ente* Público Espacio Memoria conta com um representante do Governo Nacional (membro do *Archivo Nacional de Memória*-ANM), um representante do Governo da Cidade de Buenos Aires (membro do *Instituto Espacio para la Memória* – IEM), e um representante do Conselho de Administração, composto por 15 membros e constituído por um representante de cada uma das 14 organizações de direitos humanos.[65] Os lugares relacionados diretamente à atividade de CCD[66] ficaram sob a responsabilidade do IEM, mas o principal deles é o *Casino de Oficiales*.

Com o *Ente Público Espacio Memoria* estabelecido, foi possível iniciar os trabalhos de reconhecimento e investigação no edifício, que levaram à confirmação das alterações físicas empreendidas no espaço. Como discutido, para "despistar" as atividades de detenção e torturas no *Casino*, os militares enviaram detidos para

---

65 As organizações são: Abuelas de Plaza de Mayo | Asamblea Permanente por los Derechos Humanos-APDH | Asociación Madres de Plaza de Mayo | Asociación Buena Memoria | Centro de Estudios Legales y Sociales-CELS | Familiares de Desaparecidos y Detenidos por Razones Políticas | Fundación Memoria Histórica y Social | Hijos e Hijas por la Identidad y la Justicia contra el Olvido y el Silencio-H.I.J.O.S. | Herman@s de Desaparecidos por la Verdad y Justicia | Liga Argentina por los Derechos del Hombre-LADH | Madres de Plaza de Mayo Línea Fundadora | Movimiento Ecuménico por los Derechos Humanos-MEDH | Servicio Paz y Justicia-SERPAJ

66 São eles: Casino de Oficiales, Pabellón Central (Cuatro Columnas), Enfermaria, Imprensa, Oficina Mecânica Taller Mecánico) e Pabellón Coy.

uma ilha e começaram uma reforma edilícia para descaracterizar elementos que poderiam ter sido citados por detidos como próprios do *Casino*, onde foram presos e torturados. Assim, foram identificadas as seguintes modificações, que permanecem tal qual até a presente data (com exceção das divisórias móveis):

1. Alteração nos arcos das janelas. Esse era o primeiro contato que o detido tinha com o edifício, já que ao desembarcar no pátio, ingressava por ali. Os arcos eram visualmente marcantes, razão pela qual houve o rebaixamento do teto para ocultar a forma abaulada.

Figura 93 – Alteração do arco, que foi retificado antes da visita da CIDH.
Foto: Paula Bugni (Ramona – *Revista de Artes Visuales*)

Figura 94 – Janela e porta retificada pela reforma de 1979. Imagem extraída do vídeo
"*Causa ESMA: el escenario de los testimonios del horror*".
Fonte: *La Nación TV* (http://youtu.be/JSx0lp8nUq8)

2. A entrada da escada de acesso ao porão, onde ficava a "Oficina" e as salas de tortura, colocando em seu lugar um escudo de madeira, para disfarçar a continuação da escada que servia o edifício todo, do porão ao sótão.

Figura 95 – Escada que leva ao primeiro andar. À direita da foto, anteparo de madeira para ocultar a continuação da escada, que levava ao porão.
Foto: *Espacio para la Memoria y la Promoción de los Derechos Humanos*

3. No porão, a caixa das escadas de acesso entre o subsolo e o pavimento térreo foi fechada por blocos de concreto, todavia, a umidade do local revelou as marcas dos degraus.

Figura 96 – Local onde ficavam as escadas, hoje encobertas por uma parede de alvenaria. Atenção para o detalhe da umidade que revelou os degraus.
Foto: Paula Bugni. (Ramona – *Revista de Artes Visuales*)

4. Outro local alterado foi a caixa dos elevadores; no pavimento térreo é bastante evidente que um dia houve esse equipamento no edifício. Testemunhos de detidos davam conta de que ouviam o barulho das molas do elevador enquanto executavam as tarefas forçadas no porão.[67] Recentemente, foi localizado o poço do elevador no porão. Esse poço estava oculto por uma parede de alvenaria e atualmente é alvo de prospecções arquitetônicas e arqueológicas.

Figura 97 – Caixa dos elevadores no térreo. Foto: Paula Bugni.
(**Ramona** – *Revista de Artes Visuales*)

---

67   Carlos Muñoz afirma o seguinte: *"Algo que a mí me perturbaba mucho, pero a la vez me permitía ubicarme en este lugar era el ruido de un ascensor" (...)"Hace 7 meses se encontraron los resortes de los ascensores que nosotros escuchábamos; no estábamos locos"*. Declaração prestada em DEMA, Verónica. "Las huellas de la tortura en el casino de oficiales de la ESMA". *La Nación*, 23 mar.2011, Política. Disponível em http://www.lanacion.com.ar/1359808-las--huellas-de-la-tortura-en-el-casino-de-oficiales-de-la-esma, acessado em 24 dez. 2013.

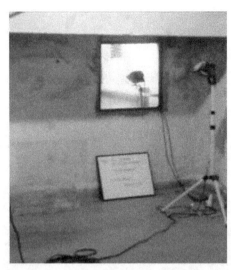

Figura 98 – Recorte na alvenaria que revelou o poço e a mola do elevador. Atualmente, passa por prospecção. Foto: Deborah Neves

5. Até 1979, os presos chegavam pela parte posterior do edifício, em carros descaracterizados, ou seja, não eram viaturas, mas carros comuns, civis. Ingressavam pelo corredor onde estão as janelas apontadas nas figuras 93 e 94 e desciam ao porão para serem interrogados e torturados por meio da escada ocultada (figs. 95 e 96) Mas, como este caminho seria aquele descrito pelos detidos que apresentaram suas denúncias aos organismos de Direitos Humanos, os militares decidiram alterar este trajeto. A partir de setembro de 1979, os detidos ingressavam pela porta da frente do edifício, atravessavam o salão de entrada, entravam por uma porta ao lado direito do salão *Dorado* (fig.99) que levava à parte posterior externa do prédio (fig.100). Ali, uma porta de ferro (fig.101) dava acesso a uma escada que leva ao porão (fig.102). Esta escada era utilizada até então apenas para a saída dos detidos.

Figura 99 – Salão de Entrada do edifício; ao fundo, o salão *Dorado*, com porta ao seu lado direito que dava acesso à área externa. Foto: Angela de la Mora (argentinaenfotos.com)

Figura 100 – Parte posterior do edifício. No centro da foto, ao lado direito está a caixa da escada que leva ao porão. Foto: Deborah Neves

Figura 101 – Porta de ferro que dá acesso à escada para o porão.
Foto: Paula Bugni. (Ramona – *Revista de Artes Visuales*)

Figura 102 – Parte interna do porão, com janelas na parte alta e acesso à escada, por onde os detidos eram "traslados" para os "voos da morte".
Foto: Paula Bugni. (Ramona – *Revista de Artes Visuales*)

Os acessos ao prédio foram os locais mais modificados, talvez porque a experiência sensorial dos detidos tenha sido maximizada pela privação do sentido da visão. Assim, os detidos contavam degraus, atentavam para os caminhos feitos no edifício, com a finalidade de poderem identificar o local onde estavam quando (e se) fossem libertados. De acordo com o relatório CONADEP, as reconstruções dos CCD foram feitas com bases nos depoimentos de ex-detidos, que muitas vezes pediam para serem vendados para refazer os caminhos.

> (...) La asombrosa similitud entre los planos que bosquejaron los denunciantes en sus legajos y los que resultaron en definitiva del posterior relevamiento del lugar a cargo de los arquitectos y equipos técnicos que intervinieron en las inspecciones y reconocimientos efectuados por la Comisión, se explica por el necesario proceso de agudización de los otros sentidos y por todo un sistema de ritmos que la memoria almacenó minuciosamente (...)En cuanto al espacio, fue determinante la memoria "corporal": cuántos escalones debían subirse o bajarse para ir a la sala de tortura; a los cuántos pasos se debía doblar para ir al baño; qué traqueteo giro o velocidad producía el vehículo en el cual los transportaban al entrar o salir del C.C.D., etc. (...)En muchos de los reconocimientos realizados por la CONADEP en los C.C.D., los testigos se colocaron un pañuelo o una venda, o simplemente cerraran fuertemente los ojos para revivir ese tiempo de terror y efectuar correctamente los recorridos del dolor. (...)[68]

Ainda no porão, foram alteradas as divisórias móveis da "Oficina" onde presos executavam trabalhos forçados, sob a denominação de "reeducação". Embora em 1979 essa modificação tenha sido feita para receber a CIDH, a configuração deste espaço já havia sido alterada ao menos duas vezes. Por isso a utilização de divisórias móveis, que permitiam um rápido e fácil rearranjo do espaço, adaptando às necessidades do Centro Clandestino de Detenção.

---

68   CONADEP. Op.cit., p.60-61.

Figura 103 – Porão, onde torturas e trabalhos forçados eram executados.
Foto: Espacio para la Memoria y la Promoción de los Derechos Humanos, 2012.

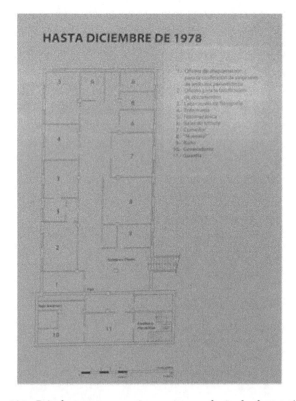

Figura 104 – Painel presente no porão, com a reprodução da planta até 1978.
Destacam-se a presença do poço do elevador (10) e a escada (11). Foto: Deborah Neves

A PERSISTÊNCIA DO PASSADO   219

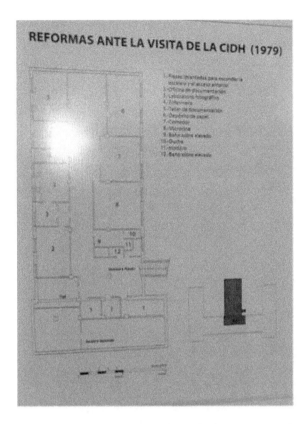

Figura 105 – Painel presente no porão, com a reprodução da planta em 1979, alterada para a visita da CIDH. Atenção para o ocultamento do elevador e do acesso e a demolição da escada (1), a adaptação das salas de tortura para Depósito de Papel (6) e a transformação da "huevera" em "Microcine" (8) Foto: Deborah Neves.

Prospecções arquitetônicas e arqueológicas, tal qual aquela hoje empreendida no poço do elevador, apontaram para outras marcas no edifício. Nas paredes, foram encontradas inscrições de nomes, desenhos, mensagens, das quais são tirados moldes para estudos e também para exposição. Para os profissionais que trabalham no local pesquisando estas marcas, são "paredes que falam". As inscrições geralmente são localizadas a poucos centímetros do chão, confirmando a versão de detidos que afirmam ficar quase todo o tempo sentados, também por conta da pouca altura do pé direito da "capucha". No chão, foram identificadas marcas das divisórias móveis que configuravam a oficina, e também fragmentos de piso vermelho, identificado como o revestimento de alguns locais de detenção. Lila Pastoriza, uma das sobreviventes, se surpreendeu ao ver fragmentos deste piso, localizados pelos pesquisadores. *"O que tenho em minha mente é que o piso da minha cela era vermelho"*.[69] Segundo Assmann,

> (...) essa asseguração arqueológica dos vestígios revela que um local traumático (...) está ao mesmo tempo muito próximo do corpo mas a anos-luz de distância da consciência. Esses vestígios são 'pedras do repúdio que, à revelia de uma grande resistência, são desenterradas e expostas à visitação. (...) A recordação (...) é uma força que prevalece contra o desejo de esquecimento e recalque.[70]

Figura 106 – Decalques obtidos nas paredes do *Casino de Oficiales* e que estão expostos no edifício "Cuatro Columnas". Foto: Deborah Neves

---

69   DEMA, Verónica. "Las huellas de la tortura en el casino de oficiales de la ESMA". *La Nación*, 23 mar.2011, Política. Disponível em http://www.lanacion.com.ar/1359808-las--huellas-de-la-tortura-en-el-casino-de-oficiales-de-la-esma, acessado em 24 dez. 2013. Tradução livre da autora.

70   ASSMANN, Aleida. *Op. cit.*, p.358.

Figura 107 – Indícios no piso que apontam para a existência de divisórias.
Foto: Paula Bugni. (Ramona – *Revista de Artes Visuales*)

Figura 108 – Fragmentos de piso localizados na "Capuchita". Imagem extraída do vídeo
"El casino de la ESMA, por dentro", de 28/03/2011.
Fonte: *La Nación TV* (http://youtu.be/f2k-EEbhbLw)

Alterações físicas nos edifícios da repressão: uma comparação

A partir da análise das circunstâncias em que reformas e alterações físicas foram empreendidas no *Antigo DOPS* e no *Casino de Oficiales*, é importante destacar as diferenças que orientaram estes processos.

Embora não tenham sido erigidas novas construções[71] para ocupar o terreno da ESMA, reformas foram empreendidas no *Casino de Oficiales* durante os sete anos de sua ocupação como CCD. Todavia, não foram suficientes para ocultar por completo os sinais e rastros de ocupação e resistência de pessoas que ali foram detidas. Há marcas que são indeléveis, sejam as marcas pessoais, fruto da experiência de cada um, sejam marcas sociais, que geraram profundas feridas na sociedade Argentina, e que se tenta curar por meio da recuperação dessas experiências individuais.

Releva-se o fato de que essas recuperações não seriam possíveis se não houvesse determinações explícitas de impedimento de qualquer modificação física em locais de uso das Forças Armadas que serviram como CCD.[72] Nesse sentido, pode-se criticamente comparar a forma como cada edifício – *Antigo DOPS* e *Casino de Oficiales* – foi tratado pelos responsáveis por sua conservação. Como discutido neste capítulo, as reformas empreendidas no *Casino* foram feitas ainda durante a Ditadura, com o intuito de ludibriar organismos de Direitos Humanos que suspeitavam da existência de Centros Clandestinos de Detenção. Embora a desocupação pela Marinha tenha começado em 2004, mais de 20 anos depois do fim do regime e de sucessivos usos por essa instituição, esforços coletivos de sobreviventes, órgãos de pesquisa de universidades, organizações ligadas à defesa dos Direitos Humanos e órgãos governamentais nos níveis municipal e federal asseguraram a investigação aprofundada no local, visando garantir o maior conhecimento possível sobre o prédio, sobre a ocupação que ocorreu nele ao longo dos anos e as experiências de cativeiro e resistência vividas pelos presos.

Em sentido oposto, no *Antigo DOPS* buscou-se, em tempos de democracia, ocultar qualquer vestígio que individualizasse essa mesma experiência, numa operação de apagamento da memória com o objetivo de mudar a história acerca daquele prédio.

---

71 Com exceção do complexo de dormitórios aos fundos do terreno, cujas construções foram iniciadas na década de 1980 mas nunca finalizadas, ocorrendo a demolição recentemente.

72 Uma delas foi a Resolución nº172/06, do Ministério de Defensa, e também uma determinação judicial do Tribunal Oral Federal nº5, sob a responsabilidade do Juiz Sergio Torres, que julga a "Causa ESMA". Ver GUGLIELMUCCI, Ana. *La consagración de la memoria. Una etnografía acerca de la institucionalización del recuerdo sobre los crímenes del terrorismo de Estado en la Argentina*. Buenos Aires, 2013, p.242-243 e 288.

Restaurado, o prédio mantém hoje seu partido arquitetônico com novas funções muito mais direcionadas à cultura do que à memória política. De forma muito tímida e surda, o Memorial da Liberdade rende suas homenagens aos presos mortos e desaparecidos durante a Ditadura Militar.[73]

A desocupação do local pelo DEOPS ocorreu no ano de 1983 e, embora tenha continuado a existir ali um órgão de polícia (DECON),[74] a transferência do edifício ocorreu em período contemporâneo ao início das obras de reforma, o que possibilitaria uma pesquisa aprofundada e que certamente traria informações importantes sobre o cotidiano daquele órgão e a vivência das pessoas que ali ficaram encarceradas. Essa oportunidade foi negada a todos – tanto aos que viveram o cárcere, aos que não viveram, e também às gerações futuras. Guglielmucci afirma que "los edificios, como materialidad que nos trasciende, parecerían tener un poder mayor que las meras palabras. Sin embargo, siempre es a partir de la intermediación del lenguaje que intentamos comprender sus significaciones y que podemos transmitirlas a los otros, incluso a las generaciones venideras".[75] Isso porque, segundo Assmann, "(…) enquanto cenários históricos, (…) eles diferem de meros símbolos, ou seja, continuam sendo eles mesmos",[76] num movimento que a autora classifica como "a persistência dos locais". Se o testemunho é bastante questionado como única fonte documental para a história, o que dizer quando outro suporte

---

73 BRUNO, Maria Cristina Oliveira; CARNEIRO, Maria Luiza Tucci; AIDAR, Gabriela. "O projeto Museológico de Ocupação". In: Memorial da Resistência de São Paulo. São Paulo: Pinacoteca do Estado, 2009, p.40.

74 O uso do edifício na década de 1980 como Delegacia do Consumidor, remetia à primitiva a Delegacia de Ordem Econômica – criada como parte da estrutura do DOPS em 1940 (Decreto-Lei 11.782 de 30 de dezembro de 1940) e extinta em 1975 (Decreto 6.836 de 30 de setembro de 1975) *"criada para investigar os crimes relacionados ao aumento de custo de vida, as cobranças de taxas indevidas e a venda e compra de produtos considerados 'proibidos'"*. (CORREA, Larissa Rosa. O Departamento Estadual de Ordem Política e Social de São Paulo: as atividades da polícia política e a intrincada organização de seu acervo, in: Histórica – Revista Eletrônica do Arquivo Público do Estado de São Paulo, n°33, 2008. Disponível em http://www.historica.arquivoestado.sp.gov.br/materias/anteriores/edicao33/materia04/, acessado em 15 ago 2013.). Nesse sentido, a continuidade da ocupação pelo DECON mantinha laços com a prática policial dantes.

75 GUGLIELMUCCI, Ana. Op.cit., p.296.

76 ASSMANN, Aleida. *Op. cit.*, p.358-359.

224 DEBORAH R. L. NEVES

documental, como neste caso o prédio, é sumariamente alterado, mutilado e destruído? Seriam as instituições memoriais capazes de suprir parte dessa deficiência por meio de exposições ou de técnicas museográficas?

A IMPLANTAÇÃO DE INSTITUIÇÕES MEMORIAIS

Nesta última parte do capítulo, será tratada a questão da implantação de instituições memoriais nos edifícios analisados. Isso se faz necessário para explicar as razões públicas para a conservação e a preservação desses lugares para a sociedade. No entanto, não serão analisadas as muitas discussões prévias acerca de como deveriam ser tratadas as memórias ligadas à ESMA e ao *Casino de Oficiales* e tampouco a opção única do tratamento museológico adotado no Memorial da Resistência; outros trabalhos[77] são competentes em tratar destas questões e o objetivo aqui é entender qual foi a opção adotada em cada um desses lugares de memória, que histórias contam e de que forma, sem prejuízo da análise crítica. Assim, será

---

77 Sobre o Memorial da Resistência, ver: ARAÚJO, Marcelo Mattos; BRUNO, Maria Cristina Oliveira Bruno (coords.). *Memorial da Resistência de São Paulo*. São Paulo: Pinacoteca do Estado, 2009; VALLE, Carlos Beltrão do. *A patrimonialização e a musealização de lugares de memória da ditadura de 1964 – O Memorial da Resistência de São Paulo*. Dissertação (Mestrado em Memória Social). Universidade Estadual do Rio de Janeiro: Rio de Janeiro, 2012; NEVES, Kátia Regina Felipini. *A potencialidade dos lugares de memória sob uma perspectiva museológica processual: um estudo de caso. O Memorial da Resistência de São Paulo*. Dissertação (Mestrado em Museologia). Departamento de Museologia, Faculdade de Ciências Sociais e Humanas, Universidade Lusófona de Humanidades e Tecnologia, Lisboa, 2011. Sobre a ESMA e o Casino de Oficiales, ver: GUGLIELMUCCI, Ana. *La consagración de la memoria. Una etnografía acerca de la institucionalización del recuerdo sobre los crímenes del terrorismo de Estado en la Argentina*. Buenos Aires, 2013; ABUELAS DE PLAZA DE MAYO [*et al*]. Primeras Jornadas de Debate Interdisciplinario. Organización Institucional y contenidos del futuro Museo de la Memoria. Colección Memoria Abierta. Buenos Aires, 2000 (disponível em http://www.memoriaabierta.org.ar/pdf/museo_de_la_memoria.pdf); MEMORIA ABIERTA. Colóquio El Museo que Queremos – La transmisión de la memoria a través de los sítios. Buenos Aires, 2007 (disponível em http://www.memoriaabierta.org. ar/pdf/coloquio_el_museo_que_queremos.pdf); MEMORIA ABIERTA. Jornada El Museo que Queremos, 24 de julio de 2004. Buenos Aires, 2004 (disponível em http://www.memoriaabierta.org.ar/pdf/jornadas_museo.pdf); MEMORIA ABIERTA. Jornada El Museo que Queremos, 02 de octubre de 2004. Buenos Aires, 2004 (disponível em http://www.memoriaabierta.org.ar/pdf/jornadas_museo_oct.pdf)

iniciada a discussão sobre o Memorial da Resistência, de São Paulo, e por fim, a atual proposta de ocupação e visitação pública em vigor no *Casino de Oficiales*, em Buenos Aires.

Memorial da Resistência

A criação do Memorial da Resistência, instalado no térreo do *Antigo Dops*, demonstra a tensão produzida na destinação de uso dos prédios ligados a memórias difíceis. Como observado, a maior parte do edifício seria destinado à Universidade de Música do Estado e, em segundo plano, ao "Memorial do Cárcere".[78] Por conta da inviabilidade orçamentária para comportar as alterações físicas no edifício que a Universidade demandaria, em 21 de janeiro de 2002 foram publicados o Decreto 46.507, que instituiu ali o Museu do Imaginário do Povo Brasileiro,[79] e o Decreto 46.508, que criou o Memorial do Cárcere.[80] As duas instituições ocupariam o mesmo prédio – a maior parte para o Museu do Imaginário do Povo Brasileiro, e a área

---

78 Vale ressaltar que, embora pesquisado nos documentos constantes dos processos administrativos da Secretaria da Cultura e também na bibliografia especializada sobre o tema, não foi possível identificar em qual momento se decidiu pela instalação do Memorial do Cárcere. A análise destas fontes permitiu apenas inferir que essa proposta nasce a partir da necessidade de manutenção das celas, exigência pré-estabelecida pela Resolução de tombamento.

79 Quando a inviabilidade da Universidade de Música foi constatada, uma Comissão foi constituída no âmbito da Secretaria da Cultura "com vistas a avaliar a implantação do projeto denominado Museu do Imaginário do Povo Brasileiro" (Resolução SC -79 de 28/12/2001). Pela leitura de documento produzido por esta comissão, o projeto do Museu do Imaginário do Povo Brasileiro já estava consolidado, mas "vinha sempre encontrando restrições quanto ao espaço necessário e adequado para sua implantação". (Condephaat. Processo 36.924, fls.917-918). Com a desistência de implantação da Universidade de Música, o espaço do *Antigo Dops* ficava livre, e poderia ser utilizado para a execução daquele projeto. O Museu do Imaginário do Povo Brasileiro tinha como objetivo "(...) a coleta, difusão, preservação e estímulo à produção das artes e da cultura popular brasileira" (Decreto 46.507/2002). Ressalte-se que entre a designação da comissão e a publicação do Decreto que instituía o Museu no prédio do *Antigo Dops*, transcorreu apenas 24 dias.

80 Neste Decreto, considerava-se "(...) a importância da preservação de símbolos da resistência à repressão e da difusão dos ideais de liberdade; (...) a oportunidade de se promover ações educativas que consolidem os princípios democráticos; (...) a necessidade da manutenção dos valores democráticos" como justificativas para implantar o Memorial do Cárcere, cuja sede seria "(...)a área prisional do prédio do antigo DOPS".

prisional do prédio do antigo DOPS destinada ao Memorial do Cárcere.

No entanto, em 05 de julho de 2002 – apenas seis meses depois –, um novo Decreto (n° 46.900) revogou a criação do Memorial do Cárcere e instituiu o Memorial da Liberdade, cujos objetivos e área de ocupação permaneciam os mesmos.

Para a inauguração do prédio e do Memorial da Liberdade, realizados em 04 de julho de 2002, foram programadas três exposições sob a coordenação do Arquivo do Estado. Foram elas: "Cotidiano Vigiado – repressão, resistência e liberdade nos arquivos do Dops 1924-1983", coordenada pela Professora Maria Luiza Tucci Carneiro, composta por imagens fotográficas e documentos dos arquivos da polícia política, instalada no quarto andar do edifício; no segundo andar, estava a instalação "Intolerância", do artista plástico Siron Franco, na qual centenas de bonecos com forma humana, mas sem cabeças, ocupavam uma ampla sala, corredores e se acumulavam diante de uma janela, referência a uma desesperada tentativa de fuga. Também no segundo andar, esteve a exposição "Cidadania: 200 anos da Declaração Universal dos Direitos do Homem e do Cidadão", com litografias de Maria Bonomi, Paulo Caruso, Antônio Henrique Amaral, Aldemir Martins entre outros, que contrastava com a história do prédio e o desrespeito aos direitos humanos ali cometidos.

O espaço reservado ao Memorial da Liberdade contava com estações de computador onde era possível consultar parte da documentação do DEOPS que já estava digitalizada no âmbito do Projeto Integrado Arquivo do Estado-Universidade de São Paulo (PROIN)[81] e algumas reproduções de documentos e fotografias produzidas pelo órgão de repressão.

Em 2005, uma nova exposição teve lugar no memorial ("Caderno de Notas – Vlado, 30 anos", organizada pelo Sindicato dos Jornalistas no Estado de São Paulo, com curadoria de Radha Abramo). Em 2006, o PROIN organizou uma nova exposição intitulada "Vozes Silenciadas – fragmentos da memória", apresentada por ocasião dos dez anos de pesquisas do projeto junto ao acervo DEOPS/SP, e que se manteve aberta à visitação até novembro de 2008.

O Museu do Imaginário do Povo Brasileiro deveria ser inaugurado no final do ano de 2002 com as "(...) mostras 'África, África', idealizada pelo professor de história da arte africana em Nova York George Nelson Preston, 'Para Nunca

---

81 O Projeto nasceu em 1996 com o objetivo de organizar e conhecer o acervo do DEOPS, disponível para a consulta do público desde 1994 no Arquivo do Estado de São Paulo, mas sem qualquer tratamento arquivístico. Deste projeto, vários livros e trabalhos foram publicados. Para mais informações, ver http://www.usp.br/proin/home/index.php

A PERSISTÊNCIA DO PASSADO

Esquecer: Negras Memórias, Memórias de Negros"'[82], organizadas por Emanoel Araújo. Entretanto, com a mudança no cargo de Secretário da Cultura – saiu Marcos Mendonça para concorrer ao cargo de Deputado Estadual e foi nomeada Claudia Costin – o projeto do Museu do Imaginário perdeu força porque não contava "(...) com a adesão nem da nova secretária estadual da Cultura, Cláudia Costin, nem do governador Geraldo Alckmin (PSDB)."[83] Em entrevista ao jornal "Folha de São Paulo", Costin afirmou que

> A ideia do Museu do Imaginário passava por se estudar a história do Brasil a partir da arte, num projeto de uma coisa muito dinâmica, muito viva e, no entanto, falta o museu da história de São Paulo. O melhor espaço [para o MIPB] não me parece ser o antigo Dops. Lá parece ter mais vocação para ser um museu da própria história de São Paulo, para os 450 anos da cidade [25 de janeiro de 2004]. O MIPB será colocado num outro lugar. Mas ainda não tomei a decisão.[84]

Antes da ideia do Museu do Imaginário ser abandonada, o local abrigou uma exposição sobre Monteiro Lobato e outras atividades menores. Em janeiro de 2004, o Decreto 48.461 instituiu a "Estação Pinacoteca" e revogou o Decreto de criação do Museu do Imaginário, retirando do Arquivo do Estado a reponsabilidade pela administração do prédio do *Antigo Dops* transferindo-a à Pinacoteca do Estado. Inicialmente, a "Estação Pinacoteca" estava prevista para ser instalada no Prédio da Estação da Luz,[85] onde hoje está o Museu da Língua Portuguesa.

Com uma utilização pouco adequada ao espaço, que mesmo com mutilações ainda oferecia potencial de tratamento das memórias do período da repressão em

---

82 Museu do Imaginário só fica pronto no fim do ano. O estado de São Paulo, 03 jul. 2002, Caderno 2. Disponível em http://www.estadao.com.br/arquivo/arteelazer/2002/not20020703p7445.htm, acessado em 10 jul.2012.

83 DIMENSTEIN, Gilberto. Museu da Imaginação. Folha de São Paulo, 22 jan. 2003, Cotidiano, p.C2

84 Polêmica ronda o prédio do Dops. Folha de São Paulo, 29 jan. 2003, Ilustrada, p.E3.

85 Segundo informações do jornal "O Estado de São Paulo", "Na Estação da Luz, está em fase de projeto a ampliação da vizinha Pinacoteca do Estado. 'A intenção é criar um espaço na estação para a formação de arte-educadores e exposição de parte da reserva técnica da Pinacoteca', afirma a secretária. Segundo ela, são obras valiosíssimas que nunca são expostas na sede, na Avenida Tiradentes." Secretária da Cultura de SP tem novos planos para a Luz. O Estado De São Paulo, 24 jan. 2003, Cidades, p. C6.

acordo com o disposto no seu Decreto de criação, a gestão do Memorial da Liberdade, pertencente até então ao Arquivo Público do Estado de São Paulo, foi também designada à Pinacoteca, no ano de 2007. Desde então, o Memorial é núcleo pertencente à Pinacoteca e não uma instituição museológica propriamente dita.

Quando houve essa transferência de responsabilidade para a Pinacoteca, as discussões entre o Fórum de Ex-Presos e Perseguidos Políticos – que existe desde 1998, aproximadamente – e o Governo do Estado de São Paulo ganharam consistência acerca de que tipo de ocupação deveria ser feita naquele espaço. O Fórum motivou a criação da Comissão Estadual de Ex-Presos, constituída em 2001, que analisou pedidos de indenização a serem pagos pelo Estado paulista, e acordou em reparar financeiramente pessoas ou familiares de pessoas diretamente atingidas pela ditadura. A partir da organização dessas pessoas para trabalhar na análise de pedidos de reparação e findos os processos, o Fórum constituiu-se como uma entidade propriamente dita, aglutinando pessoas e interesses comuns na defesa dos direitos de ex-presos e seus familiares e da difusão da cultura de direitos humanos. Assim, em 2005, o Fórum iniciou a militância pela ocupação[86] adequada do local, em conjunto com outras entidades como a Comissão de Familiares de Presos Políticos Mortos e Desaparecidos, Grupo Tortura Nunca Mais de São Paulo, Conselho de Defesa dos Direitos da Pessoa Humana – CONDEPE-SP, Instituto de Estudos da Violência do Estado – IEVE, entre outras.

As negociações tiveram início com o então diretor da Pinacoteca do Estado, Marcelo Mattos Araújo (que no final de 2012 foi nomeado Secretário de Estado da Cultura), que se mostrou sensibilizado à demanda do Fórum e simpático a ideia de uma nova e mais interessante ocupação do Memorial da Liberdade. A demanda foi apresentada por Araújo ao então Secretário de Estado da Cultura João Sayad que, também favorável, articulou a viabilidade da proposta com o então Governador, José Serra.

---

86 De acordo com informações de Maurice Politi, ex-preso político pertencente à Ação Libertadora Nacional (ALN), "O Fórum dos ex-presos políticos constituiu um grupo de trabalho para trabalhar os assuntos relacionados à Memória do período e como fazer para divulgar a mesma entre as gerações mais jovens. Este GT posteriormente (a partir de 2008) se converteu na entidade Núcleo de Preservação da Memória Política", da qual Politi é presidente e representante do Conselho de Gestão do Memorial da Resistência. POLITI, Maurice. Questionário respondido para Deborah Regina Leal Neves, no âmbito da pesquisa de dissertação em História Social. Programa de Pós-graduação em História Social, Faculdade de Filosofia, Letras e Ciências Humanas. Universidade de São Paulo, novembro de 2013.

O primeiro movimento vitorioso do Fórum se deu com a alteração do nome "Memorial da Liberdade" para "Memorial da Resistência". Para as entidades, essa mudança era simbólica e importante, porque representou "o primeiro passo para o resgate histórico (...) [com] a mudança de tão insólito nome para algo mais próximo da verdade e da realidade".[87] Havia um entendimento que ali havia Resistência e nenhuma Liberdade.

Não há como negar que o Memorial da Resistência é mérito das lutas insistentes do Fórum dos ex-Presos e Perseguidos Políticos e das várias entidades, que rejeitaram o estranho Memorial da Liberdade e defenderam o conceito de Memorial da Resistência. Mais lógico e mais sensato.[88]

Contudo, oficialmente, o local permanece denominado como Memorial da Liberdade, já que o Decreto 46.900 não foi revogado, nem sofreu alteração relativa ao nome do espaço. Além disso, o Decreto 50.941/06 – que reorganizou a Secretaria de Estado da Cultura e as instituições sob sua responsabilidade – mantém esta denominação na classificação de equipamentos culturais vinculados ao órgão. Isso significa que o Memorial da Liberdade não foi substituído pelo Memorial da Resistência. Ou seja, não há autonomia financeira, nem uma diretoria própria do Memorial (apenas uma coordenadoria), porque ele está subordinado à Pinacoteca.

A cerimônia de "batismo" como Memorial da Resistência foi realizada em 1º de maio de 2008, com a inauguração de uma exposição "Direito à Memória e à Verdade – A Ditadura no Brasil (1964-1985)", organizada pela Secretaria de Direitos Humanos da Presidência da República, cuja abordagem era bastante genérica. Na ocasião, a cobertura dos dois principais jornais do estado, *Folha de São Paulo* e *O Estado de S. Paulo*, foram bastante distintas daquelas de 2002. A *Folha de São Paulo* – que comparada ao *Estadão* pouco tratou das problemáticas do prédio – se limitou a publicar, alguns dias antes e alguns dias depois da reinauguração, pequenas notas informando da abertura da nova exposição na "Estação Pinacoteca", destacando que o espaço reservado para a memória política passava a se chamar

---

87 SEIXAS, Ivan; POLITI, Maurice. "Os elos que vinculam as vivências encarceradas com as perspectivas de comunicação museológica: o olhar dos ex-presos políticos". In: ARAÚJO, Marcelo Mattos; BRUNO, Maria Cristina Oliveira Bruno (coords.). *Memorial da Resistência de São Paulo*. São Paulo, Pinacoteca do Estado, 2009, p.201.

88 SEIXAS, Ivan Akselrud. "Discurso de 24 de janeiro de 2009". Disponível em http://www.nucleomemoria.org.br/textos/discurso-oficial. Acessado em 07 Jun. 2011. Discurso proferido por Ivan Akselrud Seixas, Presidente do Fórum de ex-presos e desaparecidos políticos do Estado de São Paulo, quando da inauguração do Memorial da Resistência.

230 DEBORAH R. L. NEVES

"Memorial da Resistência", sem um aprofundamento das motivações e implicações decorrentes. No caso de *O Estado de S. Paulo* o tom de inovação, de liberdade, foi substituído por uma cobertura um pouco mais ampla, que destacou a cerimônia sem, contudo, problematizar a questão das celas, apenas informando que "(...) além de autoridades, centenas de ex-presos políticos, amigos, parentes deles e de desaparecidos e mortos durante o regime militar lotaram ontem os salões da Estação Pinacoteca".[89] Não há fotos da cerimônia em nenhum dos dois jornais, o que demonstra a diferença na reapropriação de um espaço ligado à ditadura na Argentina e no Brasil.

Em novembro de 2008, o Memorial foi fechado para readequação da proposta museológica, elaborada pela historiadora Maria Luiza Tucci Carneiro e a museóloga Maria Cristina Oliveira Bruno, ambas da Universidade de São Paulo. A proposta de implantação museológica foi desenvolvida no âmbito do Projeto Integrado USP / Arquivo do Estado de São Paulo – PROIN, entre junho de 2008 e janeiro de 2009, cuja escolha foi feita exclusivamente pela Secretaria de Estado da Cultura e pela Pinacoteca do Estado, sem qualquer interferência ou consulta ao Fórum. Segundo relatos, os presos serviram como "consultores" para a implantação da exposição de longa duração, partindo dos eixos temáticos "controle, repressão e resistência", abarcando todo o período republicano.

O resultado dessas pesquisas está no Memorial da Resistência, constituindo aquilo que é chamado de "Exposição de Longa Duração", e ocupa a parte da carceragem da Dops. O ingresso no Memorial pode ser feito a partir do passeio público da Rua Mauá ou pela parte posterior do edifício, cujo acesso se dá pelo estacionamento. Ambas as entradas levam ao saguão onde está o espaço dedicado às exposições temporárias, que permanecem em exibição por cerca de três meses. O tema central é invariavelmente a repressão e/ou a resistência política a governos autoritários no Brasil e no mundo. Uma das exposições, intitulada "Lugares da Memória" apresentou parte dos trabalhos executados pela equipe do memorial, que através de pesquisa e coleta de testemunhos elabora uma investigação e mapeamento dos locais identificados como de repressão e/ou resistência relativos ao período da Ditadura em São Paulo.

---

89 ARAGÃO, Marianna. "Nas velhas celas do Dops, Memorial da Resistência". *O Estado de S. Paulo*, 02 mai. 2008. *Caderno Nacional*, p. A7.

Figura 109 – Foto da sala de exposições temporárias. Na imagem, a foto da exposição "Não tens epitáfio pois és bandeira. Rubens Paiva, desaparecido desde 1971", exibida entre 26/03 e 10/07/2011. Foto: Acervo Memorial da Resistência.

A seguir deste primeiro salão está a intervenção realizada pelo PROIN, no âmbito da nova proposta museológica para o Memorial da Resistência. Seguindo pelo corredor, existe uma pequena sala, chamada de Módulo A, onde se conta a história do edifício, que era utilizada como entrada do Memorial da Liberdade. Em uma das paredes há um texto sobre uma foto do prédio contando sobre a construção, quais instituições ocuparam aquele local e a transformação em memorial. Há uma menção rápida sobre a reforma, mas não há a problematização sobre as consequências da mesma, inclusive, na forma de tratamento museológico aplicado ao Memorial da Resistência. Na parede oposta há uma tela na qual são exibidas imagens externas do edifício em diferentes momentos. Ambas as paredes podem ser observadas pelo visitante acomodado em um banco de madeira a partir do centro da sala.

Figura 110 – Painel na primeira sala da exposição de longa duração.
Foto: Deborah Neves (dez.2013)

Figura 111 – Painel contendo foto do gabinete do delegado do DEOPS, com tela onde são projetadas imagens sobre a trajetória do órgão. Foto: Acervo Memorial da Resistência.

Figura 112 – "Módulo A" do Memorial. Foto: Deborah Neves (dez.2013)

A base da exposição chamada de "longa duração", que ocupa os antigos espaços da carceragem e celas – o Módulo B –, são os documentos do Fundo DEOPS, que constitui parte do acervo do Arquivo Público do Estado de São Paulo e foram investigados pelo PROIN. Na primeira sala, onde estavam instaladas duas celas que tiveram as paredes internas demolidas, há duas telas sensíveis ao toque com abas que simulam pastas de arquivo, contendo os temas do eixo. Em cada uma das abas, há a reprodução eletrônica de documentos, fotografias, relatórios dos serviços de repressão, cartazes, e outros materiais que compõem o acervo. Ao lado desta parede que possui as telas, há uma vitrine com alguns livros que tratam sobre a repressão política, como *Batismo de Sangue* (Frei Betto), *Relatório Brasil Nunca Mais*, *Direito à Memória e à Verdade* (Secretaria de Direitos Humanos da Presidência da República), entre outros.

Figura 113 – Totens multimídia do Memorial da Resistência.
Foto: Pablo Di Giulio. Acervo Memorial da Resistência, s/d.

Figura 114 – Totens eletrônicos e painel com exposição de livros.
Foto: Deborah Neves (dez.2013)

Uma grande linha do tempo, compreendida entre 1889 e 2009 ilustra as paredes do que foram duas celas. Também há a maquete que reproduz o espaço carcerário com temporalidade não definida, já que o resultado advém da contribuição de diversas pessoas que ficaram detidas em anos diferentes e, portanto, vivenciaram espaços físicos distintos.⁹⁰

Figura 115 – Panorâmica da linha do tempo no Módulo B.
Foto: Acervo Memorial da Resistência de São Paulo, s/d.

---

90   De acordo com Ivan Seixas, a maquete resulta das memórias de diversas pessoas, detidas em períodos distintos e, portanto, não remete a um período único e específico. "A gente criou uma maquete. Aquilo ali foi um delírio, aquela maquete! Primeiro, as histórias de cada um (...)E assim: 'Não, eram só 4 celas!'. 'Não, eram 6 celas. Eu cheguei já tinha 6 celas!'. 'Ah, não, eram 5 celas, na minha época, e aqui tinha um banheiro.' Cada um ia contando um pedaço, então, no final das contas, a gente montou e disse: 'Eram 6 celas, mas 4, 5...'. Porque cada um tem um pedaço de história, você não pode dizer assim: 'A minha história é mais história que a sua." SEIXAS, Ivan Akselrud. *Depoimento* [mar. 2011] Entrevistador: C. Beltrão. São Paulo: *Núcleo Memória*. Mídia digital (153 min.), estéreo. Entrevista concedida para Pesquisa de Mestrado do PPGMS da UNIRIO, RJ. Transcrição disponível em VALLE, Carlos Beltrão do. *A patrimonialização e a musealização de lugares de memória da ditadura de 1964 – O Memorial da Resistência de São Paulo*. Dissertação (Mestrado em Memória Social). Universidade Estadual do Rio de Janeiro, Rio de Janeiro, 2012, p.382.

A linha do tempo leva o visitante ao corredor das celas, mas, antes de ingressar, existe um texto "introdutório" ao espaço com o título "A construção da Memória: o cotidiano nas celas do DEOPS/SP".

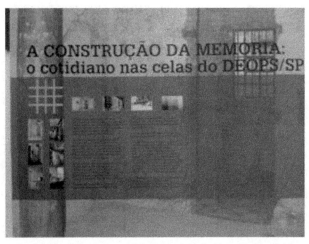

Figura 116 – Painel de introdução ao ambiente carcerário. Foto: Deborah Neves (dez.2013)

O texto é ilustrado por pequenas fotos internas das celas anteriores à reforma, as mesmas utilizadas neste trabalho. Porém, uma diferença sensível é notada: não há a reprodução das fotos que mostram as inscrições dos presos nas paredes. Por que omitir essa informação tão importante ao visitante? Tratar-se-á disto a seguir. Antes, segue reprodução de parte de texto sobre o cotidiano.

> O conjunto prisional, composto pelas quatro celas remanescentes, pelo corredor principal e pelo corredor para banho de sol, testemunhou muitas atrocidades, desencanto, humilhação e desespero, mas com a mesma ênfase, acolheu diferentes atitudes de coragem, fraternidade e sábia resistência. Hoje, configura o espaço do Memorial.
>
> Com o tempo interrompido pelo som dramático do abrir e fechar das celas, com o tempo difuso pela luz que nunca se apagava, com o tempo regrado pelo barulho do trem que passava ao lado, mas, em especial, pelo tempo de resistência que se apoiava nos ecos vindos das manifestações de apoio externas a essas paredes, o cotidiano nas celas era, também, um tempo de encontros e aprendizagem.
>
> Hoje, esse lugar e suas memórias se transformam em um espaço no qual são abordadas diferentes questões relacionadas ao período do re-

gime militar (1964-1985), a partir de lembranças das vivências nas celas. Embora este lugar tenha sido usado desde a ditadura Vargas (1937-1945), optou-se pela reconstituição relativa ao período mais recente.

Invertendo a lógica do período de repressão, agora o protagonismo é atribuído às memórias dos ex-presos (...)

Logo após a leitura deste texto, o visitante se depara com a entrada para o Módulo C, onde pode ser observado um estreito corredor – com largura suficiente para apenas uma pessoa – dando acesso a outro corredor e mais quatro celas à esquerda, uma porta de madeira ao fundo e uma pequena sala à direita. Tratam-se das celas, o espaço mais "interessante" do Memorial.

Figura 117 – Corredor de acesso ao setor de cárcere (Módulo C).
Foto: Deborah Neves (dez.2013)

Ao passar pela entrada, o visitante vê à esquerda outro corredor, também longo e estreito, pelo qual se acessa uma área externa: é a área para banho de sol dos detidos e cujo teto não possui cobertura, apenas grades, que impediam fugas.

Figura 118 – Corredor que leva ao pátio de banho de sol. Foto: Deborah Neves (dez.2013)

Figura 119 – Corredor para banho de sol. Foto: Deborah Neves (dez.2013)

Voltando ao corredor principal, o visitante é conduzido às celas remanescentes, com paredes pintadas de cinza, equipadas com ar condicionado e iluminação de "museu", possuindo, assim, abordagem que se distancia de um ambiente carcerário. Talvez seja essa a primeira surpresa do visitante – como surpreendeu à José Saia Neto – que espera visitar um espaço que remanesce do período da ditadura.

A primeira cela utiliza-se de recursos visuais semelhantes à primeira sala do Módulo A e à sala onde está a linha do tempo (onde antes havia duas celas maiores): um mural adesivo narrando o processo de transformação do espaço em Memorial da Resistência, contendo textos e fotos de reuniões da equipe de implantação do Memorial.

Figura 120 – Cela 1 com imagens e textos acerca da reconstrução espacial do espaço carcerário. Foto: Deborah Neves (dez.2013)

Um dos textos chama a atenção, porque aborda o tratamento dado às celas durante a implantação museográfica. O texto, intitulado "A nova apresentação do espaço prisional", trata do que as responsáveis classificam como "dilemas" em selecionar aquilo que deve ser exposto e valorizado, esclarecendo que a orientação seguida no Memorial da Resistência foi a de apresentar o horror cometido naquela instituição, porém valorizando a experiência cotidiana dos presos, salientando suas resistências. Optou-se, na ausência de elementos remissivos ao passado, por reconstruir a história a partir dos testemunhos.

No último parágrafo, é relatado o método aplicado pelas organizadoras para construir esse cotidiano, "articulando diferentes soluções expográficas de ativação de vivências, incluindo a manutenção, nesta cela, das modificações introduzidas pela reforma concluída em 2002." Novamente, perdeu-se a oportunidade de esclarecer ao visitante que a reforma destruiu fragmentos do passado prisional daquele espaço, o que dificultou a recriação do espírito do lugar por parte da equipe de implantação do Memorial, gerando uma visão moderna e desconectada da realidade ali vivida. Não se fala sobre a "cirurgia plástica" que aquele lugar sofreu, e das perdas em consequência disto.

A segunda cela, também com as paredes cinza, é um pouco mais escura que a primeira, não possuindo um tratamento de iluminação especial. Nela, há apenas bancos laterais e uma tela de vidro em que é projetado um vídeo em homenagem a quatro detidos de origem operária, que foram assassinados no DEOPS.[91] Trata-se de uma tentativa de aproximar os visitantes da figura dos detidos, desmistificando a ideia do terrorista.

Na tela, são projetadas imagens de suas fichas no DEOPS, com fotos, dados pessoais e informações coletadas e produzidas pelos agentes do órgão. Ao final, é exibido um texto: "Esta sala é uma homenagem a todos aqueles que lutaram e lutam imbuídos do ideal de justiça e democracia". Em seguida, uma imagem com muitas fotos de rostos é projetada, finalizando a exibição, apresentada repetidamente.

Figura 121 – Cela 2 e a tela de projeção. Foto: Acervo Memorial da Resistência.

---

[91] São eles: Devanir José de Carvalho (pertencente ao Movimento Revolucionário Tiradentes – MRT), Eduardo Collen Leite (codinome "Bacuri", pertencente à Rede Democrática – REDE e depois da ALN), Olavo Hansen (líder sindicalista e membro do Partido Operário Revolucionário Trotskista-PORT) e Luiz Hirata (membro da Ação Popular). Todos foram mortos entre os anos de 1970 e 1971.

A terceira cela é uma reprodução ilustrada com objetos cotidianos dos detidos. Esta é a única cela cuja porta não está com a madeira aparente, mas pintada internamente com tinta verde e externamente de tinta cinza. No interior da cela, foram colocados colchões, cobertores e um varal com três toalhas penduradas. No banheiro, há um sabonete, duas escovas e uma pasta de dentes. Em suas paredes cinza, foram feitas novas inscrições de nomes de pessoas que ficaram detidas no DEOPS, por elas mesmas ou representadas por colegas. As inscrições foram feitas raspando o revestimento; com canetas vermelhas marcaram-se os nomes daqueles que ali foram mortos.

Figura 122 – Reprodução cênica da cela. Foto: Deborah Neves (dez. 2013)

Figura 123 – Reprodução do banheiro, com uma latrina, chamada pelos ex-presos de "boi". Foto: Deborah Neves (dez.2013)

Figura 124 – Inscrições na parede da cela. Foto: Deborah Neves (dez.2013)

Figura 125 – Cela com a porta fechada, revelando a cor verde.
Foto: Deborah Neves (dez.2013)

Trata-se de uma tentativa de minimizar os danos causados pelo apagamento dos rastros deixados pelos presos; essa foi uma proposta da equipe de implantação museológica, feita por pessoas que lá ficaram detidas. As inscrições foram feitas em 2009, quando da inauguração do Memorial da Resistência, considerada uma "(...) restauração (sic) [que] foi feita a partir das memórias dos presos que passaram por lá, com apoio do Fórum de Presos e Perseguidos Políticos. Eles contaram como era a vida no lugar".[92]

Por outro lado, é um simulacro que está distante da realidade vivida por quem ali ficou detido, já que havia superlotação, calor e condições precárias que em nada se assemelham à cela reproduzida.

A quarta e última cela contém três bancos compridos dispostos em cada uma das paredes da cela. Atrás de cada um dos bancos há fones de ouvido, que reproduzem gravações de testemunhos[93] de ex-presos, contando sobre a experiência vivida no interior das celas. No centro, há uma coluna estrutural de ferro, original da construção, e em sua base, um pequeno caixote apoiando uma garrafa de vi-

---

92 ASSUNÇÃO, Moacir. "Dops reabre hoje como Memorial da Resistência". *O Estado de S. Paulo*, São Paulo. 24 Jan 2009. Disponível em http://www.nucleomemoria.org.br/textos/dops-reabre-hoje-como-memorial-da-resistencia. Acessado em 14 Jun. 2011.

93 No áudio podem-se ouvir testemunhos alternados de Alípio Freire, Elza Lobo, Frei Betto, Ivan Seixas, José Paiva, Maurice Politi, Raphael Martineli e Rose Nogueira. Todavia, não há na sala qualquer menção aos nomes dos depoentes na gravação ou na cela. Os nomes estão indicados na primeira cela, na Ficha Técnica do Memorial.

dro contendo um cravo vermelho. A iluminação especial e direcionada destaca o vaso improvisado. Ao ouvir os depoimentos, o visitante compreende a razão da existência deste cravo, que representa a resistência dos presos. O depoimento de Elza Lobo informa que ela recebeu de sua família, em uma visita, um ramalhete de cravos, e os distribuiu entre os colegas de cela. Elza afirma em seu depoimento que a flor representava a resistência dos presos e também os vinculava ao contato com o mundo externo e a liberdade. Entre os depoimentos, é executada a música "Suíte do Pescador", de Dorival Caymmi, cantada toda vez que alguém era libertado.

Figura 126 – Bancos na cela 4 e fones para ouvir os depoimentos. Foto: Jefferson Pancieri.

Figura 127 – Visitantes ouvindo os depoimentos na cela 4.
Foto: Conectas Direitos Humanos.

Saindo da cela 4, o visitante vê à esquerda um simulacro de porta de madeira, que remete à saída para as celas do fundão, demolidas em 1999. Na parede oposta às celas, um adesivo com a reprodução da silhueta de quatro homens em volta de uma mesa.

Figura 128 – Porta que levaria às celas do "fundão", demolidas em 1999.
Foto: Deborah Neves (dez.2013)

Figura 129 – Adesivo fixado na parede em frente à cela 4. Foto: Deborah Neves (dez.2013)

246 DEBORAH R. L. NEVES

Trata-se de Tito, Betto e Fernando, freis dominicanos presos ali no ano de 1969, por prestarem auxílio para a Ação Libertadora Nacional (ALN). Como um ato de fé e resistência, conseguiram celebrar um culto religioso, narrado por Frei Betto em seu livro "Batismo de Sangue". No centro, celebrando o ato, está representado Monsenhor Marcelo, que também estava preso no DEOPS.

> (…) A celebração da missa nos subterrâneos do DOPS quebraria o espesso clima de atrocidades e permitiria, mais uma vez, a tentativa de recuperação de nosso espaço vital. Para a maioria dos companheiros, a missa interessava enquanto rito capaz de simbolizar e de exprimir a nossa unidade mais radical nos limites do sofrimento humano e na esperança libertadora que consumia nossas vidas ali dentro (…)

> O carcereiro Adão permitiu que Monsenhor Marcelo celebrasse no corredor, onde foi colocada a pequena mesa que serviu de altar. Como cálice, uma caneca de alumínio. As hóstias ficaram depositadas num desses pratos de papelão utilizados para embrulhar pizza para viagem. Tudo simples e rústico como as antigas celebrações nas catacumbas romanas. Os padres e religiosos puderam ficar fora das celas, junto ao altar. (…) Os companheiros espremidos nas grades. Nas pontas do corredor, a tropa de choque da PM apontava-nos metralhadoras. Os carcereiros olhavam espantados. Todos observavam curiosos e silentes as nossas orações e cânticos.

> Após a comunhão do celebrante, o papelão com as hóstias e a caneca com o sangue do Senhor passaram de cela em cela. Muitos comungaram, redimidos pelo batismo de sangue.[94]

Na mesma parede, há um recorte na alvenaria ocupado por duas vitrines que expõem publicações de estudantes e operários e uma projeção de diversas fotografias acrescidas de sons (como o grito da torcida do Corinthians quando no estádio levanta uma faixa com a frase "Anistia ampla, geral e irrestrita", de cantos populares como "o povo unido jamais será vencido") e músicas (entre elas "O Bêbado e a equilibrista", interpretado por Elis Regina, "Roda viva" de Chico Bu-

---

94 FREI BETTO. *Batismo de sangue: os dominicanos e a morte de Carlos Marighella*.9ª Edição. Rio de Janeiro: Bertand Brasil, 1987, p. 178-181. Não há fragmentos dessa reprodução no Memorial da Resistência, apenas um pequeno quadro com imagens de cenas do filme homônimo de 2006, para aproximar o público daquele evento, já que muitos o assistiram.

arque, e "Pra não dizer que não falei das flores", interpretado por Geraldo Vandré – consideradas músicas símbolos da resistência à ditadura). As imagens exibidas remetem à mobilização social pela anistia e o retorno à democracia, entre o final dos anos 1970 e o início dos anos 1980 – são os ecos que vinham de fora, segundo a concepção do Memorial. Inicialmente, esse espaço era um lavabo. Esse recorte não existia e foi introduzido no edifício pelo projeto de Cohen quando da execução da reforma.[95]

Figura 130 – Entrada da pequena sala da projeção. Na parede, a frase: "Do lado de fora deste edifício: outras memórias." Foto: Deborah Neves (dez.2013)

---

95 Como o projeto previa a instalação do Memorial do Cárcere de forma separada do restante do edifício, não havia instalações sanitárias destinadas aos visitantes do espaço. Com a readequação do projeto e a ampliação do espaço destinado para o Memorial da Resistência, esse lavabo foi desativado e convertido numa pequena sala de exposição.

Figura 131 – Sala com reprodução audiovisual. Foto: Deborah Neves (dez.2013)

Saindo deste corredor estreito das celas, o visitante se depara, na mesma parede, com uma entrada ao chamado "Centro de Referência" – o Módulo D –, que expõe documentos em uma vitrine, uma foto ampliada da sala de arquivo do DEOPS e três computadores para pesquisas ao acervo digitalizado do órgão. Seria um espaço dedicado à pesquisa, mas é subutilizado pelos visitantes, talvez até por sua alocação pouco destacada do restante do espaço.

Figura 132 – Parede do Centro de Referência com imagem da sala de arquivo. À esquerda, um armário utilizado pelo DEOPS, com fichas remissas (apenas ilustrativas das fichas originais, arquivadas no Aerquivo do Estado). Foto: Deborah Neves (dez.2013)

Figura 133 – Computadores para consulta. Na parede, um mapa contendo todos os locais do mundo que são parte da Coalizão Internacional de Sítios de Memória.
Foto: Deborah Neves (dez.2013)

Apesar da participação de interessados e da implantação do Memorial da Resistência, o prédio de cinco andares reserva apenas dois terços do pavimento térreo para a memória da resistência do período da República, devido ao projeto da Estação Pinacoteca utilizar os demais andares, com exceção do quinto andar, onde está instalado um auditório. Não havia, depois da implantação deste equipamento, como destinar os outros andares ao Memorial da Resistência – essa foi a

250 DEBORAH R. L. NEVES

informação que recebeu o Fórum.[96] Todavia, a carceragem era o local que ainda guardava uma relação física e aparente com a atividade do DEOPS, já que os demais pavimentos estavam descaracterizados. "As entidades, como o Fórum dos ex-Presos Políticos, acharam por bem aceitar o oferecido como um mal menor".[97]

Kátia Felipini Neves, Coordenadora do Memorial da Resistência, afirma que a demolição das celas externas e a descaracterização das remanescentes criaram as condições que o Memorial da Resistência reivindicasse ocupar uma área maior que aquela destinada ao Memorial da Liberdade. Como uma espécie de "compensação", partes do térreo foram negociadas para ampliar o espaço do Memorial da Resistência; esse processo foi de disputa, conforme Neves descreve:

> (…) o que a gente conseguiu fazer foi ampliar o espaço que tinha sido destinado pro Memorial da Liberdade, porque tanto é que no Memorial da Liberdade a entrada era por fora do edifício, (…) pelo estacionamento. Aí conseguiu uma sala que era uma reserva técnica da Pinacoteca que agora é o Centro de Referência, então conseguiu aquela sala pra ele, pra ampliar. Aquela sala onde é o Módulo A, que fala sobre a história do edifício, ali era a parte de recepção mais administrativa mesmo, não era nem a recepção só do público, era administrativo. Aquela parte foi transformada no Módulo A, e aquela parte onde hoje a gente tem como exposição temporária, antes era uma sala de montagem e transição da Estação Pinacoteca; nós também conseguimos essa sala.[98]

---

96 A declaração foi prestada por POLITI, Maurice. "Questionário respondido para Deborah Regina Leal Neves, no âmbito da pesquisa de dissertação em História Social". Programa de Pós-graduação em História Social, Faculdade de Filosofia, Letras e Ciências Humanas. Universidade de São Paulo, novembro de 2013. Segundo informações obtidas ao longo deste trabalho, isso ocorreu porque o prédio foi cedido à Pinacoteca do Estado, que possui um grande acervo que não está acondicionado de maneira adequada e nem é exposto com frequência. A necessidade de espaço, a inviabilidade da Universidade de Música e o naufrágio inexplicado o Museu do Imaginário do Povo Brasileiro abriram as portas para a instalação de um novo prédio para a Pinacoteca, constituído como uma nova instituição, a Estação Pinacoteca. Cedida pelo Arquivo do Estado em 2004 à Pinacoteca, foram realizadas adaptações dos outros andares para abrigar sua "filial", antes mesmo da instalação do Memorial.

97 SEIXAS, Ivan. "Questionário respondido para Deborah Regina Leal Neves", no âmbito da pesquisa de dissertação em História Social. Programa de Pós-graduação em História Social, Faculdade de Filosofia, Letras e Ciências Humanas. Universidade de São Paulo, novembro de 2013.

98 NEVES, Katia Felipini. "Entrevista concedida à Deborah Regina Leal Neves". São Paulo:

De fato, a área do atual Memorial é maior que aquela cedida para o Memorial da Liberdade, cuja instalação foi feita sobre o projeto de 1998, em que Haron Cohen propõe a utilização de grande parte do pavimento térreo como auditório para a Universidade de Música. Com isso, a área onde hoje ficam as exposições temporárias não existia. O Memorial do Cárcere, à época do projeto, e o Memorial da Liberdade, cujo projeto foi executado pelo Arquivo do Estado, ocupavam uma pequena parte do térreo. As imagens a seguir comparam o espaço atualmente ocupado pelo Memorial da Resistência e aquele proposto pelo arquiteto Haron Cohen e acatado pela Secretaria de Estado da Cultura. A observação permite identificar que apenas a região das celas (Módulos B e C) era destinada ao Memorial do Cárcere.

Os Espaços do Memorial da Resistência

Figura 134 – Planta de ocupação do Memorial da Resistência, no pavimento térreo. Módulo A: Controle, Repressão e Resistência – o Tempo Político e suas Memórias. Módulo B: O Edifício e suas Memórias. Módulo C: A Construção da Memória – o Cotidiano nas Celas do DEOPS/SP. Módulo D: Da Carceragem ao Centro de Referência. Fonte: ARAÚJO, Marcelo Mattos; BRUNO, Maria Cristina Oliveira Bruno (coords.).
Memorial da Resistência de São Paulo. São Paulo, Pinacoteca do Estado, 2009.

14 nov. 2013. Audio Digital, 59:12 min. Acervo da autora.

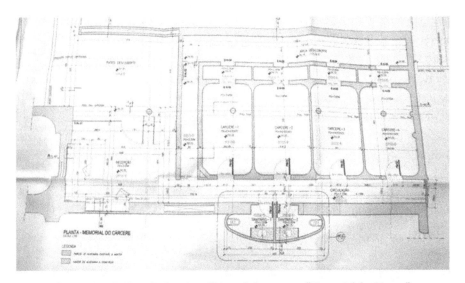

Figura 135 – Projeto do Arquiteto Haron Cohen para o "Memorial do Cárcere".
Foto: Deborah Neves. Fonte Processo Condephaat Processo 36924/1997, p.528.

Essa ocupação parcial não é agradável nem à equipe do Memorial nem ao Núcleo Memória, que são responsáveis pelo espaço. Neves afirma que

> (...) o que eu tomei conhecimento quando eu vim pra cá é que, assim que a Pinacoteca conseguisse um prédio pra o que eles chamam de Pinacont – a Pinacoteca Contemporânea –, então o espaço seria liberado todo para o Memorial da Resistência. (...) Ela [a Estação Pinacoteca] foi criada por meio de decreto pra ocupar o edifício, então isso também é uma coisa complexa. (...) Aliás, não devia ter sido feito um projeto pensando no Memorial da Liberdade como o quintal dos fundos, né? Então, o erro já começa daí. (...) Desde o início (1999), já deveria ter sido pensado um memorial que tratasse sobre esse recorte patrimonial e, uma vez que não foi isso, mas também não foi implantado o Museu do Imaginário do Povo Brasileiro, teria sido a oportunidade de rever a proposta para o edifício, em vez de ter sido criada a Estação Pinacoteca.[99]

Todavia, existe um horizonte de ampliação da ocupação do edifício pelo Memorial, mas sem uma definição certa de data. Segundo informações de Kátia

---

99 NEVES, Katia Felipini. Entrevista concedida à Deborah Regina Leal Neves. São Paulo: 14 nov. 2013. Audio Digital, 59:12 min. Acervo da autora.

Neves e Maurice Politi, o Memorial ganhará mais espaço no ano de 2014, especificamente no 1º andar, onde será construído um estúdio para implementar regularmente o programa de "Coleta de testemunhos", uma das seis linhas de atuação do Memorial.[100] Ademais, o desejo de Neves é que, no ano de 2014, a parte onde está instalada a cafeteria, à esquerda da entrada do edifício, seja um espaço também dedicado para o Memorial da Resistência.[101]

Apesar dos caminhos que levaram à descaracterização do edifício e à destinação de espaço limitado ao Memorial da Resistência, o projeto museológico e a ação enquanto centro de difusão de conhecimento é digno de reconhecimento em sua excelência. Existe um programa específico de formação de professores, que recebem capacitação e materiais para serem estimulados a trabalhar o tema da resistência – passada e contemporânea – em sala de aula com alunos dos ensinos Fundamental e Médio. Um número grande de professores que fazem a formação retorna com seus alunos para a visita educativa guiada (que dura em torno de 1:30h) e que recebeu, aproximadamente, 25.000 pessoas no ano de 2012.

As exposições temporárias são de qualidade indiscutível e dialogam com outros países, especialmente da América do Sul: recentemente, o Memorial recebeu a exposição *Buena Memória*, do argentino Marcelo Brodsky e a exposição "*Arpilleras* da resistência política chilena", de Roberta Bacic. Essa prática está ligada à participação do Memorial na Coalizão Internacional de Sítios de Memória, que busca articular experiências de marcação de lugares importantes com relação a um passado traumático em diversos lugares do mundo.

A participação de ex-presos e familiares é determinante nos chamados "Sábados Resistentes", que promove debates mensais organizados pelo Núcleo de Preservação da Memória Política do Fórum dos Ex-Presos e Perseguidos Políticos de São Paulo, em parceria com o Memorial da Resistência. Trata-se de um espaço de discussão entre militantes de diversas causas, pesquisadores, estudantes e interessados em geral no debate sobre temas ligados às lutas contra a repressão, em especial à resistência ao regime civil-militar implantado com o golpe de Estado de 1964. Segundo os organizadores, os "Sábados Resistentes" foram uma forma

---

100   As outras linhas são: Centro de Referência, Lugares da Memória, Exposição, Ação Educativa e Ação Cultural. Como citado, a linha de ação "Lugares da Memória" está ativo e contou com uma exposição temporária entre 26/11/2011 e 18/03/2012, apresentando os resultados dos trabalhos empreendidos pela equipe de pesquisa do Memorial.

101   NEVES, Katia Felipini. "Entrevista concedida à Deborah Regina Leal Neves". São Paulo: 14 nov. 2013. Audio Digital, 59:12 min. Acervo da autora.

de compensar o pouco espaço físico destinado ao Memorial, lamentado também pelas responsáveis pelo projeto museológico.

> No atual Memorial da Liberdade, apenas quatro celas vazias guardam a clareza perversa em sua estrutura: quase sem luz, ocultam seus antigos desígnios deixando de mostrar o grotesco e a exclusão premeditada pelo Estado. Se recuperadas na sua aparência, as celas e o 'corredor de tomar sol' certamente poderão contribuir para a reconstituição do drama vivenciado pelos presos políticos, rotulados de subversivos da ordem. (…) Lapidadas pelo restauro, são fragmentos esgarçados de memória. (…) Nos andares superiores, desapareceram as salas majestosas e o mobiliário talhado por mestres do ofício para servir às autoridades da ordem.[102]

Não obstante, o Memorial deixa uma mensagem de resistência. As visitas guiadas incitam as pessoas a refletirem sobre as formas de repressão e resistências contemporâneas, evidenciando que o espaço não tem relação apenas com o passado, mas com o presente. Neves afirma que a ideia é levar o visitante a sair do Memorial com vontade de mudar, de levar adiante lutas contemporâneas.

Um museu no Casino de Oficiales?

Como apontado anteriormente, a desocupação dos edifícios pela Marinha teve início ainda em 2004, e o *Casino de Oficiales* foi desocupado no primeiro período estabelecido, ou seja, dezembro do mesmo ano. A partir de então, iniciaram-se discussões para determinar qual seria o uso reservado àquele espaço considerado o mais importante tanto pelo tombamento quanto pelas organizações sociais envolvidas nesta operação de reocupação pública do local.

A transformação de um espaço que era utilizado como centro de detenção e tortura em um local que lhe confere sentido completamente diverso gerou grande impacto na sociedade. Lá não seria mais a escola onde os militares eram educados e treinados, mas serviria, a partir de então, para denunciar os crimes que esses cometeram, para contar uma história a partir das memórias de quem viveu o que ocorreu.

---

102 BRUNO, Maria Cristina Oliveira; CARNEIRO, Maria Luiza Tucci; AIDAR, Gabriela. O projeto Museológico de Ocupação. In: ARAÚJO, Marcelo Mattos; BRUNO, Maria Cristina Oliveira Bruno (coords.). *Memorial da Resistência de São Paulo*. São Paulo, Pinacoteca do Estado, 2009, p.42.

Não obstante, a polêmica sobre o que fazer com o *Casino* também estava presente no interior da *Comisión Bipartita*, pois não havia consenso sobre o destino, com exceção da questão da preservação integral do edifício como prova material nos processos judiciais[103] em curso contra agentes das forças de repressão. Essa é a razão principal pela qual não é permitido filmar ou fotografar o edifício durante as visitas guiadas.

Um dos pontos de conflito, logo no início dos trabalhos, teve a ver com a proposta do *Centro de Estudios Legales y Sociales* (CELS) de que a parte educacional da Marinha fosse mantida no complexo, pois entendiam que a coexistência entre civis e militares em um mesmo espaço poderia ser benéfica para a difusão de uma cultura de Direitos Humanos. A *Asociación de Ex-Detenidos Desaparecidos* (AEDD) rechaçou publicamente qualquer possibilidade de convivência com instituições militares naquele espaço, e a maioria dos organismos apoiava a ideia de desalojamento completo da Marinha,[104] que foi o que ocorreu.

Com impasses produzidos em seu interior, a *Comisión Bipartita* decidiu, em junho de 2004, abrir uma convocatória pública para receber propostas de como ocupar aquele espaço, de modo que a destinação não seria totalmente voltada a questões ligadas ao terrorismo de estado da década de 1970, como também a outras demandas atuais da sociedade, utilizando as construções já existentes, sem possibilidade de demolições ou novas edificações, mas tão somente a reutilização dos edifícios.

Foram recebidas 21 propostas advindas das organizações de direitos humanos que sempre participaram dos debates, acrescida de organismos não governamentais, particulares ou grupos de particulares e organismos governamentais. Destacam-se as propostas da AEDD e da APDH *La Plata*, que propunham a manutenção do edifício tal como estava, sem a ocupação por nenhuma instituição, porque isso esvaziaria e naturalizaria o conteúdo do lugar, retirando o caráter do local como CCD (essa é a posição da organização até hoje). Destaca-se também a proposta do agrupamento *Memoria Abierta*, que rechaçaram a ideia de deixar o complexo vazio e sem uso, reduzindo-o a uma única função de memória, devendo ocupar o *Casino* com uma espécie de Museu e os outros prédios com instituições ligadas à cidadania. Ao que se vê hoje, a proposta do *Memoria*

---

103   Essa experiência argentina criou uma espécie de "jurisprudência" e foi determinante na elaboração de diretrizes de manejo de lugares de memória difíceis, criada pelo IPPDH, que será discutido na conclusão deste trabalho.

104   GUGLIELMUCCI, Ana. Op.cit., p.254-255.

Abierta foi a vencedora, já que diversas organizações ocuparam os edifícios e desenvolvem atividades ligadas à educação, cultura e, principalmente, à memória acerca do terrorismo de Estado.

Como vimos, essa ocupação foi fruto de discussões empreendidas com as organizações de direitos humanos e os governos, no âmbito da criação do Ente Público *Espacio Memoria*, criado no ano de 2007. A lei que criou este ente valorizava a participação destas organizações não apenas como meros consultores, mas como agentes da recuperação do espaço, valorizando a luta histórica.

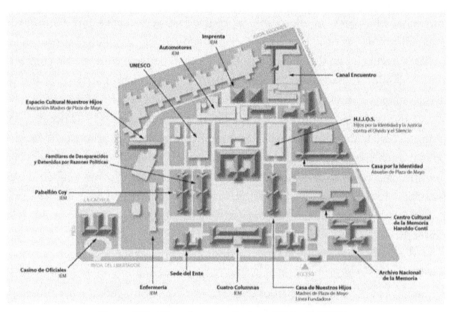

Figura 136 – Mapa de ocupação dos edifícios da ESMA.
Fonte: Instituto Espacio para la Memoria.

Como mencionado, o *Casino de Oficiales* ficou sob a responsabilidade do IEM, que desde o principio enfrentou desafios conceituais acerca da articulação entre a materialidade e a memória daquele e sobre aquele espaço: dever-se-ia preservar, transformar ou reconstruir o edifício como CCD?

A opção foi pelo destaque de rastros e marcas que evidenciavam a existência de um CCD no *Casino* e as ações empreendidas para tentar ocultá-lo, como analisado anteriormente, tratando o edifício como um documento histórico, que conta diversas histórias de distintos períodos. Assim, trabalhos de conservação, restauro e investigação prospectiva foram realizados com a finalidade de criar um relato sobre o que aconteceu naquele lugar com base principalmente em testemunhos, servindo tanto para estabelecer uma narrativa sobre o CCD quanto para produzir provas materiais que serviriam à Justiça nos julgamentos dos responsáveis pelo CCD ESMA. A reconstrução como CCD foi descartada por não haver uma única configuração em seu período de existência e tampouco ser um relato "fiel" ao que havia sido. Vale salientar que em nenhum momento houve a premissa de destruir o que existia, porque se poderia privilegiar um relato sobre outro. Nesse sentido, a criação desta comissão mista possibilitou a ampla discussão e com isso, a preservação. Os trabalhos revelaram o cotidiano do CCD e as políticas de ocultamento, superando a reconstrução literal ou a destruição total do sítio

Optou-se, por outro lado, elaborar representações gráficas como plantas baixas e elevações para facilitar a compreensão do funcionamento do lugar, sem a necessidade de intervenção física no edifício. Esses trabalhos, somados aos testemunhos produzidos ao longo de anos poderiam dar origem a uma narrativa heterogênea e ampla sobre o cotidiano e o funcionamento do CCD, isso porque também apontam para a ausência de coincidência entre testemunhos e a materialidade "no sólo es un refuerzo de los testimonios, sino que también sirve para discutirlos, relativizarlos o ampliarlos".[105]

Assim, foram produzidos totens explicativos da função de cada lugar e, ao contrário de um museu tradicional, as marcas do tempo, da ação dos homens e da barbárie foram destacadas como se fossem objetos de exposição museológica, conduzindo o visitante ao

> *que foi através do que é. Através da exposição de 'marcas edilícias' e uns poucos objetos encontrados durante os trabalhos de restauração e pesquisa arqueológica (...) [impõe] a quem visita o lugar que (...) a 'marca edilícia' é uma 'pegada do passado' equivalente à sua interpretação atual. Ou seja, a apresentação das marcas edilícias e os objetos arqueológicos, em termos de 'testemunho' ou como 'memória do vivido', supõe ao visitante aceitar o 'como se' em termos do 'que realmente foi e já não é mais'.[106]*

Os totens, que contam a história do que era o local ou que apresentam fragmentos de testemunhos, buscam ocupar o vazio físico do espaço. A visita guiada, feita através de uma narrativa, é uma espécie de substituta de objetos, fotografias ou configurações espaciais que já não existem naquele lugar. O intuito é fazer com

---

105 GUGLIELMUCCI, Ana. Op. cit, p.293.

106 GUGLIELMUCCI, Ana. Op. cit, p.295. Tradução livre da autora.

que o visitante veja o que não está mais; portanto, trata-se de uma experiência sensorial conduzida por meio da narração, ampliando a percepção da audição, do olfato, da sensação térmica, da umidade, da restrição de luz natural. É uma tentativa de conduzir as pessoas a experimentarem a sensação do detido naquele local, produzindo empatia com aquela situação a qual um ser humano foi submetido. Segundo responsáveis pela elaboração dos cartazes do *Casino*,[107] a intenção é justamente provocar o impacto de uma vivência, mais que historiar os testemunhos, tarefa atribuída ao *Museo de la Memoria*, implantado no *Edifício Cuatro Columnas*, sob a responsabilidade do *Instituto Espacio para la Memoria* (IEM).[108] Nesse sentido, "essa vivência expressa nos testemunhos se incorpora ao acúmulo de experiências e percepções que tem cada visitante ao recorrer esses espaços vazios, já desgastados pelo tempo, mas cuja contundência material (e, portanto, memorial) é indubitável".[109]

---

107 Claudia Feld entrevistou Alejandra Naftal, responsável pela elaboração dos cartazes, que deveriam ser temporários até a definição final sobre o que se faria com o local. FELD, Claudia. Las capas memoriales del testimonio. Un análisis sobre los vínculos entre espacio y relatos testimoniales en el Casino de Oficiales de la ESMA, *in*: HUFFSCHMID, Anne; DURÁN, Valeria (eds.). Topografías conflictivas: memorias, espacios y ciudades en disputa. Buenos Aires: Nueva Trilce, 2012. As análises sobre a entrevista estão principalmente entre as páginas 351-362.

108 "O Instituto Espacio para la Memoria é uma autarquia ligada à Cidade Autônoma de Buenos Aires responsável pela guarda e transmissão da memória e historia dos fatos ocorridos durante o Terrorismo de Estado, dos anos 70 e inícios dos 80 até a recuperação do Estado de Direito, assim como os antecedentes, etapas posteriores e consequências, com o objetivo de promover o aprofundamento do sistema democrático, a consolidação dos direitos humanos e a prevalência dos valores da vida, a liberdade e a dignidade humana" (Ley 961/02), e desde 2004 integra a Comision Bipartita. Segundo informações do site, o "Instituto Espacio para la Memoria manterá intactos os lugares em que permaneceram os detidos-desaparecidos, sinalizando tais lugares e utilizará os outros espaços sob sua responsabilidade para contar sobre as histórias de vida dos militantes que por ali passaram, as grávidas e os repressores que atuaram naqueles locais". Fonte: http://www.institutomemoria.org.ar/_ccdte/esma.html Tradução livre da autora.

109 FELD, Claudia. "Las capas memoriales del testimonio. Un análisis sobre los vínculos entre espacio y relatos testimoniales en el Casino de Oficiales de la ESMA". In: HUFFSCHMID, Anne; DURÁN, Valeria (eds.). *Topografías conflictivas: memorias, espacios y ciudades en disputa*. Buenos Aires: Nueva Trilce, 2012, p.362. Tradução livre da autora.

Figura 137 – **Fachada frontal do** *Edifício Cuatro Columnas*. **Foto: Deborah Neves (set.2011)**

Figura 138 – Interior do *Edifício Cuatro Columnas*, com exposições organizadas pelo IEM. Foto: Deborah Neves (set.2011)

Buscando compreender essa estratégia de ocupação do espaço apenas com narrativas, fugindo ao lugar-comum de museus ou memoriais de um modo geral, Claudia Feld[110] analisa a forma da "narrativa" apresentada pelos guias (que variam no conteúdo, mas seguem uma linha pré-determinada de contar a trajetória de um detido pelo *Casino*). Classifica essa estratégia de ocupação "museológica" em três partes conectadas entre si e que são suportes orientadores da visita guiada:

---

110 FELD, Claudia. Las capas memoriales del testimonio. Un análisis sobre los vínculos entre espacio y relatos testimoniales en el Casino de Oficiales de la ESMA, *in*: HUFFSCHMID, Anne; DURÁN, Valeria (eds.). Topografías conflictivas: memorias, espacios y ciudades en disputa. Buenos Aires: Nueva Trilce, 2012, p.335-365.

1. A apresentação das marcas físicas que denunciam as alterações produzidas no espaço para desviar a atenção da comitiva da CIDH, como "prova" de que existiu o centro clandestino de detenção narrado por sobreviventes. Essa estratégia garante confiabilidade ao testemunho prestado por essas pessoas;

Figura 139 – Anteparo de madeira para disfarçar a existência de uma escada que ligava o térreo ao porão, com sinalização do totem. Foto: Angela de la Mora (argentinaenfotos.com)

Figura 140 – Totem indicando a existência, naquela sala, de um quarto especial para as grávidas (*Habitación para las embarazadas*). Foto: Deborah Neves (nov.2013)

2. A exibição de totens com reproduções de plantas das principais salas do

edifício, em tamanho grande, que permitem ao visitante imaginar a configuração espacial daquele lugar hoje vazio; estimula-se a fabricação mental de uma imagem de cada parte do edifício;

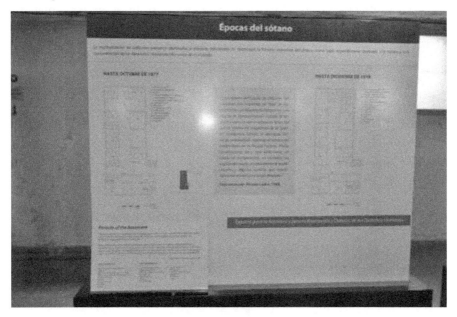

Figura 141 – Totem no porão, com plantas desenhadas a partir de testemunhos. No centro, em amarelo, destaca-se o testemunho de Miriam Lewin à CONADEP, em 1984.
Foto: Deborah Neves (set. 2011)

3. A utilização de fragmentos testemunhais como forma de narrar as experiências de pessoas que ali ficaram detidas, submetidas a trabalhos forçados, torturas físicas e psicológicas, isolamento, mas também as estratégias de resistência a esta situação, por meio de pequenos atos, como a tentativa de conversa com outros detidos, alguma concessão obtida de determinado guarda, exercícios mentais para a manutenção da sanidade.

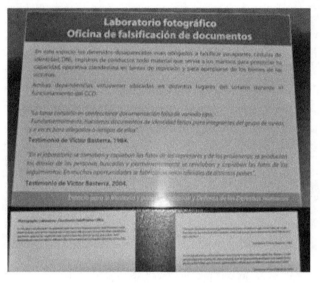

Figura 142 – Totem contendo testemunho de Victor Basterra, no interior do Porão.
Foto: Deborah Neves (set.2011)

Ademais, a mesma sinalização foi utilizada na parte externa do edifício e nos outros prédios que conformam a ESMA, criando uma linguagem única e padronizada do lugar.

Figura 143 – À esquerda, totem de identificação do Casino de Oficiales. Ao fundo, a fachada principal do edifício. Foto: Deborah Neves (nov.2013)

Figura 144 – Totem contendo descrição, no lado externo do Casino.

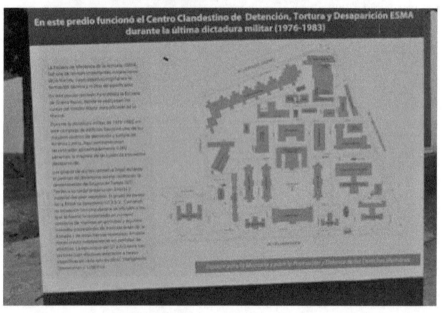

Figura 145 – Totem externo instalado logo após a entrada principal do Espacio para la Memoria, indicando o funcionamento do local como escola e depois como CCD.
Foto: Deborah Neves (set.2011)

Assim, fecha-se a exposição de forma que o visitante possa apreender mentalmente a configuração espacial do lugar e sua lógica de funcionamento, possa enxergar uma pessoa inserida nesta lógica a partir dos testemunhos – eventualmente, colocar-se no lugar deste detido – e, por fim, ter provas materiais da existência deste lugar e da tentativa de apagamento de vestígios de ocupação e uso por parte dos militares. É a estratégia de transmissão da "aura"[111] do lugar, "em que se podem perceber sensorialmente o afastamento e a distância irrecuperável do passado".[112]

Feld critica a eleição de apenas 22 testemunhos para a elaboração dos cartazes, com a predominância dos relatos de alguns detidos sobre outros, com base apenas na sua contundência, apontando para uma homogeneização do discurso produzido sobre o lugar, além de uma crítica às datas em que estes testemunhos foram coletados e a ausência de informações sobre os períodos de detenção, criando confusão inclusive sobre o espaço relatado. Por outro lado, a utilização de testemunhos prestados quando o CCD ainda estava em funcionamento conferem um grau de inteligibilidade do momento vivido, sem a "perlaboração"[113] posterior que o sobrevivente faz com o passar dos anos.

A atual ocupação do *Casino* segue parte das diretrizes propostas para todos os outros edifícios na ESMA, que são a provocação de um ato de memória que possibilite a cada indivíduo descobrir por si mesmo o significado do local por meio da exibição de suas instalações e elementos. Transcendendo a concepção tradicional de museu historiográfico que tende a legitimar aquilo que exibe, a

---

111 Segundo Walter Benjamin, "aura" é o conceito que resume e explica que "A autenticidade de uma coisa é a quintessência de tudo o que foi transmitido pela tradição, a partir de sua origem, desde sua duração material até seu testemunho histórico. Como este depende da materialidade da obra, quando ela se esquiva do homem através da reprodução, também o testemunho se perde. Sem dúvida, só esse testemunho desaparece, mas o que desaparece com ele é a autoridade da coisa, seu peso tradicional". Para o autor, a aura "é uma figura singular, composta de elementos espaciais e temporais: a aparição única de uma coisa distante, por mais perto que ela esteja". BENJAMIN, Walter. "A obra de arte na era de sua reprodutibilidade técnica". In: BENJAMIN, Walter. *Magia e técnica, arte e política: ensaios sobre literatura e história da cultura*. Trad.Sergio Paulo Rouanet. Pref. Jeanne Marie Gagnebin. 7ª Ed. *Obras Escolhidas*, V.1. São Paulo: Brasiliense, 1994, p.168 e 170.

112 ASSMANN, Aleida. *Op. cit.*, p.360.

113 A perlaboração é um conceito desenvolvido pelo psicanalista Sigmund Freud, que em linhas gerais, trata do "trabalho da travessia", da elaboração interpretativa acerca de um evento traumático. Paul Ricouer trabalha esse conceito em sua obra "A memória, a história, o esquecimento", citada anteriormente neste trabalho.

construção do relato histórico do *Espacio para La Memoria* permite que o visitante vincule o acontecido ao contexto nacional, latino-americano e internacional e a representação do ocorrido no CCD, recompondo a experiência do cotidiano dos detidos-desaparecidos,[114] e articule suas próprias experiências e ideias a respeito.

As últimas informações obtidas sobre o que será feito no *Casino de Oficiales* é que deverá, futuramente, funcionar um Museu específico sobre o que foi a ESMA, acerca daquele Centro de Detenção e não do terrorismo de Estado de maneira geral.[115] No ano de 2013, o *Ente Público Espacio Memoria* apresentou o projeto de ocupação do *Casino de Oficiales,* que gerou descontentamentos por parte de organizações ligadas a ex-detidos (AEDD, LIBERPUEBLO), de guias que fazem as visitas no *Casino* e de Victor Basterra, sobrevivente. Segundo informe da AEDD, o projeto envolve a instalação de dispositivos museológicos (computadores, painéis, luminárias e sistemas de abastecimento de água, entre outros) em quase todas as áreas da propriedade, de modo que o projeto ficaria pronto em Novembro de 2013, e a inauguração ocorreria em março de 2014. Embora tenham sido empreendidas pesquisas para ter acesso ao documento original a fim de analisar a proposta, este não foi localizado, possivelmente por não estar diponível ao público.[116]

Sob os protestos de interessados e de envolvidos na preservação do espaço – inclusive uma correspondência da AEDD enviada para a CNMMyLH que informa que alterações podem modificar o sentido o lugar e, portanto, do tombamento –, a Secretaria de Derechos Humanos da Presidencia de la Nación decidiu elaborar um novo plano museográfico com alterações. Entretanto, a AEDD continua manifestando sua crítica, afirmando que, além dos outros espaços estarem corrompidos pelo partidarismo, há a intenção de ressignificar a ESMA ao invés de recuperá-la.

---

114   "Convocatoria/bases Anteproyecto Espacio para la Memoria ("ESMA")", reproduzido em GUGLIELMUCCI, Ana. *Op. cit.*, p.258-259.

115   Essa informação foi dada por Valéria Barbuto, representante da organização Memoria Abierta, durante sua palestra proferida no I Seminário Latino Americano sobre Lugares de Memória, realizado em 27 nov. 2012, no Arquivo Público do Rio de Janeiro.

116   Segundo informações da publicação La Pulseada, o Espacio Memoria afirmou não ser possível o acesso à proposta porque o projeto "Está en proceso de elaboración y construcción de consensos con muchos de los actores involucrados". D'AMICO, Maria Laura; IPARRAGUIRRE, Maria Soledad. Sobre las huellas del terror. La Pulseada, 11 jul. 2013. Disponível em http://www.lapulseada.com.ar/site/?p=5971, acessado em 03 dez. 2013.

A PERSISTÊNCIA DO PASSADO

Os principais pontos de divergência da AEDD[117] em relação ao projeto são:

- Salão *Dorado*: Instalação de plasmas e projeções ao longo de um período de 15-20 minutos que mostrem, de forma rotativa, informações sobre repressores e detidos desaparecidos, ambos no mesmo espaço.

- *Capucha y pañol*: a instalação de placas de piso, indicando o fluxo a ser seguido na visitação, refazendo os passos dos detidos;

- Porão: instalação artística com pedras, fotos e água (possivelmente numa referência aos traslados para os voos da morte sobre o Rio de la Plata)

- Remoção da estrutura instalada ante a visita da CIDH em 1979 pelos repressores para ocultar a escada de acesso ao porão

- Com relação ao final da visita, existe a proposta de elaborar uma saída do porão de duas maneiras: 1- Uma saída a um cubo de vidro sem saída; 2- Uma saída pela escada pela qual eram levados os detidos-desaparecidos aos "traslados", para os voos da morte. Ali se encontraria um espaço envidraçado, com os nomes dos detidos-desaparecidos, e também informação sobre a atualidade do prédio. Ambas as propostas induzem a uma metáfora para a situação do preso: não há saída e quando há, ela leva à morte.

A AEDD acredita que qualquer interferência museográfica como a exibição de vídeos – colocando vítimas e genocidas em um mesmo espaço, ainda que virtual – ou a indução a uma visita auto-guiada por caminhos pré-determinados por sinalizações, acabariam com as visitas coletivas, criando a figura da visita individual. As visitas individuais perverteriam o sentido das grupais, em que os debates que são desenvolvidos com mais intensidade e permitem a troca de ideias e experiências entre os participantes durante as três horas que duram. Ademais, afirmam que a escrita do nome dos mortos e desaparecidos em um vidro "cristalizaria" suas

---

117 Posición de la asociación de ex – detenidos desaparecidos ante el proyecto museográfico para El Casino De Oficiales Presentado Por el ente espacio para la memoria y la Secretaría de Derechos Humanos de la nación. *Boletín AEDD* nº 959, 25 mar. 2013. Disponível em http://aedd-casapueblos-boletines.blogspot.com.br/2013/03/posicion-de-la-asociacion--de-ex.html, acessado em 3 dez. 2013.

vidas sem relatar a essência de cada um, e que criar uma ideia de que "não há saída" é subestimar a solidariedade, a resistência e a luta do povo argentino.

Segundo Alejandra Naftal, a preocupação com o lugar não é necessária, já que a proposta "(...) segue preservando a intangibilidade do edifício, o que significa que não altera o lugar, isto é: não se reconstrói o Centro Clandestino de Detenção e se mantém o edifício como testemunho material".[118]

Embora não seja possível fazer uma análise sobre a proposta, considerou-se importante registrar neste trabalho a intenção de ocupação do *Casino* com técnicas museológicas e museográficas a fim de que o tema possa ser discutido posteriormente. Especialmente porque em informe de março 2007, a *Comision Bipartita* afirmou que os cartazes com testemunhos e reproduções gráficas seriam "a única intervenção a realizar-se no Casino, que será mantido sem modificação ou reconstrução alguma".[119]

A IMPORTÂNCIA DO "LUGAR" E DO MEMORIAL "NO LUGAR"

Devidamente apresentados, identificamos que ambos os memoriais remetem ao período das recentes ditaduras civil-militares que foram instauradas nestes países entre a década de 1960 e meados da década de 1980; e mais: ambos estão instalados nos locais antes eram ocupados pelas forças de estado que contribuíram para o funcionamento do sofisticado aparato de repressão à população. Essa observação é importante, pois a funcionalidade de um memorial depende de sua localidade, do lugar que ocupa; tanto Memorial da Resistência como Casino estão constituídos no local geográfico a que remetem, possibilitando classificá-los como "museu-lugar" ou, nas palavras de Nora, um lugar de memória; para Ricoeur

> (...) os lugares permanecem como inscrições, monumentos, potencialmente como documentos, enquanto as lembranças transmitidas unicamente pela voz voam, como voam as palavras (...) Os mais me-

---

118 Se presentó un proyecto para que el ex casino de oficiales de la ex ESMA sea un sitio de memoria. *Télam*, 15 nov. 2013. Disponível em http://www.telam.com.ar/notas/201311/40982--se-presento-un-proyecto-para-que-el-ex-casino-de-oficiales-de-la-ex-esma-sea-un-sitio--de-memoria.html, acessado em 03 dez. 2013. Tradução livre da autora.

119 COMISION BIPARTITA. *Informe sobre el Espacio para la memoria y para la promoción y defensa de los derechos humanos en el ex Centro Clandestino de Detención "ESMA"*. Marzo de 2007, Buenos Aires, Secretaria de Derechos Humanos de la Nación *apud* GUGLIELMUCCI, Ana. Op.cit., p.306. Tradução livre da autora.

moráveis lugares não pareceriam capazes de exercer sua função de memorial se não fossem também sítios notáveis no ponto de interseção da paisagem e da geografia. Em resumo, os lugares de memória seriam os guardiões da memória pessoal e coletiva se não permanecessem 'em seu lugar', no duplo sentido do lugar e do sítio?[120]

Ora, o que os edifícios, por si, nos contariam se não fossem ocupados, se não tivessem suas histórias reveladas pelos referidos memoriais? Não fosse a atividade humana ter se desenvolvido ali, ainda que remetam ao horror, e se não houvesse o intuito de tornar públicas as experiências de indivíduos que vivenciaram as práticas daquele local, diminuiria uma face importante de seu sentido social, não haveria a construção de uma memória coletiva acerca de um passado que se preferia esquecer ou mesmo ocultar. Não seriam, portanto, lugares de memória.

Esses lugares, além de serem carregados de sentidos, possuem aquilo que se entende por "espírito do lugar" (*spiritu loci*). De acordo com a Declaração de Quebec,

> O espírito do lugar é definido como os elementos tangíveis (edifícios, sítios, paisagens, rotas, objetos) e intangíveis (memórias, narrativas, documentos escritos, rituais, festivais, conhecimento tradicional, valores, texturas, cores, odores, etc.) isto é, os elementos físicos e espirituais que dão sentido, emoção e mistério ao lugar.

> Em vez de separar o espírito do lugar, o intangível do tangível e considerá-los como antagônicos entre si, investigamos as muitas maneiras dos dois interagirem e se construírem mutuamente.

> O espírito do lugar é construído por vários atores sociais, seus arquitetos e gestores, bem como seus usuários que contribuem ativamente e em conjunto para dar-lhe um sentido.

Ao proceder a reforma de maneira indiscriminada, promoveu-se a subtração desse espírito do lugar. Este "espírito" está intimamente ligado à necessidade de identificar o local do cárcere, compreender cada área em que se ficou, viveu a experiência, porque a memória topográfica se conecta a uma memória imagética, possibilitando a conexão das ideias a imagens, e estas a locais conhecidos, resul-

---

120 RICOUER, Paul. *A memória, a história, o esquecimento*. Trad. Alain François [*et al*]. Campinas: Editora da UNICAMP, 2007, p.58-60

tando numa profunda ligação entre memória e espaço.[121] A dissociação entre o testemunho e o espaço onde os fatos aconteceram impede a percepção e apreensão do lugar por aqueles que não viveram a experiência. A existência física do lugar é um testemunho privilegiado que descreve aquilo que não pode ser traduzido somente com palavras, tornando presente aquilo que está ausente. O espaço é em si mesmo um fragmento do passado que se conserva.

Sobre essa ideia, Paul Ricouer afirma que "as 'coisas' lembradas são intrinsecamente associadas a lugares. E não é por acaso que dizemos, sobre uma coisa que aconteceu, que ela teve lugar".[122] No mesmo sentido, Assmann afirma que esses locais possuem certa "magia" justamente por serem "zonas de contato" com o passado, que fazem com que o visitante crie uma conexão entre o "presente sensorial e o passado histórico", só possível no local onde as coisas ocorreram, porque "a dimensão de aura atribuída ao local de recordação reside justamente em sua estranheza, em uma ruptura categórica que é mais difícil evitar quando se está no próprio local do que em meio à recepção imaginativa de um livro ou de um filme."[123]

Pilar Calveiro aponta para a relevância de se conhecer como cada CCD estava fisicamente distribuído porque

> (...) as plantas dos campos de concentração parecem ilustrar essa ideia de compartimentação como antídoto do conflito, que permeia todo o processo. Longas sequências de compartimentos; depósitos ordenados e separados pela arquitetura, de acordo com as etapas do processo desaparecedor (captura, tortura, assassinato, desaparecimento dos corpos), entre os serviços que recebem e processam a informação (Marinha, Exército, Aeronáutica), do próprio campo como um compartimento separado da realidade. [124]

---

121 Essa discussão é feita por SELIGMANN-SILVA, Márcio. "Apresentação da questão". In: SELIGMANN-SILVA, Márcio (org.). *História, memória, literatura. O testemunho na era das catástrofes*. Campinas: Editora da UNICAMP, 2003.

122 RICOUER, Paul. *A memória, a história, o esquecimento*. Trad. Alain François [*et al*]. Campinas: Editora da UNICAMP, 2007, p.57.

123 ASSMANN, Aleida. *Op. cit.* p.359-360.

124 CALVEIRO, Pilar. *Poder e desaparecimento: os campos de concentração na Argentina*. Tradução Fernando Correa Prado. São Paulo: Boitempo, 2013, p.79-80.

A forma física é importante e indispensável para compreender a lógica em que funcionavam esses centros de repressão, verdadeiras linhas de produção de métodos de tortura e de submissão daquele classificado como "inimigo".[125]

Mas de que maneira deve-se promover a recordação de um evento? Todorov lista duas formas de recordar, a fim de evitar os "usos inadequados da memória". Pode-se fazer um paralelo com aquilo que Tzvetán Todorov chama de "memória exemplar" e "memória literal" em seu texto "Los abusos de la memoria". De acordo com suas reflexões, a "memória literal" é aquela que busca a preservação do passado literal, permanece intransitivo – ou seja, tem sentido completo em si mesmo – e não conduzindo além de si próprio. Estabelece uma ligação de contiguidade, isto é, entre o que foi e o que é agora, entre o passado e o presente, por meio do realce das causas e consequências desse passado, estendendo "as consequências do trauma inicial a todos os instantes da existência".[126] É a submissão do presente ao passado.

Já a "memória exemplar" usa o passado, uma vez recuperado, como uma manifestação entre outras de uma categoria mais geral, servindo como modelo para compreender situações novas com agentes diferentes. Trata-se de analogia e generalização, construindo um exemplo de que se extrai uma lição. O passado se converte em princípio de ação para o presente, ou seja, utiliza-se o passado com vistas no presente, a fim de aproveitar as lições das injustiças sofridas para lutar contra as que se produzem hoje em dia – é o caso da justiça.

Podemos afirmar que tratamos aqui acerca de instituições que servem tanto à memória literal quanto à memória exemplar. Se pensarmos no *Casino de Oficiales*, isoladamente dos outros equipamentos que hoje ocupam a ESMA, trata-se de um representante da memória literal, já que ali é construído um relato que enfoca o período da ditadura (1976-1983), recuperando o que ocorreu apenas naquele local, bem como os relatos de quem por ali passou; trata-se de uma discussão sobre o passado político da Argentina. Certamente, essa condição muda se o *Casino* for entendido como parte de um complexo de instituições preocupadas com questões do passado, mas também contemporâneas. Nesse sentido, o *Espacio para La Memoria* representa a "memória exemplar".

Já o Memorial da Resistência é um espaço que se propõe a recuperar a história do local relacionada com a ditadura, mas criar um nexo com o presente, inclusive por meio de cursos e oficinas de discussão e arte, constituindo-se em "memória exemplar". Se houvesse uma interlocução crítica do Memorial da Resis-

---

125   Sobre este tema, ver CALVEIRO, Pilar. *Op. cit.* p.50-51, 81 e 92-93.

126   TODOROV, Tzvetán. *Los abusos de la memoria*. Buenos Aires: Paidós, 2000, p.30-31

tência com a realidade existente no seu próprio entorno – já que a instituição está localizada numa região paulistana em que predomina a miséria, a exploração da mão-de-obra imigrante, a precarização das relações de trabalho, o comércio ilegal, o tráfico e o uso drogas – poderia discutir de maneira colaborativa para o debate do "conflito de memórias" entre o passado recente e as reivindicações sobre os direitos humanos hoje.

O "bom uso" do passado é um exercício de transmutação que vai do individual – daquele que vivenciou o fato – ao sociopolítico, tornando este um uso útil. Paul Ricouer ratifica o alerta de Todorov, afirmando que é necessário "extrair das lembranças traumatizantes o valor exemplar que apenas uma inversão da memória em projeto pode tornar pertinente. Enquanto o traumatismo remete ao passado, o valor exemplar orienta para o futuro".[127] É essa uma das tarefas imputadas a estes, seja pelos diretamente envolvidos nos episódios tratados, seja pela sociedade, já que se trata de duas instituições que também são financiadas com recursos públicos, ainda que não exclusivamente.

Gabi Dolff-Bonemkamper afirma que as ações desenvolvidas por meio da arte, de exposições desenvolvidas por memoriais, museus e outros agentes sociais são importantes para trazer o passado ao presente e, indo além, levar o passado ao futuro, desarranjar a temporalidade, conectando através do mesmo espaço simbólico diferentes tempos e pessoas, tornando o ambiente de um familiar ao outro em um tempo distinto, mas no mesmo espaço.[128] No mesmo sentido, Tali Hatuka discute que o evento histórico deve ser usado como ponto de referência para pensar o lugar como uma nova e inovadora forma para reimaginá-lo para o futuro.[129] São reflexões ligadas ao conceito de "Memória Exemplar". Em termos gerais, é *"aquela memória que permite converter o passado em princípio de ação para o presente, que se situa além dos acontecimentos e*

---

127 RICOUER, Paul. *Op. cit.*, p.99.

128 DOLFF-BONEKÄMPER, Gabi. "Walk into somebody elses' pasts: local and social frames for the construction and evocation of pasts". Palestra proferida na mesa "Mobilizações da memória: relações entre materialidade e imaterialidade. *Conferência Internacional Patrimônio Cultural: memória e intervenções urbanas.* Faculdade de Arquitetura e Urbanismo, Universidade de São Paulo. São Paulo, 28 ago. 2013. Audio pertencente ao acervo da autora.

129 HATUKA, Tali. Palestra proferida na mesa "Memórias difíceis: entre a valorização e o apagamento". *Conferência Internacional Patrimônio Cultural: memória e intervenções urbanas.* Faculdade de Arquitetura e Urbanismo, Universidade de São Paulo. São Paulo, 28 ago. 2013. Audio pertencente ao acervo da autora.

que, sem negar sua singularidade, os coloca – os acontecimentos – no interior de uma perspectiva mais ampla, tomando-os como modelo para pensar outros fatos".[130]

Isso porque a memória é retrospectiva e prospectiva, e pode fornecer uma perspectiva para a interpretação das nossas experiências no presente para a previsão do que virá a seguir. A memória só tem sentido se atualizada. Como a memória não está nas coisas, mas na relação que com elas se pode manter, é sempre possível uma nova leitura, uma nova audição ou percepção. Portanto, o Memorial da Resistência e o *Casino de Oficiales* constroem uma memória da ditadura, mas eles próprios serão objetos da memória no futuro, como parte de uma política de reparação dos erros do estado num tempo passado. Lugares como estes devem ser encorajadores de debates inéditos na sociedade, e seus valores de lugares de uma memória "incômoda" devem ser considerados como adicionais aos históricos e estéticos, e principalmente, estes devem estar relevados e discutidos nesses memoriais que lá foram instalados.

BREVE REFLEXÃO SOBRE A PRESERVAÇÃO DE LUGARES DE MEMÓRIA NO MERCOSUL

Como estudado ao longo deste trabalho, nem sempre as memórias, a aura e o espírito do lugar são respeitados quando estes são submetidos a intervenções físicas. Ainda que a Carta de Veneza estabeleça recomendações que visam a proteção desses valores intangíveis, que muitas vezes são materializados por características específicas de lugares de memória, são muitas as mutilações e descaracterizações.

A Carta de Veneza, elaborada no ano de 1964, passou por discussões ao longo das décadas que possibilitou a elaboração de outros documentos específicos sobre a conservação de diferentes tipos de patrimônio, seguindo a tendência de ampliação do conceito, como já discutido neste trabalho. Entre esses documentos, que tratam da preservação de sítios arqueológicos, jardins históricos, cidades históricas, patrimônio subaquático, pinturas murais, entre outros, soma-se um produzido no âmbito do Mercosul, que aborda formas de conservação e intervenção em sítios históricos vinculados às ditaduras militares ou a outros eventos traumáticos. Trata-se do documento *Princípios fundamentales para las políticas públicas sobre sítios de memoria*, elaborado em setembro de 2012.

---

130 RUIZ, Maria Olga. Qué y como recordar: luchas por la memoria em el movimento de derechos humanos argentino (1976-1998). *Nuevo Mundo mundos Nuevos, Cuestioes del tempo presente*, mai.2011. Disponível em http://nuevomundo.revues.org/61495, acessado em 20 jun. 2011. Tradução livre da autora.

Aprovado no dia 30 de novembro de 2012 na IV Reunião Extraordinária de Altas Autoridades em Direitos Humanos e Chancelarias do MERCOSUL e Estados Associados (RAADH) e ratificado na XLIV Cúpula de Chefes e Chefas de Estado do Mercosul e Estados Associados, realizado em 6 e 7 de dezembro de 2012 em Brasília, este documento visa criar uma política pública comum aos países do Mercosul em relação ao tratamento que deve ser dado aos espaços considerados "lugares de memória", a fim de fomentar uma maior cooperação para preservar o direito à verdade e à memória, assim como levar a cabo uma iniciativa sobre memória e preservação de sítios históricos em que ocorreram ações repressivas e detenções clandestinas como testemunho do ocorrido no passado da região. O patrimônio é uma das ferramentas disponíveis ao Estado a fim de complementar suas obrigações em termos de justiça, memória, verdade e reparação. O documento aponta "que estas obrigações do Estado não são alternativas ou seletivas, isto é, não se pode eleger uma ou mais delas para seu cumprimento, descartando outras".[131]

Consideram-se *lugares de memória* aqueles *lugares* onde sucederam ou que, por algum motivo, estão vinculados a lugares que foram paradigmáticos da repressão ou de resistência; "são espaços para recuperar, repensar e transmitir certos fatos traumáticos do passado, e podem funcionar como suportes ou propagadores de memória coletiva. São lugares que buscam transformar certas pegadas de maneira tal a evocar memórias e torná-las inteligíveis ao situar-las no contexto de um relato mais amplo".[132] O documento indica princípios básicos para a construção de políticas públicas sobre lugares de memória, entre os quais destacam-se os seguintes:

1. *Obrigação dos Estados de investidar e sancionar. Os lugares onde se cometeram violações aos direitos humanos como evidência;*

2. *Direito à verdade. Os lugares de memória como meio para conhecer o ocorrido;*

3. *Memória Coletiva. Os lugares como suportes da memória coletiva;*

4. *Direito à reparação. Os lugares de memória como medida de reparação simbólica e garantias de não repetição.*[133]

---

131 INSTITUTO DE POLÍTICAS PÚBLICAS EN DERECHOS HUMANOS DO MERCOSUL (IPPDH). *Princípios fundamentales para las políticas públicas sobre sítios de memoria.* Argentina, 2012, p.8. Tradução livre da autora.

132 IPPDH, p.6. Tradução livre da autora.

133 Tradução livre da autora.

Uma das previsões é que os sítios sejam preservados com a finalidade de servir como prova judicial, a partir de estudos periciais e principalmente, impedir que sejam realizadas modificações estruturais que alterem seu valor histórico e patrimonial. Não há dúvidas de que tais diretrizes foram elaboradas a fim de evitar o apagamento, intencional ou não, de marcas em lugares que são considerados documentos históricos. A partir desse instrumento, será possível que os órgãos de patrimônio tenham parâmetros mínimos de atuação nesses locais e possibilitem a sua preservação de maneira adequada.

Ainda é cedo para identificar uma mudança na postura dos órgãos de preservação do Mercosul em relação a esses novos princípios estabelecidos, embora é sabido que grande parte das recomendações advém da experiência argentina no trato com esses lugares de memória difícil. É somente a prática e os anos que demonstrarão sua efetividade prática.

Conclusão

Quando esta pesquisa foi iniciada, uma das hipóteses criadas a partir da comparação era a de que a Argentina estava bastante à frente do Brasil naquilo que se refere à preservação do patrimônio vinculado à memória da ditadura. O que se percebeu, entretanto, é que embora esta seja uma constatação verdadeira para os dias atuais, nem sempre foi dessa maneira. O estado de São Paulo, cujo órgão de preservação teve sua atuação analisada nesta pesquisa, teve iniciativa pioneira em estudar estes locais a partir de uma perspectiva da história e da memória política e social ainda na década de 1980, quando a democracia começava a dar seus primeiros passos no Brasil. Como se observou, a Argentina só teve preocupação em preservar por meio de tombamentos a partir da década de 2000.

Isso aponta para duas conclusões: a primeira é de que no Brasil, se a preservação da memória do período foi uma preocupação nascida nos primeiros meses de democracia e encontrou seu reconhecimento oficial de forma tempestiva, por outro lado, a Justiça não teve o mesmo espaço de discussão e de atuação. A segunda é que na Argentina, a atuação do Estado se deu de maneira inversa do Brasil: a preocupação inicial da democracia foi apurar crimes e julgar culpados, enquanto a preservação da memória material, por meio de tombamentos, só teve repercussão efetiva 15 anos depois do fim da daitadura. Os cenários eram bastante distintos em cada um desses países, já que no Brasil, a Lei de Anistia não teve espaço para ser rediscutida pelo Poder Judiciário em sua forma e conteúdo antes de 2009. A Argentina, por sua vez, promoveu a revogação da sua lei de anistia – Ley de Pacificación Nacional, de setembro de 1983 – logo nos primeiros dias de democracia, em dezembro de 1983. Não obstante, pode-se considerar que houve um retrocesso neste tema quando Menem concedeu perdão presidencial àqueles que foram condenados pelos *Juicios a las Juntas* em 1989. Esse perdão só foi revogado em 2004, quando milhares de pessoas fossem julgadas e condenadas pelos crimes cometidos durante a ditadura.

A ausência de políticas de reparação e de transformação potencializou a capacidade de mobilização de atores sociais que mantêm a "consciência" e a memória do passado latentes no presente – é a persistência e a resistência das quais ambos os memoriais, Memorial da Resistência e *Casino de Oficiales* são frutos. As iniciativas por valorização da memória na América Latina partiram das organizações da sociedade civil, e foram, muitas vezes, rechaçadas pelos Estados. Só recentemente, especialmente a partir da década de 2000, que lugares de memória passaram a ser preservados, seja por meio de ações judiciais ou por iniciativa de alguns estados, sempre impulsionados pela sociedade e nunca espontaneamente.[1] Pessoas atingidas pelas ditaduras, brasileira e argentina, já reconheciam aqueles lugares como símbolos da repressão, entretanto, entenderam haver a necessidade de conferir visibilidade e sentido público aos locais visando franquear o conhecimento do que foram e do que se passou naqueles lugares. Essa motivação levou tais grupos a demandar o Estado pelo reconhecimento formal através de tombamento, e pela transformação de alguns espaços repressivos em "sítios de memória e consciência". Assim, entendemos que a memória não existe nem é criada por decreto; é fruto de reivindicação social que existe independente do reconhecimento pelo Estado, que dota de sentido público o fato e o lugar. Nesse aspecto, transformar esses lugares que remetem ao período da ditadura em patrimônio cultural é um ato de direito à memória e também de fazer com que outras pessoas se reconheçam naquele passado. Não é raro perceber a emoção pela qual algumas pessoas são tomadas ao visitarem estes locais, mesmo sem qualquer ligação direta com os eventos.

As comparações provam que em nenhum caso houve atuação homogênea e linear, seja do Estado, seja dos movimentos sociais, demonstrando que o processo de conversão de lugares de memórias difíceis em patrimônio não é coeso e tampouco formado a partir de consensos, mas por conflitos, disputas e concessões com vistas a conquistar espaços, construindo "memórias" e não somente "memória" sobre o período. Isso resulta da configuração de disputas sociais entre os grupos envolvidos, sejam militares sejam militantes, que não são grupos coesos ou consensuais como se pode imaginar, mas cada uma das agremiações tem discordâncias que não são resolvidas com apenas um projeto de preservação de

---

1   ABRAMOVICH, Victor. "Palestra proferida no I Seminário Latino-Americano sobre Lugares de Memória. Arquivo Nacional". Rio de Janeiro, 27 nov. 2012.

memória ou de reparação. Em outras palavras, nem todos os militares concordam com a atuação das Forças de repressão durante a ditadura, e nem todo ex-preso aprova a forma como os memoriais estão atuando ou estão ocupados. Afinal, são indivíduos oriundos de realidades sociais, políticas e tiveram experiências pessoais diferentes entre si.

Constituídos em lugares de memória, a declaração de preservação oficial de um espaço de repressão configura um avanço no reconhecimento de abusos cometidos pelo mesmo Estado em períodos anteriores. Por isso, transformar estes locais em "lugares de memória" é, antes de tudo, um ato político que guarda contradições e disputas em si, porque se trata de escolher uma ou algumas dessas memórias em detrimento de outras. A conversão destes locais em espaços memoriais é importante na medida em que "(...)permite negociar os múltiplos discursos da memória que provêm (...) os meios eletrônicos para os quais o monumento constitui uma alternativa como matéria sólida".[2]

Os pedidos de patrimonialização desses locais de memória difícil marcam um movimento de contestação da valorização de uma memória gloriosa, praticada até então pelos mais diversos serviços de patrimônio, incluindo, na pauta de discussão, o patrimônio que vincule a história oficial a uma memória dolorosa.[3] Por outro lado, apontam também para uma mudança na perspectiva dos próprios órgãos, que passam a ser mais receptivos a tal tipo de demanda, que é mais circunstancial do que exatamente uma política de preservação desses lugares. No Condephaat se preservou tais locais em meados da década de 1980, tombou-se o Antigo DOPS em 1999 e o tema voltou à pauta apenas em 2012, quando ingressou o pedido de tombamento do DOI-CODI, finalizado em 2014. Na CNMMyLH, apenas a ESMA foi tombada.

De toda forma, é preciso atentar ao fato que os lugares de memória operam de maneira distinta em cada um e que isso pode explicar os grandes intervalos de tombamentos difíceis no Condephaat e da atuação única da CNMMyLH. O tombamento pode muitas vezes estar travestido de uma intenção de conectar

---

2   HUYSSEN, Andreas. Momumentos y memoria del Holocausto en la Era de los medios, In: HUYSSEN, Andreas. *En busca del futuro perdido: cultura y memoria en tiempos de globalización.* Buenos Aires: Fondo de Cultura Económica de Argentina, 2001, p.153

3   FRANÇOIS, Etienne. "As novas relações entre memória e história após a queda do Muro de Berlim". *Revista Memória em Rede.* Pelotas, V.2, n°2, 2010, p.18. Disponível em http://www.ufpel.edu.br/ich/memoriaemrede/beta-02-01/index.php/memoriaemrede/article/view/42, acessado em 12 nov. 2012.

o presente a um passado positivo e evita abordar com coragem questões contraditórias e conflituosas. Observe-se que no *Antigo DOPS*, o tombamento e a reforma visaram transformá-lo em um "espaço de felicidade"; no caso da ESMA houve uma tentativa de instrumentalização do lugar como um agente de uma "reconciliação nacional". Esta percepção sobre o patrimônio – que deve estar ligado a memórias laudatórias – vem sendo contestada pelo entendimento de que o patrimônio não serve apenas para reconhecer valores de louvor, mas também para destacar visões diferentes presentes no meio social, refletindo uma face mais próxima da realidade.

> Como pode alguém reivindicar que o patrimônio cultural apenas represente valores históricos, artísticos e éticos positivos (verdade, beleza e bondade...), quando o patrimônio frequentemente foi produzido em períodos de profundos conflitos sociais e políticos? O conflito histórico desaparece quando seu legado físico se transforma em patrimônio? Em outras palavras, a mensagem educacional daqueles que interpretam patrimônio sempre tem que ser a mesma? (...) Um monumento pode apresentar narrativas diferentes, até contraditórias, em diferentes lados de fronteiras ou de classes sociais (...) A ênfase é comumente conferida aos aspectos positivos dos monumentos. O conflito histórico é apresentado como resolvido, pacificamente refletido no monumento, para ser experimentado à distância, como uma insensatez num jardim inglês. O valor da relevância atual do monumento, aquele que permite atingir os reinos olímpicos do patrimônio através do processo de reconhecimento, será, naturalmente, mais uma vez belo.[4]

Como discutido neste trabalho, a atuação histórica dos órgãos de preservação, os caracterizou como verdadeiros "refrigérios" da cultura oficial.[5] A expressão cunhada por Miceli é bastante adequada porque os retrata como detentores de "autoridade sobre o passado", cujos critérios para a definição daquilo que é ou não patrimônio são bastante restritivos e excludentes, comumente fundamentados sobre a ideia de "identidade nacional", representando elites e classes dominantes

---

4   DOLFF-BONEKÄMPER, Gabi. Sites of memory and sites of discord: Historic monuments as a médium for discussing conflict in Europe. In: *Forward planning: the function of cultural heritage in a changing Europe*. Experts' contribuition. Council Of Europe Publishing, 2001, p.53-55. Tradução livre da autora.

5   MICELI, Sérgio. "SPHAN: *Refrigério da cultura oficial*". *Revista do Patrimônio*, nº 22, 1987.

política, econômica e culturalmente. Pode-se afirmar, portanto, que o reconhecimento de determinados locais, relacionados a um passado recente de memórias traumáticas de uma ditadura, por exemplo, são exercícios de uma mudança de perspectiva na preservação do patrimônio, muito mais prospectivo do que retrospectivo, provocada de fora para dentro. Ou seja, não foi uma mudança natural, fruto de uma reflexão do quadro técnico e deliberativo dos órgãos, mas antes uma reivindicação da sociedade que ecoou naqueles que tinham o poder de decidir.[6] Isso porque, segundo Arantes, a atuação dos órgãos patrimoniais:

> (...) não é jamais ação culturalmente neutra que possa ser reabsorvida suave e homogeneamente por toda a sociedade. A 'preservação' do patrimônio cultural é, antes, prática social que acrescenta novos bens, valores e processos culturais à experiência da comunidade envolvida. Nesse sentido, ela é sempre uma forma de intervenção.[7]

Acontecimentos traumáticos do passado tendem a ser rejeitados por parte importante da sociedade ou pelo poder público na construção da memória oficial, que questionam as razões para que esses locais sejam preservados. Esse movimento é realizado em nome da construção apaziguadora, ou mais aceitável, da história coletiva sob a alegação de que é necessário cicatrizar feridas, "virar a página". É o que Johann Michel chama de "esquecimento-negação",[8] ou a antimemória causada pelos efeitos de uma política, mais do que pela intenção desta. Ricoeur chama essa operação de "estratégias do esquecimento". Isso é,

---

6   No caso do Condephaat, observou-se uma disposição em atender a pedidos de tombamento oriundos da sociedade, tendência observada em outros órgãos pelo mundo; todavia, esta receptividade está mais ligada à composição da área técnica e do corpo de conselheiros do que de uma política do Condephaat. No caso argentino, a CNMMyLH ainda atua de maneira bastante hermética, atendendo a pedidos do governo ou a partir de inventários internos. No caso da preservação da ESMA, houve um alinhamento entre os interesses do governo e de parte expressiva e ativa da sociedade argentina, mas nem sempre isso ocorre. É importante salientar que o patrimônio passou a ser entendido como um direito, especialmente a partir de meados da década de 1980.

7   ARANTES, Antônio Augusto. "Documentos históricos, documentos de cultura". *Revista do Patrimônio Histórico e Artístico Nacional*, Brasília, nº 22, 1987, p.48

8   MICHEL, Johann. "Podemos falar de uma política de esquecimento"? *Revista Memória em Rede*, Pelotas, V.2, nº3, ago.-nov. 2010, p.18. Disponível em http://www.ufpel.edu.br/ich/memoriaemrede/wp/wp-content/uploads/2010/09/MICHEL_Johann.pdf. Acesso em 10 Jun. 2011

(...) uma forma ardilosa de esquecimento, resultante do desapossamento dos atores sociais de seu poder originário de narrarem a si mesmos, Mas esse desapossamento não existe sem uma cumplicidade secreta, que faz do esquecimento um comportamento semi-passivo e semi-ativo, como se vê no esquecimento de fuga, expressão da má-fé, e sua estratégia de evitação motivada por uma obscura vontade de não se informar, de não investigar o mal cometido pelo meio que cerca o cidadão, em suma por um querer-não-saber".[9]

Mas então, por que preservar, pra que, para quem, como? Dolff-Bonekämper, Todorov, Jelín, Assman, todos apresentam argumentos, já discutidos neste trabalho, que favorecem a preservação sem deixar de ter o olhar crítico acerca dessas perguntas e práticas. Além do conteúdo traumático que podem levar alguém a não querer se lembrar daquilo que os lugares de memória remetem, o momento contemporâneo diminuiu a importância dos lugares públicos nas cidades e esse fato é um desafio para equipamentos como os memoriais estudados. O fato de o Memorial da Resistência estar em uma área considerada "insegura" da cidade de São Paulo e da ESMA estar em uma rica região residencial, afastada do centro de Buenos Aires e às margens de uma via rápida pouco amigável a pedestres, desestimula a frequência do público. Não obstante, Ulpiano Meneses reflete que a sociedade atual demanda cada vez mais a ocupação "útil" dos espaços, em detrimento do significado desses usos, induzindo a uma "maximização funcional da cidade, que gera (...) o risco de redução semântica da cidade, o risco de restringir a possibilidade de significar".[10]

Dolff-Bonekämper[11] apresenta argumentos para além do utilitarismo dos espaços e justificativas para a preservação de lugares de memória difícil. Em primeiro lugar, ainda que a preservação destes lugares possa "ofender" os sentimentos de quem foi diretamente afetado, a sua destruição interessa àqueles que se identificam com a figura dos perpetradores do terror, porque elimina evidências físicas e provas contra a negação de eventos que se pretende negar.

---

9   RICOUER, Op.cit., p.455

10   MENESES, Ulpiano Toledo Bezerra de. "Cultura política e Lugares de Memória". In: AZEVEDO, Cecília. [*et al*].*Cultura política, memória e historiografia*. Rio de Janeiro: Editora FGV, 2009, p.455

11   DOLFF-BONEKÄMPER, Gabi. *Sites of hurtful memory*. The Getty Conservation Institute Newsletter, V. 17 ner. 2. Los Angeles, 2002, p.4-10.

A PERSISTÊNCIA DO PASSADO

Em segundo lugar, prédios, paisagens, lugares, com suas formas e substância material, ensinam mais sobre o passado do que livros, filmes e testemunhos porque se constituem como testemunhas da história, que contém respostas a perguntas que ainda não foram feitas. Ademais, enquanto objetos tridimensionais que remanescem do passado, estes locais possuem o "espírito do lugar", a "alma" que é difícil de explicar por meio da escrita ou de outras fontes, mas que provocam sentimentos e percepções de uma experiência sobre o passado. Este aspecto foi discutido no capítulo 4 deste trabalho e orientou o uso dos edifícios como fontes primárias para o desenvolvimento da pesquisa.

Em terceiro, os prédios em si não guardam qualquer referência ao que ali aconteceu, a menos que guardem reminiscências que vinculem lugar e passado. Entretanto, o prédio não deve contar uma história, mas os visitantes devem formular suas próprias perguntas, já que a relação entre o lugar e o evento deve existir a partir da interpretação de cada um. Portanto, é justamente por possuir potencial para fornecer diferentes respostas e estimular diferentes perguntas que estes lugares, estas "matérias" se tornam ainda mais preciosas, independentemente de sua forma e estética. Dolff-Bonekämper alerta que "Se não nos preocuparmos com isso hoje, podemos destruir a evidência para futuras investigações".[12]

As reflexões de Dolff-Bonekämper se aproximam daquela oferecida por Nora, de que

> (...) os lugares de memória nascem e vivem do sentimento que não há memória espontânea, que é preciso criar arquivos, que é preciso manter aniversários, organizar celebrações, pronunciar elogios fúnebres, notariar atas, porque essas operações não [são] naturais. É por isso que a defesa pelas minorias, de uma memória refugiada sobre focos privilegiados e enciumadamente guardados nada mais faz do que levar à incandescência a verdade de todos os lugares de memória. Sem vigilância comemorativa, a história depressa as varreria. São bastiões sobre os quais se escora. Mas se o que eles defendem não estivesse ameaçado, não se teria, tampouco, a necessidade de constituí-los. Se vivêssemos verdadeiramente as lembranças que elas envolvem, eles seriam inúteis. E se, em compensação, a história não se apoderasse deles para deformá-los, transformá-los, sová-los e petrificá-los eles não se tornariam lugares de memória. É este vai-e-vem que os constitui: momentos de história arrancados do movimento da

---

12   *Idem*, p.6. Tradução livre da autora.

história, mas que lhe são devolvidos. Não mais inteiramente a vida, nem mais inteiramente a morte, como as conchas na praia quando o mar se retira da memória viva".[13]

Foi nesse sentido, com o intuito de levar a público o conhecimento sobre essa "verdade" de que trata Nora que grupos da sociedade passaram a requerer a preservação de lugares controversos, em contestação a esse passado glorioso e consensual reproduzido pelos órgãos de patrimônio e pela história oficial e também porque há um entendimento que o "futuro não é mais um horizonte luminoso para o qual marchamos, mas uma linha de sombra que colocamos em movimento em direção a nós, enquanto parecemos marcar passo no presente e ruminar um passado que não passa".[14] Trata-se de uma "desesperança" no futuro, um entendimento característico da segunda metade do século XX decorrente de duas grandes guerras e de estigmas ideológicos e morais capazes de trazer pessimismo para a humanidade, até então impulsionada pela visão de um futuro próspero e de progresso. O patrimônio se constituía socialmente como forma de remissão ao passado glorioso que era a base para a construção deste futuro projetado. Não havia mais espaço exclusivo para isto; os lugares que remetem a memórias inconvenientes conquistaram espaço para também serem preservados pela memória oficial.

A reivindicação de proteção material destes locais, embora motivada especialmente pelo receio deste futuro obscuro, gerou crença e esperança de que o conhecimento do passado pode servir para evitar que situações de barbárie se repitam. Nascia a possibilidade de projetar boas expectativas para o futuro, construindo uma sociedade mais tolerante por intermédio da educação e da cultura. Theodor Adorno afirma que a educação é o principal dos meios para evitar a repetição de Auschwitz,[15] e suas reflexões foram determinantes para a produção e difusão dos relatórios "Nunca Mais", no Brasil e na Argentina. "Para que não se esqueça, para que nunca mais aconteça" foi a tônica que orientou estes trabalhos, fundados na necessidade de compreender as razões que levaram ambas as sociedades à barbárie. Necessidade esta discutida por Adorno, que afirma que a repetição só é possível se se reconhece "os mecanismos que tornam as pessoas capazes de cometer tais atos (...) é necessário contrapor-se a uma tal ausência de consciência, é preciso evitar que as pessoas

---

13 NORA, Pierre. "Entre Memória e História: a problemática dos lugares", In: *Projeto História*. São Paulo: PUC, nº 10, dezembro de 1993, p.13

14 HARTOG, François. *Op. cit.*p.273

15 ADORNO, Theodor. Educação após Auschwitz. In: *Educação e emancipação*. Tradução de Wolfgang Leo Maar. Rio de Janeiro: Paz e Terra, 1995. p.119-138.

A PERSISTÊNCIA DO PASSADO

golpeiem para os lados sem refletir a respeito de si próprias."[16] No mesmo sentido, Hannah Arendt discute que é o esvaziamento moral e a banalização do senso crítico que permitem que situações como Auschwitz aconteçam.

> [...] o mal não se enraíza numa região mais profunda do ser, não tem estatuto ontológico, pois não revela uma motivação diabólica – a vontade de querer o mal pelo mal; o que aqui se revela é a superficialidade impenetrável de um homem [Eichmann], para o qual o pensamento e o juízo são atividades perfeitamente estranhas, revelando-se assim a possibilidade de uma figuração do humano aquém do bem e do mal, porque aquém da sociabilidade, da comunicação e da intersubjetividade.[17]

Essa ausência de simpatia é, segundo Adorno, a condição para que a barbárie ocorra, já que "a sociedade não repousa em atração, em simpatia", de modo que as pessoas são "(...) profundamente indiferentes em relação ao que acontece com todas as outras".[18]

A partir da análise dos discursos produzidos no Memorial da Resistência e no *Casino de Oficiales* sobre a ditadura e as memórias decorrentes dela, foi possível identificar que ambos atuam no sentido de permitir ao visitante o contato mais estreito com o outro, conhecer as experiências e entender a mentalidade das instituições e pessoas que para ela trabalharam durante os períodos de repressão. Deste modo, ambos os memoriais visam criar esse laço de empatia, de simpatia, de identificação e de fazer saber o que ocorreu como estratégias de sensibilização, de educação para impedir a repetição.

Essa operação ocorre de maneira distinta em cada um dos memoriais. No Memorial da Resistência, o visitante é levado a conhecer primeiramente sobre a instituição DEOPS e sobre como o Estado, desde a proclamação da República, atuou para reprimir vozes contrárias aos seus interesses; a exposição mostra-se bastante impessoal. Ao final da visita, ou seja, somente na última das quatro celas é que se personifica a experiência por meio do relato pessoal de militantes de esquerda que foram presos durante a Ditadura. Já no *Casino de Oficiales*, desde o início o indi-

---

16 *Idem*, p.120.

17 ARENDT, Hannah. *Lições sobre a filosofia política de Kant*. Rio de Janeiro: Relume-Dumará,1993, p.134 *apud* SKREPETZ, Inês. *Nunca más: para que não se esqueça para que nunca mais aconteça*. Extraprensa,Vol. 1, Nº 10 (6): Mídia, Informação e Manifestações Culturais, jun.2012, p.142.

18 ADORNO, Theodor. *Op. cit.* p.136

víduo é posto em contato com a experiência do detido: da portaria da ESMA até o edifício do *Casino*, é feito o mesmo trajeto percorrido pelos presos até o CCD, ingressa-se pela mesma porta, faz-se o mesmo caminho interno entre a sala de interrogatório e tortura até o local de encarceramento e confinamento. Toda a visita é acompanhada de explicações históricas, de narração que "transporta" o indivíduo até o período da Ditadura. Ambas as experiências são subjetivas e sensoriais, mas apenas a do *Casino* utiliza este recurso como único suporte para a comunicação "museológica", ou seja, evoca-se a ausência das pessoas mobilizando emoções.

Revestidos de sentido público, mas que tocam cada pessoa individualmente, ambos os memoriais fazem o visitante perceber o horror, o indizível e o irrepresentável,[19] através de uma *"(...) aproximação mimética, por uma estratégia mnemônica que reconhece o acontecimento em toda sua alteridade, para além da identificação ou da empatia terapêutica, mas que é percorrida fisicamente por algo do horror e da dor graças a um lento e persistente trabalho da memória".*[20]

É com vistas a propor um sentido ao presente e especialmente ao futuro que estes memoriais operam, em confluência com a ideia de Huyssen de que *"(...) uma das expectativas que reside hoje a respeito do porvir é que se corrijam os vexames e as violações aos direitos humanos cometidas no passado".*[21] Nesse sentido, a preservação de locais relacionados à memória traumática servem especialmente como forma pedagógica, ao se preservar, no presente, fragmentos de um passado que não pode se repetir no futuro. Há um entendimento que "assegurar o registro desses acontecimentos tão trágicos é também uma forma de adquirir controle sobre eles, de impedir que um dia se repitam, que caiam no esquecimento e que deixem de ser analisados criticamente".[22]

Seria esta uma esperança possível? A ideia de Adorno, que a educação seria uma fonte de libertação da intolerância não impediu uma série de Guerras e

---

19 JELÍN, Elizabeth; LANGLAND, Victoria. Las marcas territoriales como nexo entre pasado y presente. In: JELÍN, Elizabeth; LANGLAND, Victoria (Comps.). *Monumentos, memoriales y marcas territoriales.* Madrid: Siglo Veintiuno de España Editores, 2003, p.1-18.

20 HUYSSEN, Andreas. Momumentos y memoria del Holocausto en la Era de los medios. In: HUYSSEN, Andreas. *En busca del futuro perdido: cultura y memoria en tiempos de globalización.* Buenos Aires: Fondo de Cultura Económica de Argentina, 2007, p.159. Tradução livre da autora.

21 HUYSSEN, Andreas. *En busca del futuro perdido: cultura y memoria en tiempos de globalización.* Buenos Aires: Fondo de Cultura Económica de Argentina, 2007, p.7. Tradução livre da autora.

22 BARROS, José D'Assunção. "História e memória – uma relação na confluência entre tempo e espaço". *Revista MOUSEION*, V. 3, n°5, Jan-Jul/2009, p. 53.

de golpes com a ascensão de governos totalitários, mesmo após a experiência da Shoah. Não seria também cultural uma experiência totalitária e de intolerância? Não é esta uma esperança demasiada sobre a ideia de cultura como catarse, como passível de criar consensos e estabelecer a "paz"?

Estas são perguntas que este trabalho não é capaz de responder.

***

Willie Bolle,[23] afirma que preservar pressupõe um projeto de construção do presente; lugares e objetos são evocados como sinais topográficos e recipientes da história, da sensibilidade e da formação das emoções. Assim, a eleição de um objeto a ser preservado diz muito sobre o momento social vivido e qual o tipo de relação que aquela época histórica tinha com o seu passado: se era de comemoração ou de reparação.

O caso argentino é claramente um exemplo de preservação por reparação, já que esta passou a ser tratada como um dos eixos de uma política voltada à memória de determinado segmento social, considerado "vítima" de ações do próprio Estado; dentro desta política está a punição aos agentes estatais perpetradores de ações criminosas, a constituição de um arquivo para a guarda e a pesquisa de documentos vinculados ao período do "Processo de Reorganização Nacional", a identificação, marcação pública e preservação de lugares vinculados à repressão, a constituição de um banco de dados de DNA para a investigação de roubos de bebês de detidos, e a reparação simbólica na constituição de museus e memoriais, além da ocupação da ESMA por organizações historicamente vinculadas à defesa dos Direitos Humanos. A própria conversão da ESMA em "Espacio para la Memoria, Promoción y defensa de los Derechos Humanos" é fruto de uma política pública e estatal de memória, se não o fato impulsionador para tal na sociedade argentina. Mas afinal, trata-se de uma política de governo ou de uma política de Estado? Ou seja, é um compromisso dos Kirchner ou algo que estará permanentemente na agenda política argentina?

No caso brasileiro, é difícil afirmar com exatidão a razão que mobilizou a preservação no âmbito do Condephaat, a não ser a aderência de seus membros à causa da memória política e a relativa independência do órgão, aliada à presença

---

23 BOLLE, Willi. "Cultura, patrimônio e preservação (Texto I)". In: ARANTES, Antônio Augusto (org.) *Produzindo o passado: estratégias de construção do patrimônio cultural.* São Paulo: Brasiliense, 1984, p. 11-22.

de Secretários e Governadores liberais. Fato é que não guarda qualquer relação com o processo de transição para a democracia, enquanto uma política estabelecida para a mudança de regime. Mesmo hoje, quando o ambiente se mostra mais favorável para a discussão do passado, não se observa uma política de Estado articulada para a memória da ditadura.

Ainda que o Plano Nacional de Direitos Humanos-3 tenha fornecido as diretrizes para articular essa política, ela ainda não está formatada e cada ente da federação atua de forma independente – seja na criação de Comissões da Verdade, de investigações, de criação e marcação de lugares de memória. Ou seja, no Brasil, não temos efetivamente uma política de memória empreendida pelo Estado, mas apenas algumas ações isoladas, motivadas por reivindicações locais, como é o caso do Memorial da Resistência. Aliás, em ambos os casos é possível questionar se há uma política de Estado ou se há políticas de governo voltadas para a valorização de memórias difíceis.

Aliás, em ambos os casos é possível questionar se há uma política de Estado ou se há políticas de governo voltadas para a valorização de memórias difíceis. Ou seja, essas ações terão continuidade fora dos governos que apropriaram a questão da memória como pauta de suas gestões?

A problemática do espaço remete à questionamentos referentes também ao seu conteúdo intelectual e social. Huyssen questiona: o que será desses locais no futuro? Todorov discute como essa memória será tratada no amanhã. E a essas questões se soma outra pergunta que surgiu nesta pesquisa: Nada na história é inexorável, e é possível que esses locais não se mostrem necessários no futuro, afinal, até quando se deve discutir o tema?

A sociedade é que deve responder a esta pergunta, afinal, a preservação do patrimônio representa a persistência de bens materiais no tempo, resultante de ações e interpretações que "partem do presente em direção ao passado(…)".[24] Mas é também resultado da resistência das pessoas que, tal como o imóvel, mantém no tempo o desejo e a necessidade de discutir um passado que se mantém presente. Os lugares de memória não são estáticos, isto é, a conversão de um lugar simbólico em um espaço memorial, seja qual for sua natureza, não faz com que sua história acabe no momento da conversão. Ao contrário, esses lugares funcionam como palimpsestos, onde histórias se acumulam e podem ensinar a sociedade a lidar com os diferentes sentimentos provocados ao longo de sua existência e por seus diver-

---

24 ARANTES, Antonio A. *Produzindo o passado: estratégias de construção do patrimônio cultural.* São Paulo: Brasiliense, 1984.

sos usos. São espaços que representam as disputas presentes na sociedade, explicitando a dificuldade e mesmo a impossibilidade do consenso, da unanimidade.

Esses lugares devem deixar de existir se assim compreender a população que viver o momento histórico em que isso for questionado, afinal, "Toda sociedade define o que se pode ou convém dizer e como e quando (critérios de dizibilidade), ou recordar (critérios de memorabilidade) ou, ainda, ver e figurar (critérios de visibilidade/figurabilidade)".[25] Nesse sentido, Huyssen apresenta um questionamento retórico: *"Não constitui o poder essencial da memória o fato de que ela possa ser discutida a partir de novas perspectivas, novas evidências, inclusive a partir dos espaços que ela mesma havia bloqueado?"*[26]

Se e quando isso acontecer, poderá significar que esses lugares cumpriram com sua função ou que os valores ali representados não são mais necessários. Isso porque não há garantias que os memoriais e patrimônios constituídos no presente com participação pública, conformado por disputas sociais e ideológicas, objetivando a preservação de memórias *"(...) não se erijam algum dia como seus predecessores (...) como figura do esquecimento"*.[27] Como bem apontaram Jelín e Langland,

> (...) ainda que a materialidade da marca se mantenha no tempo, não há nenhuma garantia de que o sentido do lugar se mantenha inalterado no tempo e para diferentes atores. Sempre está aberto, sujeito a novas interpretações e ressignificações, a outras apropriações, a esquecimentos e silêncios, a uma incorporação rotineira ou ainda indiferente no espaço cotidiano, a um futuro aberto para novas enunciações e novos sentidos.[28]

Tampouco significará que os conflitos tenham sido superados, já que esses são pressupostos da existência humana e social. Haverá outros conflitos, de naturezas distintas, mas sempre haverá algo pelo qual será erigido um monumento,

---

25   MENESES, Ulpiano T. Bezerra de. *Op. cit.*, p.457.

26   HUYSSEN, Andreas. "Momumentos y memoria del Holocausto en la Era de los medios. In: HUYSSEN, Andreas. *En busca del futuro perdido: cultura y memoria en tiempos de globalización"*. Buenos Aires: Fondo de Cultura Económica de Argentina, 2001, p.144. Tradução livre da autora.

27   *Idem*, p.153.

28   JELÍN, Elizabeth; LANGLAND, Victoria. "Las marcas territoriales como nexo entre pasado y presente". In: JELÍN, Elizabeth; LANGLAND, Victoria (Comps.). *Monumentos, memoriales y marcas territoriales*. Madrid: Siglo Veintiuno de España Editores, 2003, p.15. Tradução livre da autora.

uma placa, um ritual, uma celebração, porque a história mostrou até então que essas práticas estão ligadas ao homem. O que não se pode aceitar é que o passado se torne tão intenso a ponto de obstaculizar as necessidades do presente.

Resta ainda outra pergunta: como será a "História Oficial" quando as memórias reivindicantes se tornarem parte dela? Não será ela também transformada em memória mítica?

Dessa forma, essa conclusão aponta para deixar questões do que trazer respostas. Este trabalho não teve a pretensão de apresentar soluções ou direções, mas demonstrar que os lugares ligados a passados traumáticos e de resistência política transformados em patrimônio e suas ocupações por instituições cujo objetivo é construir uma memória pública destes períodos são, antes de tudo, frutos de processos políticos, sociais e históricos, longos e ainda inacabados, mas que explicam sobre o passado e, sobretudo, sobre o presente. As decisões que hoje se consolidam acerca destes lugares terão impacto sobre os conteúdos e formas de recordação no futuro. É preciso ter em perspectiva que a preservação é um trabalho de eleição, de reconstrução e/ou de destruição de um passado, a partir dos termos do presente, portanto, as ações e políticas empreendidas por estes países serão objeto de estudos no futuro para compreender o tempo social que se viveu.

Bibliografia

Livros

ABUELAS DE PLAZA DE MAYO [*et al*]. *Primeras Jornadas de Debate Interdisciplinario. Organización Institucional y contenidos del futuro Museo de la Memoria. Colección Memoria Abierta.* Buenos Aires, 2000. Disponível em http://www.memoriaabierta.org.ar/pdf/museo_de_la_memoria.pdf, acessado em 09 jan. 2012.

ADORNO, Theodor. "Educação após Auschwitz". In: *Educação e emancipação.* Tradução de Wolfgang Leo Maar. Rio de Janeiro: Paz e Terra, 1995.

ALFONSIN, Raul. *Memoria política. Transición a la democracia y derechos humanos.* 2ª reimpressão. Buenos Aires: Fondo de Cultura Económica de Argentina, 2004.

ANGUITA, Eduardo; CAPARRÓS, Martín. *La Voluntad. Una historia de la militancia revolucionaria en la Argentina.* Tomo 5 /1976-1978. 1ª Edicion. Buenos Aires: Booket, 2006

AQUINO, Maria Aparecida de. "O DEOPS/SP em busca do crime político. Série Dossiês, DEOPS/SP: Família 50". In: AQUINO, Maria Aparecida de. (*et al*). O DEOPS/SP em busca do crime político. São Paulo: Arquivo do Estado/ Imprensa Oficial do Estado, 2002

AQUINO, Maria Aparecida de. "DEOPS/SP: visita ao centro da mentalidade autoritária". In: AQUINO, Maria Aparecida de, *et al O dissecar da estrutura*

292 DEBORAH R. L. NEVES

administrativa do DEOPS/SP – o Anticomunismo: Doença do aparato repressivo brasileiro. Famílias 30 e 40. São Paulo: Arquivo do estão, Imprensa Oficial do Estado, 2002.

ARANTES, Antonio Augusto. *Produzindo o passado: estratégias de construção do patrimônio cultural.* São Paulo: Brasiliense, 1984.

ARAÚJO, Marcelo Mattos; BRUNO, Maria Cristina Oliveira Bruno (coords.). *Memorial da Resistência de São Paulo.* São Paulo: Pinacoteca do Estado, 2009.

ASSMANN, Aleida. *Espaços da recordação: formas e transformações da memória cultural.* Trad. Paulo Soethe. Campinas: Editora da UNICAMP, 2011.

BENJAMIN, Walter. "A obra de arte na era de sua reprodutibilidade técnica". In: BENJAMIN, Walter. *Magia e técnica, arte e política: ensaios sobre literatura e história da cultura.* Trad.Sergio Paulo Rouanet. Pref. Jeanne Marie Gagnebin. 7ª Ed. Obras Escolhidas, V.1. São Paulo: Brasiliense, 1994

BETTO, FREI. *Batismo de sangue: os dominicanos e a morte de Carlos Marighella.* 9ª Edição. Rio de Janeiro: Bertand Brasil, 1987

BLOCH, Marc. *Apologia da História, ou o ofício de historiador.* Tradução André Telles. Rio de Janeiro: Jorge Zahar Editora, 2001.

BOLLE, Willi. "Cultura, patrimônio e preservação (Texto I)". In: ARANTES, Antonio Augusto (org.) *Produzindo o passado: estratégias de construção do patrimônio cultural.* São Paulo: Brasiliense, 1984.

BURKE, Peter. *História e teoria social.* Tradução Klauss Brandini Gerhardt e Roneide Venâncio Majer. São Paulo: Editora UNESP, 2001.

CALVEIRO, Pilar. *Poder e desaparecimento: os campos de concentração na Argentina.* Tradução Fernando Correa Prado. São Paulo: Boitempo, 2013.

CAMARGO, Aspásia de Alcântara. "A questão agrária: crise de poder e reforma agrária (1930-1964)". In: FAUSTO, Boris (dir.). *História Geral da Civilização Brasileira. O Brasil Republicano, V.3. Tomo III: Sociedade e Política (1930-1964).* Rio de Janeiro: Bertand Brasil, 1997.

CAPELATO, Maria Helena Rolim. *Multidões em cena: propaganda política no varguismo e no peronismo.* 2ª Edição. São Paulo: Editora UNESP, 2009.

CARDOSO, Ciro Flamarion; BRIGNOLI, Hector Pérez. "O método comparativo na História". In: *Os métodos da História*. Tradução João Maia. 6ª edição. Rio de Janeiro: Edições Graal, 2002.

CHOAY, Françoise. *A alegoria do patrimônio*. Tradução: Luciano Vieira Machado. 3ª Edição. São Paulo: Estação Liberdade; UNESP, 2006.

CONADEP. *Nunca más*. 11ª Edição. Buenos Aires, EUDEBA, 1985.

DOLFF-BONEKÄMPER, Gabi. Sites of memory and sites of discord: Historic monuments as a médium for discussing conflict in Europe. In: *Forward planning: the function of cultural heritage in a changing Europe*. Experts' contribuition. Council Of Europe Publishing, 2001.

FAUSTO, Boris; DEVOTO, Fernando J. *Brasil e Argentina: um ensaio de história comparada (1850-2002)*. São Paulo: Editora 34, 2004.

FELD, Claudia. "Las capas memoriales del testimonio. Un análisis sobre los vínculos entre espacio y relatos testimoniales en el Casino de Oficiales de la ESMA". In: HUFFSCHMID, Anne; DURÁN, Valeria (eds.). *Topografías conflictivas: memorias, espacios y ciudades en disputa*. Buenos Aires: Nueva Trilce, 2012.

FERREIRA, Jorge; DELGADO, Lucília de A. Neves (orgs.). *O tempo da experiência democrática – Coleção O Brasil Republicano*, volume 4. Rio de Janeiro: Ed. Civilização Brasileira, 2003.

FERRERAS, Norberto Osvaldo. "A Ditadura Militar na Argentina: do esquecimento à História Total". In: Daniel Aarão Reis; Denis Rolland. (Org.). *Modernidades Alternativas*. 1ª ed. Rio de Janeiro: Fundação Getúlio Vargas, 2008, p. 141-156

FLORINDO, Marcos Tarcísio. *O serviço reservado da Delegacia de Ordem Política e Social de São Paulo na era Vargas*. São Paulo: Editora UNESP, 2006.

FONSECA, Maria Cecília Londres. *O patrimônio em processo. A trajetória da política federal de preservação no Brasil*. 3ª Edição. Rio de Janeiro: Editora UFRJ, 2009.

GASPARI, Elio. *A ditadura encurralada*. São Paulo: Companhia das Letras, 2004.

GUGLIELMUCCI, Ana. *La consagración de la memoria. Una etnografía acerca de la institucionalización del recuerdo sobre los crímenes del terrorismo de Estado en la Argentina.* Buenos Aires: Ed. Antropofagia, 2013.

HALBWACHS, Maurice. *A memória coletiva.* São Paulo: Ed. Centauro, 2004.

HOBSBAWM, Eric. *Era dos extremos: o breve século XX – 1914-1991.*Tradução Marcos Santarrita. São Paulo: Companhia das Letras, 2006.

HUYSSEN, Andreas. *Present pasts: urban palimpsests and the politics of memory.* Stanford: Stanford University Press, 2003.

HUYSSEN, Andreas. *En busca del futuro perdido: cultura y memoria en tiempos de globalización.* Buenos Aires: Fondo de Cultura Económica de Argentina, 2007.

HUYSSEN, Andreas. *Seduzidos pela Memória. arquitetura, monumentos, mídia.* Rio de Janeiro: Aeroplano, 2000.

JELÍN, Elizabeth; LANGLAND, Victoria. "Las marcas territoriales como nexo entre pasado y presente". In: JELÍN, Elizabeth; LANGLAND, Victoria (comps.). *Monumentos, memoriales y marcas territoriales.* Madrid: Siglo XXI de España Editores, 2003.

JELÍN, Elizabeth. "La justicia después del juicio: legados y desafíos en la Argentina postdictatorial". In: FICO, Carlos; FERREIRA, Marieta de Moraes; ARAUJO, Maria Paula; QUADRAT, Samantha Viz (orgs.). *Ditadura e democracia na América latina: balanço histórico e perspectivas.* Rio de Janeiro: Editora FGV, 2008.

JOFFILY, Mariana. *No centro da engrenagem. Os interrogatórios na Operação bandeirante e no DOI de São Paulo (1969-1975).* Rio de Janeiro: Arquivo Nacional. São Paulo: EDUSP, 2013.

KAIANO, Rioco. Estação Tiradentes. In: (orgs.) *Tiradentes, um presídio da ditadura.* FREIRE, Alípio; ALMADA, Izaías e PONCE, J.A. de Granville. São Paulo: Scipione, 1997.

KÜHL, Beatriz Mugayar. *Arquitetura de ferro e arquitetura ferroviária em São Paulo: reflexões sobre sua preservação.* São Paulo: Ateliê Editorial/ FAPESP/Secretaria de Estado da Cultura, 1998.

LE GOFF, Jacques. *História e memória.* Tradução Bernardo Leitão [*et al*]. 5ª Edição. Campinas: Editora da UNICAMP, 2003.

LVOVICH, Daniel; BISQUERT, Jaquelina. *La cambiante memoria de la dictadura: discursos públicos, movimientos sociales y legitimidad democrática*. Los Polvorines: Universidad Nacional General Sarmiento; Buenos Aires: Biblioteca Nacional, 2008.

MARINS, Paulo César Garcez. "Do Luz Cultural ao Monumenta: sobre a opção pela escala monumental na preservação de uma área de São Paulo". In: GAGLIARDI, Clarissa Rosa *et al* (coord.). *Intervenções Urbanas em Centros Históricos: casos da Itália e São Paulo em discussão*. São Paulo: Educ/ PUCSP, 2011.

MARTYNIUK, Claudio. *ESMA: fenomenología de la desaparición*. Buenos Aires: Prometeo Libros, 2004.

MEMORIA ABIERTA. "Jornada El Museo que Queremos", 24 de julio de 2004. Buenos Aires, 2004. Disponível em http://www.memoriaabierta.org.ar/pdf/ jornadas_museo.pdf, acessado em 14 fev. 2012.

MEMORIA ABIERTA. "Jornada El Museo que Queremos", 02 de octubre de 2004. Buenos Aires, 2004. Disponível em http://www.memoriaabierta.org.ar/pdf/ jornadas_museo_oct.pdf, acessado em 14 fev. 2012.

MEMORIA ABIERTA. "Colóquio El Museo que Queremos" – La transmisión de la memoria a través de los sítios. Buenos Aires, 2007. Disponível em http:// www.memoriaabierta.org.ar/pdf/coloquio_el_museo_que_queremos.pdf, acessado em 14 fev. 2012.

MEMORIA ABIERTA. *Memória em la ciudad: señales del terrorismo em Buenos Aires*. 1ª Edición. Buenos Aires: Eudeba, 2009.

MENESES, Ulpiano Toledo Bezerra de. Cultura política e Lugares de Memória, in: AZEVEDO, Cecília. [*et al*]. *Cultura política, memória e historiografia*. Rio de Janeiro: Editora FGV, 2009.

MICELI, Sérgio. *Intelectuais à brasileira*. São Paulo: Companhia das Letras, 2001.

MORAES, Mário Sérgio de. O ocaso da ditadura: caso Herzog. São Paulo: Barcarolla, 2006.

NEIBURG, Federico. *Os intelectuais e a invenção do peronismo: estudos de antropologia social e cultural*. Trad. Vera Pereira. São Paulo: Editora da Universidade de São Paulo, 1997.

NOVARO, Marcos. *Historia de la Argentina Contemporánea: de Perón a Kirchner*. Buenos Aires: Edhasa, 2006.

NOVARO, Marcos; PALERMO, Vicente. *A ditadura militar argentina 1976-1983: do Golpe de Estado à Restauração Democrática*. Tradução Alexandra de Mello e Silva. São Paulo: Editora da Universidade de São Paulo, 2007.

PADRÓS, Enrique Serra. "Repressão e violência: segurança nacional e terror de Estado nas ditaduras latino-americanas". In: FICO, Carlos; FERREIRA, Marieta de Moraes; ARAUJO, Maria Paula; QUADRAT, Samantha Viz (orgs.). *Ditadura e Democracia na América Latina. Balanço histórico e perspectivas*. Rio de Janeiro: Editora FGV, 2008, p.143-178.

PASCUAL, Alejandra Leonor. *Terrorismo de Estado: a Argentina de 1976 a 1983*. Brasília: Editora da Universidade de Brasília, 2004.

PAYNE, Leigh A.; ABRÃO, Paulo; TORELLY, Marcelo D. "A anistia na era da responsabilização: contexto global, comparativo e introdução ao caso brasileiro". In: PAYNE, Leigh A.; ABRÃO, Paulo; TORELLY, Marcelo D. (orgs.). *A anistia na era da responsabilização: o Brasil em perspectiva internacional e comparada*. Brasília: Ministério da Justiça, Comissão de Anistia; Oxford: Oxford University, Latin American Centre, 2011.

PESSÔA, José (org.). *Lucio Costa: Documentos de trabalho*. Rio de Janeiro, Iphan/ Minc, 1999.

PORTUGHEIS, Elsa (coord.). *Bombardeo del 16 de junio de 1955*. Buenos Aires: Archivo Nacional de La Memoria/ Secretaria de Derechos Humanos, 2010.

POULOT, Dominique. *Uma história do patrimônio no ocidente*. Tradução: Guilherme João de Freitas Teixeira. São Paulo: Editora Estação Liberdade, 2009.

RICOEUR, Paul. *A história, a memória, o esquecimento*. Tradução Alain François [*et al*]. Campinas: Editora da UNICAMP, 2007.

RODRIGUES, Marly. *Imagens do passado. A instituição do patrimônio em São Paulo (1969-1987)*. São Paulo: Ed. UNESP; Imprensa Oficial; Condephaat; FAPESP, 2000.

ROMERO, Luis Alberto. "1916". In: ROMERO, Luis Alberto. *História contemporânea da Argentina*. Tradução Edmundo Barreiros. Rio de Janeiro: Jorge Zahar, 2006.

SARLO, Beatriz. *Tempo passado: cultura da memória e guinada subjetiva*. Tradução Rosa Freire d'Aguiar. São Paulo: Companhia das Letras, Belo Horizonte: UFMG, 2007.

SCHWEPPENHÄUSER, Gerhard. O dilema do memorial: um relato da república de Berlim. In: DUARTE, Rodrigo; FIGUEIREDO, Virgínia (orgs.). *Mímesis e expressão*. Belo Horizonte: Editora UFMG, 2001, p.123-145.

SELIGMANN-SILVA, Márcio "Apresentação da questão", in: SELIGMANN-SILVA, Márcio (org.). História, memória, literatura. O testemunho na era das catástrofes. Campinas: Editora da UNICAMP, 2003.

SEOANE, Maria. "El golpe del 76". In: *Memoria en construcción: el debate sobre La ESMA*. Buenos Aires: La Marca Editora, 2005.

SOUKEF JUNIOR, Antonio. *Sorocabana: uma saga ferroviária*. São Paulo: Dialeto Latin American Documentary, 2001.

SOUZA, Percival de. *Autópsia do medo: vida e morte do Delegado Sergio Paranhos Fleury*. São Paulo: Globo, 2000.

TODOROV, Tzvetán. *Los abusos de la memoria*. Buenos Aires: Paidós, 2000.

VERBITSKY, Horacio. *El Vuelo*. Buenos Aires: Editorial Sudamericana, 2004.

VERBITSKY, Horacio. *El silencio*. Buenos Aires: Sudamericana, 2005.

ZARANKIN, Andrès e NIRO, Claudio. A materialização do sadismo: arqueologia da arquitetura dos centros clandestinos de detenção da ditadura militar argentina (1976-1983). In: FUNARI, Pedro Paulo A.; ZARANKIN, Andrés; REIS, José Alberioni dos (orgs.). *Arqueologia da repressão e da resistência na América Latina na era das ditaduras (década de 1960-1980)*. São Paulo: Annablume, FAPESP, 2008.

Teses e Dissertações

ALMEIDA, Gisele Maria Ribeiro de. *As esperanças do passado*. Dissertação (Mestrado em Sociologia). Instituto de Filosofia e Ciências Humanas, Universidade Estadual de Campinas, Campinas, 2004.

BAUER, Caroline Silveira. *Um estudo comparativo das práticas de desaparecimento* nas ditaduras civil-militares argentina e brasileira e a elaboração de políticas de memória em ambos os países. Tese (Doutorado em História). Universidade Federal do Rio Grande do Sul/Universitat de Barcelona, Porto Alegre/Barcelona, 2011.

DUGAL, Marie-Christine. *L'Ecole de Mécanique de la Marine (ESMA): Témoin des luttes de mémoires en Argentine*. 2008. 133f. Dissertação (Mestrado em História). Faculté des Arts et des Sciences, Université de Montreal, 2008.

LO TURCO, Ivanise. *Exemplo de reconversão arquitetônica: da Estação da Sorocabana ao Museu do Imaginário do Povo Brasileiro (1914 a 2002)*. Dissertação (Mestrado em Arquitetura e Urbanismo). Faculdade de Arquitetura e Urbanismo, Universidade Presbiteriana Mackenzie, São Paulo, 2002.

LONGHI, Carla Reis. *Ideias e práticas do aparato repressivo: um olhar sobre o acervo do DEOPS/SP – A produção do SNI em comunicação com o DEOPS/SP (1964-1983)*. Tese (Doutorado em História Social). Faculdade de Filosofia, Letras e Ciências Humanas, Universidade de São Paulo, São Paulo, 2005.

MEZAROBBA, Glenda. *O preço do esquecimento: as reparações pagas às vítimas do regime militar (uma comparação entre Brasil, Argentina e Chile)*. Tese (Doutorado em Ciência Política). Universidade de São Paulo, São Paulo, 2007.

NEVES, Kátia Regina Felipini. *A potencialidade dos lugares de memória sob uma perspectiva museológica processual: um estudo de caso. O Memorial da Resistência de São Paulo*. Dissertação (Mestrado em Museologia). Departamento de Museologia, Faculdade de Ciências Sociais e Humanas, Universidade Lusófona de Humanidades e Tecnologia, Lisboa, 2011.

SCIFONI, Simone. *A construção do patrimônio natural*. Tese (Doutorado em Geografia). Faculdade de Filosofia, Letras e Ciências Humanas, Universidade de São Paulo. São Paulo, 2006.

URIBARREN, Maria Sabina. *A atuação da 'Comisión Nacional de Museos y de Monumentos y Lugares Históricos' da Argentina entre 1938 e 1946: sua intervenção no Conjunto Jesuítico da Igreja da Companhia de Jesus e da Residência de Padres na cidade de Córdoba*. Dissertação (Mestrado em História e Fundamentos da Arquitetura e Urbanismo). Faculdade de Arquitetura e Urbanismo, Universidade de São Paulo, São Paulo, 2008.

VALLE, Carlos Beltrão do. *A patrimonialização e a musealização de lugares de memória da ditadura de 1964 – O Memorial da Resistência de São Paulo*. Dissertação (Mestrado em Memória Social). Universidade Estadual do Rio de Janeiro, Rio de Janeiro, 2012.

WATANABE DOS SANTOS. Elisabete Mitiko. *DOPS: um estudo sobre patrimônio e memória*. Monografia (licenciatura em História). Universidade Camilo Castelo Branco, São Paulo, 2001.

Artigos

ACHUGAR, Hugo. "El lugar de La memoria, a propósito de monumentos (motivos y paréntesis)". In: JELÍN, Elizabeth; LANGLAND, Victoria (comps.). *Monumentos, memoriales y marcas territoriales*. Madrid: Siglo Veintiuno de España Editores, 2003.

ARANTES, Antônio Augusto. Documentos históricos, documentos de cultura. *Revista do Patrimônio Histórico e Artístico Nacional*, Brasília, n° 22, 1987.

ARAUJO, Marcelo Mattos; NEVES, Kátia Regina Felipini; MENEZES, Caroline Grassi Franco de. "O memorial da Resistência de São Paulo e os desafios comunicacionais". In: *Revista Anistia Política e Justiça de Transição*, n°3 (jan.-jun.2010). Brasília: Ministério da Justiça, 2010.

AREND, Silvia Maria Fávero e MACEDO, Fábio. "Sobre a história do tempo presente: entrevista com o historiador Henry Rousseau". *Revista Tempo e Argumento*. Florianópolis: UDESC, V. 1, n° 1, p. 201– 216, jan./jun. 2009. Disponível em http://revistas.udesc.br/index.php/tempo/article/view/705/608 acessado em 01 jul. 2011.

ARENDT, Hannah. "Lições sobre a filosofia política de Kant". Rio de Janeiro: Relume-Dumará,1993, p.134 *apud* SKREPETZ, Inês. *Nunca Más: para que não se esqueça para que nunca mais aconteça*. Extraprensa, Vol. 1, No 10 (6): Mídia, Informação e Manifestações Culturais, jun.2012, p.142;

BARROS, José D'Assunção. "História e memória – uma relação na confluência entre tempo e espaço". *Revista MOUSEION*, V. 3, n°5, Jan-Jul/2009, p. 53.

BAUER, Caroline Silveira. "Aproximações entre o combate à Guerrilha do Araguaia e o *Operativo Independencia* na Argentina: preceitos da Guerre Révolutionnaire no Cone Sul". In: *Escritas*, V. 3, p. 84-102, 2011.

BRUNO, Maria Cristina Oliveira; CARNEIRO, Maria Luiza Tucci; AIDAR, Gabriela. "Memorial da Resistência: perspectivas interdisciplinares de um programa museológico". In: BRUNO, Maria Cristina Oliveira; NEVES, Katia Felipini(coords.) Museus como agentes de mudança social e desenvolvimento: propostas e reflexões museológicas. São Cristóvão: Museu de Arqueologia de Xingó, 2008.

CAPELATO, Maria Helena Rolim. "Memória da Ditadura Militar Argentina: Um Desafio para a História". *CLIO*. Série História do Nordeste (UFPE), V. 1, p. 61-81, 2006.

CASTRO, Maria Helena de Santos. "A nova missão das forças armadas latino-americanas no mundo pós-Guerra Fria: o caso do Brasil". In: *Revista Brasileira de Ciências Sociais*, V.19, nº54, fev. 2004.

CORREA, Larissa Rosa. "O Departamento Estadual de Ordem Política e Social de São Paulo: as atividades da polícia política e a intrincada organização de seu acervo". In: Histórica – Revista Eletrônica do Arquivo Público do Estado de São Paulo, nº33, 2008. Disponível em http://www.historica.arquivoestado.sp.gov.br/materias/anteriores/edicao33/materia04/, acessado em 15 ago 2013.

CRUZ, Margarita, *et al.* Las prácticas sociales genocidas en el Operativo Independencia en Famaillá, Tucumán. Febrero de 1975 – Marzo de 1976. Grupo de Investigación sobre Genocídio en Tucumán (GIGET). Primeras Jornadas de Historia Reciente del NOA "Memoria, Fuentes Orales y Ciencias Sociales", Facultad de Filosofía y Letras, Universidad Nacional de Tucumán, julio de 2010. Disponível em http://www.historiaoralargentina.org/attachments/article/1erasjhrnoa/5.2.CRUZ-JEMIO-MONTEROS-PISANI.pdf, acessado em 19 ago. 2013.

DOLFF-BONEKÄMPER, Gabi. Sites of hurtful memory. *The Getty Conservation Institute Newsletter*, V. 17 ner. 2. Los Angeles, 2002, p.4-10.

FERREIRA, Marieta de Moraes. "As reformas de base". In: A trajetória política de João Goulart. *Navegando na História*. FGV/CPDOC: Rio de Janeiro, 2004. Disponível em http://cpdoc.fgv.br/producao/dossies/Jango/artigos/NaPresidenciaRepublica/As_reformas_de_base, acessado em 23 out. 2012.

FRANÇOIS, Etienne. "As novas relações entre memória e história após a queda do Muro de Berlim". *Revista Memória em Rede*. Pelotas, V.2, n°2, 2010, p.18. Disponível em http://www.ufpel.edu.br/ich/memoriaemrede/beta-02-01/index.php/memoriaemrede/article/view/42, acessado em 12 nov. 2012.

GUGLIELMUCCI, Ana; CROCCIA, Mariana; MENDIZÁBAL, María Eugenia. "Patrimonio hostil: reflexiones sobre los proyectos de recuperación de ex centros clandestinos de detención en la Ciudad de Buenos Aires". In: *Actas del "Primer Seminario Internacional Políticas de la Memoria"*, Centro Cultural de la Memoria Haroldo Conti, Archivo Nacional de la Memoria, Secretaria de Derechos Humanos de la Nación. Buenos Aires, 2008.

JENSEN, Katherine. La recuperación de ex-Centros Clandestinos de Detención como Espacios de la Memoria: Un estudio acerca del caso del ex-centro "Olimpo". In: *Buenos Aires. Vassar College: SIT Argentina: Human Rights and Social Movements, Independent Study Project (ISP) Collection*. Paper 183, 2007, disponível em http://digitalcollections.sit.edu/isp_collection/183/, acessado em 11 mai. 2012.

KRAMER, Ana Maria Gorosíto. "Patrimonio, legislación e identidad: el caso de las ruinas jesuiticas em Misiones (Argentina)". Disponível em http://www.enciclopediademisiones.com/data/rtf/hist/HISTACT5554.pdf, acessado em 20 dez. 2012.

KORNIS, Mônica Almeida. Parlamentarismo: sim ou não? In: A trajetória política de João Goulart. *Navegando na História*. FGV/CPDOC: Rio de Janeiro, 2004. Disponível em http://cpdoc.fgv.br/producao/dossies/Jango/artigos/NaPresidenciaRepublica/Parlamentarismo_sim_ou_nao, acessado em 23 out 2012.

KÜHL, Beatriz Mugayar. Notas sobre a Carta de Veneza. Anais do Museu Paulista, V. 18, n° 2, p. 287-320, dez. 2010. Disponível em: <http://www.revistas.usp.br/anaismp/article/view/5539/7069>. Acesso em: 28 nov. 2013.

MENESES, Ulpiano Toledo Bezerra de. "A história, cativa da memória? Para um mapeamento da memória no campo das Ciências Sociais". *Revista do Instituto de Estudos Brasileiros*, São Paulo, n°34, 1992.

MICELI, Sérgio. SPHAN: Refrigério da cultura oficial. *Revista do Patrimônio*, n° 22, 1987.

302   DEBORAH R. L. NEVES

MICHEL, Johann. "Podemos falar de uma política de esquecimento"? *Revista Memória em Rede*, Pelotas, V.2, n°3, ago.-nov. 2010, p.18. Disponível em http://www.ufpel.edu.br/ich/memoriaemrede/wp/wp-content/uploads/2010/09/MICHEL_Johann.pdf. Acesso em 10 Jun. 2011.

NORA, Pierre. "Entre memória e história: a problemática dos lugares". Tradução Yara Aun Khoury. *Revista Projeto História*, n°10, dez./1993. São Paulo: Pontifícia Universidade Católica.

OLIVEIRA, Dirlene. "Memorial do TCA é incluído no cadastro nacional de museus". Disponível em http://www.tca.ba.gov.br/06/0611/28.Memorial.htm acessado em 29 mar 2011.

OLIVEIRA, Nilo Dias de. "O aparato repressivo na particularidade do estado republicano: as delegacias de polícia política". In: *Histórica – Revista Eletrônica do Arquivo Público do Estado de São Paulo*, n° 39, 2009. Disponível em http://www.historica.arquivoestado.sp.gov.br/materias/anteriores/edicao39/materia02/, acessado em 15 ago. 2013.

PADRÓS, Enrique Serra. "Memória e esquecimento das ditaduras de segurança nacional: os desaparecidos políticos". *História em Revista (UFPel)*. Pelotas, V.10, dez. 2004. Disponível em http://www.ufpel.edu.br/ich/ndh/downloads/historia_em_revista_10_enrique_padros.pdf, acesso em 03 mar. 2010.

PRADO, Maria Lígia Coelho. "O Brasil e a distante América do Sul". In: *Revista de História*, n°145, 2° sem.2001. São Paulo: Humanitas/FFLCH/USP, 2001, p.127-149.

_____. "Repensando a história comparada da América Latina". In: *Revista de História*, n°153, 2° sem.2005. São Paulo: Humanitas/FFLCH/USP, 2005, p.11-33.

PERSINO, María Silvina. "Memoriales, museos, monumentos: La articulación de uma memoria pública en la Argentina posdictatorial". *Revista Iberoamericana*, V. LXXIV, num. 222, Jan.-mar. 2008.

POLLAK, Michael. "Memória, esquecimento, silêncio". *Revista Estudos Históricos*, América do Norte, V.2, n° 3, jun. 1989. Disponível em: http://bibliotecadigital.fgv.br/ojs/index.php/reh/article/view/2278/1417, acesso em 13 Jun. 2011.

ROTMAN, Mónica B. A trama de uma instituição estatal vinculada ao patrimônio argentino: contexto histórico e regulamentação, in: FERREIRA, Lúcio Menezes. In: FERREIRA, Maria Letícia Mazzuchi; ROTMAN, Mónica B. (org.). *Patrimônio Cultural no Brasil e na Argentina: estudos de caso*. São Paulo: Annablume; CAPES, 2011.

RUIZ, Maria Olga. "Qué y como recordar: luchas por la memoria em el movimento de derechos humanos argentino (1976-1998). Nuevo Mundo mundos Nuevos, Cuestioes del tempo presente", mai.2011. Disponível em http://nuevomundo.revues.org/61495, acessado em 20 jun. 2011

SARLO, Beatriz. "Uma alucinação dispersa em agonia". *Novos Estudos CEBRAP*, São Paulo, n°11, jan. 1985, p.34-39

SELIGMANN-SILVA, Márcio. "A construção da memória do terror na Argentina". *Revista USP*, São Paulo, n°70, p.176-179, jun./ago. 2006.

SEIXAS, Ivan; POLITI, Maurice. "Os elos que vinculam as vivências encarceradas com as perspectivas de comunicação museológica: o olhar dos ex-presos políticos". In: ARAÚJO, Marcelo Mattos; BRUNO, Maria Cristina Oliveira Bruno (coords.). *Memorial da Resistência de São Paulo*. São Paulo, Pinacoteca do Estado, 2009.

SILVA, Helenice Rodrigues da. "Rememoração"/comemoração: as utilizações sociais da memória. Revista Brasileira de História, São Paulo, V. 22, n° 44, 2002. Disponível em http://www.scielo.br/scielo.php?script=sci_arttext&pid=S0102-01882002000200008&lng=en&nrm=iso, acessado em 03 dez. 2013.

MENESES, Ulpiano Toledo Bezerra de. "A história, cativa da memória? Para um mapeamento da memória no campo das Ciências Sociais". *Revista do Instituto de Estudos Brasileiros*, São Paulo, n°34, 1992.

ZARANKIN, Andrés; SALERNO, Marisa A. "Después de la tormenta: arqueologia de La represión en América Latina". In: *Revista Comluntum*, V.19, n°2, 2008, p.28. Disponível em http://revistas.ucm.es/index.php/CMPL/article/view/CMPL0808220021A, acessado em 11 mai. 2012.

DOCUMENTOS

AMNISTIA INTERNACIONAL. Informe de una misión de Amnistia Internacional a la Republica Argentina. Barcelona: Editorial Blume, 1977, p.7. Disponível em http://www.ruinasdigitales.com/revistas/ddhh/Informe%20 Amnistia%201976.pdf, acessado em 20 nov. 2013.

ARGENTINA. Leyes: principales instrumentos legales sobre derechos humanos y memória. 1ª Edição. Buenos Aires: Instituto Espacio para la Memória, 2007. Disponível em www.institutomemoria.org.ar/media/publi/leyes/leyes.pdf, acessado em 03 jan. 2013.

Arquivo Público do Estado de São Paulo Prontuário 126.204-A, 1953.

Arquivo Público do Estado de São Paulo Prontuário 126.204-B, 1957.

ASOCIACIÓN DE EX-DETENIDOS DESAPARECIDOS. Carta. 10 jun. 2004. In: Comisión Nacional de Museos y Monumentos y Lugares Históricos. Expediente 7506/2005.

_____. Posición De La Asociación De Ex – Detenidos Desaparecidos Ante El Proyecto Museográfico Para El Casino De Oficiales Presentado Por El Ente Espacio Para La Memoria Y La Secretaría De Derechos Humanos De La Nación. Boletín AEDD n°959, 25 mar. 2013. Disponível em http://aedd-casapueblos-boletines.blogspot.com.br/2013/03/posicion-de-la-asociacion-de-ex.html, acessado em 03 dez. 2013.

BASTOS, Lucilena W. M. Parecer Técnico. Protocolado n° 0153/03. Ministério Público do Estado de São Paulo, Procuradoria de Justiça do Meio Ambiente da Capital. Assunto: Patrimônio Cultural – Bem Tombado – Intervenções – Antigo Prédio do DOPS, situado no Largo general Osório, 66, 86, 120 e 136, Bairro da Luz, São Paulo – SP IC 077/2001 – 4ª PJMAC, 2003.

BRAVO, Daniel. Discurso. In: CIUDAD AUTONOMA DE BUENOS AIRES. Legislatura. Actas de la 12ª Sesión Ordinária de la Cámara. 01 de junio de 2000, Versión Taquigráfico n° 18. Disponível em http://www.legislatura.gov.ar/vt.php, acessado em 27 de jul. de 2013.

CARNEIRO, Maria Luiza Tucci. Parecer. In: CONDEPHAAT. Processo 23384/85, São Paulo, 1986.

CASTRO, José Guilherme Savoy de. Parecer, in: Condephaat. Processo 36924/1997, volume III, fls.469-471.

CASTRO, José Guilherme Savoy de. Minuta de Parecer Técnico, in: Condephaat. Processo 36924/1997, volume III, fls.478-479.

CIUDAD AUTONOMA DE BUENOS AIRES. Legislatura. Expediente 1010-D-1999. Declarar Monumento Historico Nacional al edificio de la Escuela de Mecánica de la Armada (ESMA) ubicado en la Avenida Libertador de la Capital Federal, con los alcances de los artículos 3 y 4 de la ley 12.665.

COMISION BIPARTITA. Informe sobre el Espacio para la Memoria y para la Promoción y Defensa de los Derechos Humanos en el ex Centro Clandestino de Detención "ESMA". Marzo de 2007, Buenos Aires, Secretaria de Derechos Humanos de la Nación *apud* GUGLIELMUCCI, Ana. Op.cit., p.306.

COMISIÓN INTERAMERICANA DE DERECHOS HUMANOS. Informe sobre la situación de los Derechos Humanos en Argentina. Capítulo 5.C – Inspecciones en cárceles y otros centros de detención. Disponível em http://www.cidh.oas.org/countryrep/Argentina80sp/indice.htm, acessado em 12 dez. 2013.

COMISIÓN NACIONAL DE MUSEOS Y DE MONUMENTOS Y LUGARES HISTÓRICOS. Guia de Monumentos 2008. http://www.monumentosysitios.gov.ar/static.php?p=1812, acessado em 04 jan. 2013.

COMISIÓN NACIONAL DE MUSEOS Y MONUMENTOS y LUGARES HISTÓRICOS. Nota CNMMLH n°1323, de 19/10/2004. In: Expediente 7506/2005, p.4.

CONCEJO DELIBERANTE DE LA CIUDAD DE BUENOS AIRES. Resolución 50.318 de 21 de marzo de 1996 – Creación del Museo de la Memoria Nunca Más.

COORDINACIÓN RED FEDERAL DE SITIOS DE MEMORIA. ARCHIVO NACIONAL DE LA MEMORIA. Señalización Eexterna de ex-Centros Clandestinos de Detención y otros espacios vinculados con el accionar del Terrorismo de Estado. Objetivos, requerimientos y especificaciones para la gestión. Buenos Aires, 2012, p.3. Disponível em http://www.nodo50.org/exilioargentino/2012/2012_03_marzo/imag_marzo2012/Red_sitios_memoria.pdf, acessado em 03 out. 2013

306 DEBORAH R. L. NEVES

COORDINACIÓN RED FEDERAL DE SITIOS DE MEMORIA. Acciones. Disponível em http://www.derhuman.jus.gov.ar/anm/sitios_memoria.html, acessado em 03 out. 2013.

CONDEPHAAT. Ata nº1186 da Sessão Ordinária de 28 de agosto de 2000.

CONDEPHAAT. Síntese da decisão do E. Conselho Deliberativo. Ata 293 da Sessão de 26/07/1976. In: Processo 20151/1976

CONDEPHAAT. Ata de Reunião de 25 de maio de 2001, in: Processo 36924/1997, volume IV, fls.636-637.

CONDEPHAAT. Síntese de decisão do Egrégio Colegiado. Sessão Ordinária de 15 de dezembro de 2003, Ata nº 1315, in: Condephaat. Processo 36924/1997, volume V, fl.934.

CONDEPHAAT. Ata 1697, da Sessão realizada em 04.03.2013, Processo 65920/2012 – Referente aos Restos Mortais de Desaparecidos Políticos, localizados no Cemitério da Vila Formosa in: Diário Oficial do Estado de São Paulo de 20/03/2013, Executivo – Caderno 1, p. 158.

CONDEPHAAT. Deliberações do Colegiado em Sessão Ordinária, de 4-3-2013. Processo 65920/2012, in: Diário Oficial do Estado de São Paulo de 01/05/2013, Executivo – Caderno 1, p. 74.

CONSELHO MUNICIPAL DE PRESERVAÇÃO DO PATRIMÔNIO HISTÓRICO, CULTURAL E AMBIENTAL DA CIDADE DE SÃO PAULO (Conpresp). Resolução 44/92.

CORPORACION NACIONAL DE REPARACIÓN Y RECONCILIACIÓN. Informe de la Comisión Nacional de Verdad y Reconciliación (Informe Rettig). Capítulo I – Métodos de trabajo y labor desplegada por la Comision Nacional de Verdad y Reconciliación para la elaboración de este informe. A. Los Objetivos de La Comision. 1991.

Decreto 1333/2008, disponível em http://www.infoleg.gob.ar/infolegInternet/anexos/140000-144999/143656/norma.htm, acessado em 29 jun 2011.

DELEGACIA ESPECIALIZADA DE ESTRANGEIROS. Relatório referente aos trabalhos realizados pela Delegacia especializada de estrangeiros durante o exercício de 1953, p.2. Prontuário 126.204-A.

Delegacia de Estrangeiros e Centro de Identificação já funcionam em nova sede. Poder Executivo. Diário Oficial do Estado de São Paulo de 19 de Agosto de 1969, p.2.

DEPARTAMENTO DE OBRAS PÚBLICAS. Poder Executivo. Diário Oficial do Estado de São Paulo de 12 de Janeiro de 1967, p.42.

DEPARTAMENTO DE ORDEM POLÍTICA E SOCIAL. Poder Executivo. Diário Oficial do Estado de São Paulo de 17 de Abril de 1957, p.49.

DEPARTAMENTO DE ORDEM POLÍTICA E SOCIAL. Poder Executivo. Diário Oficial do Estado de São Paulo de 05 de Agosto de 1971, p.11.

Escuela de Mecánica de La Armada. Cincuentenário 1897-1947. Buenos Aires: Ministerio de Marina/ Estado Mayor General/Sección de Publicidad, 1947. Disponível em http://www.exalumnosceaema.com/17-historia-de-la-escuela-de-mecanica-de-la-armada/, acessado em 24 jul. 2013

ESTRADA DE FERRO SOROCABANA; MAIA, Alfredo. Relatório do anno de 1906, apresentado ao Dr. Carlos José Botelho, Secretário da Agricultura, Commércio e Obras Públicas pelo Superintendente Engº Dr. Alfredo Maia. São Paulo: Vanorden e Cia, 1907, p.37. Acervo Arquivo Público do Estado de São Paulo.

Expediente 1010-D-1999. Declarar Monumento Historico Nacional al edificio de la Escuela de Mecanica de la Armada (ESMA) ubicado en la Avenida Libertador de la Capital Federal, con los alcances de los articulos 3 y 4 de la ley 12.665.

FERREIRA, Roberto Leme. Parecer, in: Condephaat. Processo 36924/1997, volume III, fls.442-443.

FREIRE, Alípio. O Presídio Tiradentes – Espaço de confinamento e resistência política: um depoimento. *apud* SCHVARZMAN, Sheila. O Presídio Tiradentes. In: CONDEPHAAT. Processo 23345/85, São Paulo, 1985.

FREIRE, Alípio. Depoimento pessoal enviado por e-mail. Acervo pessoal. 2011.

FREIRE, Alípio Raimundo Viana. Depoimento [nov. 2010]. Entrevistador: C. Beltrão. São Paulo: Casa. Mídia digital (192 min.), estéreo. Entrevista concedida para Pesquisa de Mestrado do PPGMS da UNIRIO, RJ. Transcrição disponível em VALLE, Carlos Beltrão do. A patrimonialização e a museali-

308   DEBORAH R. L. NEVES

zação de lugares de memória da ditadura de 1964 – O Memorial da Resistência de São Paulo. Dissertação (Mestrado em Memória Social). Universidade Estadual do Rio de Janeiro, Rio de Janeiro, 2012, p.290-311.

GUZZO DE DECCA, Maria Auxiliadora. Parecer Histórico – Faculdade de Filosofia, Ciências e Letras da USP. In: CONDEPHAAT. Processo 23.384/85, São Paulo, 1985.

INSTITUTO BROWNIANO. Revista Del Mar, n°119, ano XXXVIII. Buenos Aires, 1983, p.127. Disponível em http://www.exalumnosceaema.com/17-historia-de-la-escuela-de-mecanica-de-la-armada/, acessado em 14 out. 2013.

INSTITUTO DE POLÍTICAS PÚBLICAS EM DIREITOS HUMANOS DO MERCOSUL (IPPDH). Diretrizes para a preservação de lugares de Memória, aprovadas pelas Altas Autoridades de Derechos Humanos y Cancillerías Del Mercosur y Estado Associados. Argentina, 2012. Disponível em http://www.ippdh.mercosur.int/Documento/details/60, acessado em 03 mar. 2013.

INTERNATIONAL COUNCIL ON MONUMENTS AND SITES (ICOMOS). Declaração de Quebec sobre a preservação do "Spiritu Loci". Quebec, 2008. Disponível em https://www.icomos.org/images/DOCUMENTS/Charters/GA16_Quebec_Declaration_Final_PT.pdf.

KOWARICK, Lúcio Félix Frederico. Parecer. In: CONDEPHAAT. Processo 23.345/85, São Paulo, 1985.

LEGISLATURA DE LA CIUDAD AUTÓNOMA DE BUENOS AIRES. Ley 961 de 05 de deciembre de 2002.

LEGISLATURA DE LA CIUDAD AUTÓNOMA DE BUENOS AIRES. Ley 1.197 de 27 de noviembre de 2003.

LEGISLATURA DE LA CIUDAD AUTÓNOMA DE BUENOS AIRES. Ley 1.794 de 22 de septiembre de 2005.

LEMOS, Carlos. Representação 9/76. In: CONDEPHAAT. Processo 20151/1976, p.2.

MARX, Murilo. Parecer. In: CONDEPHAAT. Processo 20151/1976

LEMOS, Carlos. Representação 9/76. In: CONDEPHAAT. Processo 20151/1976

MINISTÉRIO PÚBLICO DO ESTADO DE SÃO PAULO. Ação Civil Pública ambiental reparatória de danos ao patrimônio histórico e à memória nacional. Inicial. Disponível em http://www.mpsp.mp.br/portal/page/portal/ noticias/publicacao_noticias/2013/janeiro_2013/2013%2001%2010%20 MP%20pede%20indeniza%C3%A7%C3%A3o%20por%20reforma%20 que%20descaracterizou%20a%20Esta%C3%A7%C3%A3o%20Pinacoteca. pdf, acesso em 04/10/2013.

MINISTÉRIO PÚBLICO ESTADUAL. Promotoria de Justiça do Meio Ambiente da Capital. Ata de Reunião IC 077/01, in: Condephaat. Processo 36924/1997, volume VI, fls. 1129-1130.

ORSELLO, Marcos Augusto. Parecer. In: Processo 20151/1976

PEREIRA, Freddie Perdigão. O Destacamento de Operações de Informações (DOI) no EB – Histórico papel no combate à subversão: situação atual e perspectivas. Escola de Comando e Estado-Maior do Exército, 1978". Disponível em http://www.prr3.mpf.gov.br/arquivos/Ditadura-Militar---A%C3%A7%C3%B5es-e-Representa%C3%A7%C3%B5es/ Provid%C3%AAncias-C%C3%ADveis/A%C3%A7%C3%A3o-Civil- -P%C3%BAblica---CASO-MANOEL-FIEL-FILHO/Doc06----Monografia/, acessado em 11 abr. 2013.

PIRES, Walter; SALES, Pedro M. R. Parecer de Diretrizes. Comunique-se de 21 dez. 2000, in: DEPARTAMENTO DO PATRIMÔNIO HISTÓRICO DO MUNICÍPIO DE SÃO PAULO. Processo nº 2000.0.217.547-5.

POLITI, Maurice. Questionário respondido para Deborah Regina Leal Neves, no âmbito da pesquisa de dissertação em História Social. Programa de Pós- -graduação em História Social, Faculdade de Filosofia, Letras e Ciências Humanas. Universidade de São Paulo, novembro de 2013.

REPÚBLICA ARGENTINA. Ministério del Interior. Subsecretaria General. Proceso 330/79. Compras y Suministros.

SAIA NETO, José. Texto sem título. São Paulo, junho de 2001. Acervo Processo Iphan.

SÃO PAULO. Constituição do Estado de São Paulo. Seção II. Da Cultura. Artigo 260. São Paulo, 1989

SÃO PAULO. Decreto-Lei 11.782 de 30 de dezembro de 1940. Dispõe sobre classificação das delegacias de polícia.

SÃO PAULO. Decreto 6.836 de 30 de setembro de 1975. Reorganiza o Departamento Estadual de Ordem Política e Social – DOPS.

SÃO PAULO. Decreto nº 4.715 de 23 de abril de 1930.

SÃO PAULO. Governo do Estado. Decreto nº 46.507, de 21 de janeiro de 2002. Cria o Museu do Imaginário do Povo Brasileiro.

SÃO PAULO. Secretaria de Estado da Cultura. Resolução SC-28, de 07/07/1999, disponível em http://www.imprensaoficial.com.br/PortalIO/DO/Popup/Pop_DO_Busca1991Resultado.aspx?Trinca=139&CadernoID=ex1&Data=19990709&Name=1396D790017.PDF&SubDiretorio=0

SCHVARZMAN, Sheila. O Presídio Tiradentes. In: CONDEPHAAT. Processo 23.345/85, São Paulo, 1985

SECRETARIA DE AGRICULTURA, COMMERCIO E OBRAS PÚBLICAS DO ESTADO DE SÃO PAULO. Diário Oficial do Estado de São Paulo, 20 abr. 1911 p.1617.

SECRETARIA DE ESTADO DA CULTURA. Informação ao Chefe de Gabinete prestada pelo Engº Edson Caram, in: Condephaat. Processo 36924/1997, volume V, fl.913.

SECRETARIA DE ESTADO DA CULTURA. Resolução SC-79 de 28 de dezembro de 2001. Designando comissão para avaliação do prédio do antigo DOPS para a instalação do Museu do Imaginário do Povo Brasileiro.

SECRETARIA DE SEGURANÇA PÚBLICA. Departamento de Ordem Política e Social. Relatório do ano de 1953, p.29. Prontuário 126.204-A. Arquivo Público do Estado de São Paulo, 1953.

SECRETARIA DE SEGURANÇA PÚBLICA. Departamento de Ordem Política e Social. Relatório do ano de 1953, p.31. Prontuário 126.204-A. Arquivo Público do Estado de São Paulo, 1953.

SECRETARIA DE SEGURANÇA PÚBLICA. Departamento de Ordem Política e Social. Relatório do ano de 1957, p.12. Prontuário 126.204-B. Arquivo Público do Estado de São Paulo, 1957.

SEIXAS, Ivan Akselrud. Depoimento [mar. 2011] Entrevistador: C. Beltrão. São

Paulo: Núcleo Memória. Mídia digital (153 min.), estéreo. Entrevista concedida para Pesquisa de Mestrado do PPGMS da UNIRIO, RJ. Transcrição disponível em VALLE, Carlos Beltrão do. A patrimonialização e a musealização de lugares de memória da ditadura de 1964 – O Memorial da Resistência de São Paulo. Dissertação (Mestrado em Memória Social). Universidade Estadual do Rio de Janeiro, Rio de Janeiro, 2012, p.363-396.

SEIXAS, Ivan Akselrud. Discurso de 24 de janeiro de 2009. Disponível em http://www.nucleomemoria.org.br/textos/discurso-oficial. Acessado em 07 Jun. 2011. Discurso proferido por Ivan Akselrud Seixas, Presidente do Fórum de ex-presos e desaparecidos políticos do Estado de São Paulo, quando da inauguração do Memorial da Resistência.

SEIXAS, Ivan. Questionário respondido para Deborah Regina Leal Neves, no âmbito da pesquisa de dissertação em História Social. Programa de Pós-graduação em História Social, Faculdade de Filosofia, Letras e Ciências Humanas. Universidade de São Paulo, novembro de 2013.

SILVA, Heloísa Barbosa da. Parecer. In: CONDEPHAAT. Processo 20151/1976.

UNESCO. Brief description of Auschwitz-Birkenau German Nazi Concentration and Extermination Camp (1940-1945). Disponível em http://whc.unesco.org/en/list/31, acessado em 28 dez. 2012.

UNESCO. Carta Internacional sobre a conservação e o restauro dos monumentos e dos sítios. Carta de Veneza, 1964. Disponível em http://www.icomos.org.br/cartas/Carta_de_Veneza_1964.pdf, acessado em 03 out. 2013.

UNESCO. Convenção para a Proteção do Patrimônio Mundial, Cultural e Natural. Paris, 16 nov. 1972. Disponível em: http://www.unesco.pt/cgi-bin/cultura/docs/cul_doc.php?idd=5, acessado em 28 dez. 2012.

UNESCO. Recomendação de Nairóbi, 1976. Disponível em http://portal.iphan.gov.br/portal/baixaFcdAnexo.do?id=249, acessado em 08 out. 2012.

Artigos da Imprensa

ANGIOLILLO, Francesca. Projeto foca período anterior à repressão. *Folha de São Paulo*, São Paulo, 03 jul. 2002. *Caderno Ilustrada*, p. E1.

312 DEBORAH R. L. NEVES

ARAGÃO, Marianna. Nas velhas celas do Dops, Memorial da Resistência. *O Estado de S. Paulo*, 02 mai. 2008. Caderno Nacional, p. A7.

ASSUNÇÃO, Moacir. Dops reabre hoje como Memorial da Resistência. *O Estado de S. Paulo*, São Paulo. 24 Jan 2009. Disponível em http://www.nucleomemoria.org.br/textos/dops-reabre-hoje-como-memorial-da-resistencia, acessado em 14 Jun. 2011.

BLEJMAN, Mariano. El libro de la buena memoria se convirtió en un best-seller. *Página 12*, 28 nov. 2004. Disponível em http://www.pagina12.com.ar/diario/cultura/7-44148-2004-11-28.html, acessado em 20 dez. 2013.

BRANDÃO, Francisco. Prédio do Dops será transformado em Centro Cultural. *O Estado de S. Paulo*, São Paulo, 23 mar. 1998. Caderno Seu Bairro – Norte, ano 4, nº210, p. Z7.

CALVO, Javier. Demolerán la ESMA y colocarán un monumento por la unión nacional. *Clarín.com*, Buenos Aires, 08/01/1998, Política, disponível em http://edant.clarin.com/diario/1998/01/08/t-00211d.htm, acessado em 17 jul 2011.

Cinco Minutos. *Revista Veja*, 24 de março de 1976, p. 39.

Comemoração dos 20 anos da lei começa hoje com ato em São Paulo. *Folha de São Paulo*, 23 ago. 1999, Caderno Brasil, p.7.

D'AMICO, Maria Laura; IPARRAGUIRRE, Maria Soledad. Sobre las huellas del terror. *La Pulseada*, 11 jul. 2013. Disponível em http://www.lapulseada.com.ar/site/?p=5971, acessado em 03 dez. 2013

DANDAN, Alejandra. La maternidad clandestina. *Página 12*, Buenos Aires, 03 jun. 2011. Disponível em http://www.pagina12.com.ar/diario/elpais/1-169411-2011-06-03.html, acessado em 22 out. 2013

DANDAN, Alejandra. Las 15 historias. *Página 12*, Buenos Aires, 06 nov. 2011. Disponível em http://www.pagina12.com.ar/diario/elpais/subnotas/180635-56472-2011-11-06.html, acessado em 22 out. 2013

DANDAN, Alejandra. Parir en la Esma. *Página 12*, Buenos Aires, 06 nov. 2011. Disponível em http://www.pagina12.com.ar/diario/elpais/1-180635-2011-11-06.html, acessado em 22 out. 2013.

DAVIS, Carlos. El Olimpo sin custodia. *La Floresta*, 02 abr. 2012. Disponível em http://www.la-floresta.com.ar/2012/abril/2.htm, acessado em 30 abr. 2012.

DAVIS, Carlos. Informes sobre El Olimpo y Corralón. *La Floresta*, 09 mai. 2012. Disponível em http://www.la-floresta.com.ar/2012/mayo/9.htm, acessado em 5 jan. 2013.

DEMA, Verónica. Las huellas de la tortura en el casino de oficiales de la ESMA. *La Nación*, 23 mar.2011, Política. Disponível em http://www.lanacion.com.ar/1359808-las-huellas-de-la-tortura-en-el-casino-de-oficiales-de-la-esma, acessado em 24 dez. 2013

DIMENSTEIN, Gilberto. Museu da Imaginação. *Folha de São Paulo*, 22 jan. 2003, Cotidiano, p.C2

Fórmula pronta? *Revista Veja*, 17 março de 1976. Editora Abril, p.42

IZUMI, Julia; RECÚPERO, Andrea. *Revista 3 puntos* de 25/05/2000.

"La escuela de Famaillá será inaugurada como un espacio de memória". Disponível em http://www.prensa.tucuman.gov.ar/index.php/todas-las-noticias/1161--la-escuela-de-famailla-sera-inaugurada-como-un-espacio-de-memoria

LOPES, Marcus. Quase pronto o centro cultural no prédio do Dops. *O Estado de S. Paulo*, São Paulo, 16 jan. 2002. Caderno Cidades, p. C2.

LUQUE, Francisco. Liberadas fotografias de vítimas dos "Vôos da morte", disponível em http://www.cartamaior.com.br/?/Editoria/Direitos-Humanos/Liberadas-fotografias-de-vitimas-dos-'voos-da-morte'%0d%0a/5/18152, acessado em 14 out 2013.

MARTINS FILHO. João Roberto. O 1º de Abril. *Revista de História da Biblioteca Nacional*, Rio de Janeiro, ano 7, nº83, p.18-20, ago.2012.

MOREIRA, Ivana. Antigo prédio do Dops será academia de música. *O Estado de S. Paulo*, São Paulo, 02 abr. 1998. Caderno Cidades, p. C7

Museu do Imaginário só fica pronto no fim do ano. *O Estado de S. Paulo*, 03 jul. 2002, *Caderno 2*. Disponível em http://www.estadao.com.br/arquivo/artee-lazer/2002/not20020703p7445.htm, acessado em 10 jul.2012.

PEREYRA, Ruben. Las huellas en El Silencio. *Revista Veintitres*, 17 jul. 2013.

Disponível em http://veintitres.infonews.com/nota-7094-sociedad-Las-huellas-en-El-Silencio.html, acessada em 23 dez. 2013.

Polêmica ronda o prédio do Dops. *Folha de São Paulo*, 29 jan. 2003, Ilustrada, p.E3.

PORTELLA, Andréa. Dops renovado: prédio do terror abriga mostras. *O Estado de S. Paulo*, São Paulo, 03 jul. 2002. Caderno Cidades, p. C6.

REATO, Ceferino. Videla: La Confesión. La Nación, Buenos Aires, 15 abr 2012. Disponível em http://www.lanacion.com.ar/1464752-videla-la-confesion, acessado em 14 mai 2012.

SAFATLE, Vladimir. Entrevista com Paul Ricoeur. Por uma filosofia da memória reconciliada. Disponível em http://www.geocities.ws/vladimirsafatle/vladi018.htm, acessado em 02 dez. 2013.

Se presentó un proyecto para que el ex casino de oficiales de la ex ESMA sea un sitio de memoria. Télam, 15 nov. 2013. Disponível em http://www.telam.com.ar/notas/201311/40982-se-presento-un-proyecto-para-que-el-ex-casino-de-oficiales-de-la-ex-esma-sea-un-sitio-de-memoria.html, acessado em 03 dez. 2013.

Secretária da Cultura de SP tem novos planos para a Luz. *O Estado de S. Paulo*, 24 jan. 2003, Cidades, p. C6.

SEOANE, Maria. "Somos derechos y humanos: como se armó la campaña". *Clarín*, 23 mar. 2006, *Suplemento El País*. Disponível em http://edant.clarin.com/diario/2006/03/23/elpais/p-01501.htm, acessado em 23 dez. 2013.

VERBITSKY, Horacio. La ESMA es del pueblo. 17/10/1998. Disponível em http://www.pagina12.com.ar/1998/98-10/98-10-17/pag03.htm, acessado em 20 dez. 2012

VERBITSKY, Horacio. Regalo de Nochebuena. 24/12/1998. Página/12. Disponível em http://www.pagina12.com.ar/1998/98-12/98-12-24/pag09.htm, acessado em 20 dez. 2012.

Arquivos de Áudio

ABRAMOVICH, Victor. Palestra proferida no I Seminário Latino-Americano sobre Lugares de Memória. Arquivo Nacional, Rio de Janeiro, 27 nov. 2012.

BARBUTO, Valéria. Palestra proferida no I Seminário Latino Americano sobre Lugares de Memória, realizado em 27 nov. 2012, no Arquivo Público do Rio de Janeiro. (ACERVO DA AUTORA)

DOLFF-BONEKÄMPER, Gabi. Walk into somebody elses' pasts: local and social frames for the construction and evocation of pasts. Palestra proferida na mesa "Mobilizações da memória: relações entre materialidade e imaterialidade. Conferência Internacional Patrimônio Cultural: memória e intervenções urbanas. Faculdade de Arquitetura e Urbanismo, Universidade de São Paulo. São Paulo, 28 ago. 2013. Audio pertencente ao acervo da autora.

HATUKA, Tali. Palestra proferida na mesa "Memórias difíceis: entre a valorização e o apagamento". *Conferência Internacional Patrimônio Cultural: memória e intervenções urbanas.* Faculdade de Arquitetura e Urbanismo, Universidade de São Paulo. São Paulo, 28 ago. 2013. Audio pertencente ao acervo da autora.

NEVES, Katia Felipini. Entrevista concedida à Deborah Regina Leal Neves. São Paulo: 14 nov. 2013. Audio Digital, 59:12 min. Acervo da autora.

Sites

www.brasilrepublicano.com.br

http://causaesma.wordpress.com

http://www.cedom.gov.ar/es/legislacion/normas/leyes/ley392.html.

http://www.cels.org.ar/blogs

http://www.cels.org.ar/wpblogs/ccesma

http://www.cels.org.ar/esma/historia.html#grupotareas

http://www.cij.gov.ar/esma.html

http://www.desaparecidos.org/nuncamas/web/testimon/

http://www.desaparecidos.org/nuncamas/web/investig/basterra/basterra_01.htm#indice

http://www.exalumnosceaema.com/16-antecedentes-y-fotos-de-los-comienzos-
-de-la-escuela-de-mecanica-de-la-armada/

http://juicioesma.blogspot.com.br/

http://icom.museum/quienes-somos/la-vision/definicion-del-museo/L/1.html

http://www.institutomemoria.org.ar/_ccdte/esma.html

http://www.mapaeducativo.edu.ar/cms/images/stories/men/mapa_ccd.pdf

http://www.monumentosysitios.gov.ar/static.php?p=1812

http://www.usp.br/proin/home/index.php

FILMES

"A História oficial" (La Historia Oficial, Argentina, 1985, 112min.),

"O dia em que eu não nasci" (Das Lied in Mir, Alemanha, 2010, 95 min.)

TELAM. "Los vuelos de la muerte – El piloto Poch ante el Juez", de
07/05/2010. Disponível em http://www.youtube.com/watch?feature=player_
embedded&v=SlEXGN8hMrk#t=21

Anexo I – Carta de José Saia Neto

Noutro dia, uma notícia sobre a adaptação de uma escola de música no prédio do DOPS me deixou curioso; informava também sobre o sucesso da Sala São Paulo, que hoje ocupa boa parte da Estação Júlio Prestes, sobre a recuperação do Jardim e da Estação da Luz e sobre a revitalização daquele bairro e do vizinho Campos Elíseos, para tanto haveria recursos do Governo Federal e até do exterior. Além disto, sempre é um prazer visitar preguiçosamente a Pinacoteca, pelo menos até que as pessoas descubram o quanto isto é agradável. Como tinha um compromisso no centro velho, não custava passar por aqueles lados: daria uma olhada nas obras e até tentaria, mais uma vez, exorcizar alguns fantasmas.

A caminho, saindo da Marginal do Tietê para a Barra Funda, passei pelo novo Fórum Criminal, e não pude deixar de pensar como são tortuosos os caminhos que temos escolhido, e quanto é injusto nosso destino. Este prédio, cujo projeto recebeu um prêmio internacional de arquitetura, foi concebido para abrigar um hospital maternidade, estava, pois, destinado à vida e ao futuro; mas decidiram nossos governantes que ali seria um local de julgamento daqueles que cometeram crimes ou contravenções, e, caso tivesse sido aprovada a pena capital, certamente um local destinado a programar mortes, muitas mortes...

Não fora a desativação da antiga estação rodoviária e os resultados da crise que atinge o comércio de grandes áreas do centro velho, que resultaram no fechamento de muitas lojas e no crescimento do comércio informal, me parece que pouca coisa mudou. Talvez a única atividade prospera, além das confecções semi clandestinas, é o comércio do lixo, das sobras da cidade. O que me salta à vista é a degradação dos prédios, o abandono das ruas, das praças e, principalmente, a pobreza e o alheamento das pessoas. Prédios sub utilizados, grandes mansões abandonadas, o caos do trânsito, mas, sobretudo a crescente sensação de estarmos numa região por onde apenas se passa, onde eventualmente temos algum tipo de interesse rápido e objetivo. Cada vez há menos espaço para relações de afeto entre as pessoas e os lugares, para o prazer de se estar.

A Estação Júlio Prestes sofreu reformas, está toda pintada e iluminada, como uma senhora com o rosto muito maquiado. Além disto, se submeteu à uma grande intervenção, a uma verdadeira cirurgia reparadora e modernizante, que ao invés de lhe acentuar e acrescentar qualidades, a tornou mais comum e mais banal, como as assépticas, louras e semi nuas garotas que dançam na TV. E o povo que se comprimia nas portas do grande saguão desapareceu, as portas estão fechadas, o espaço está reservado à música erudita e à burocracia cultural. Seletiva e exigente em matéria de companhias esta senhora, certamente se o seu humor fosse outro, teria um maior e mais diversificado número de relacionamentos. Apesar da praça reformulada, os freqüentadores do prédio, especialmente o público dos concertos, se utilizam preferencialmente da grande garagem, nos fundos. Quando saem, depois do trabalho ou do espetáculo, se dirigem novamente à garagem, para o conforto e proteção de seus carros e não para a vida que deveria pulsar nas redondezas.

Mas o nosso interesse é o chamado "prédio do DOPS", ou melhor, prédio onde funcionou o Departamento de Ordem Política e Social, aqui ao lado.

Hoje, poucos sabem que este edifício foi executado para servir como estação, administração e armazéns da Estrada de Ferro Sorocabana, enquanto não se construía a Estação Júlio Prestes, a senhora maquiada com quem nos encontramos à pouco. Os grandes maciços de tijolos aparentes envolvem uma delicada estrutura metálica pré fabricada, de colunas de ferro e delgadas, que constitui um verdadeiro contraponto à pesada arquitetura das fachadas. Externamente, as alterações mais visíveis, desde que deixou de funcionar como estação, foram a remoção da marquise que protegia a calçada da Rua Mauá, a construção e posterior demolição de alguns anexos da época em que lá funcionou a Delegacia, a eliminação do prédio térreo justaposto à fachada posterior, por ocasião da construção da garagem destinada aos conhecidos da vizinha e maquiada senhora.

Tapumes e telas escondem o prédio, como ele próprio escondeu, nos anos 60 e 70, dramáticos espetáculos de prepotência, ignorância e servilismo, produzidos para um público que para lá não ia espontaneamente. Era um público selecionado a dedo, convidado em sua casa ou trabalho, e que tinha à sua disposição um serviço especial de transporte e acompanhantes. No prédio, este público não encontrava os tradicionais palco e platéia. Iniciadas as sessões, ele contracenava com as bestas, cabendo-lhe, invariavelmente, tristes e dolorosos papéis, que, de tanto ensaiados, ficaram gravados para sempre nos seus corpos e nas suas lembranças.

Entro na obra e vou caminhando por entre os elementos antigos que estão sendo demolidos, me informam que os sons dos gritos raivosos dos inquisidores, dos urros de dor, dos trincares de dentes, dos gemidos, das respostas arrancadas a choques e pauladas, assim como as queixas dos inconformados e lesados consumidores, em época mais recente do DECON, vão ser substituídos por doces, sutis, vigorosos, cadenciados e inesperados sons das aulas de música e dos ensaios. Esta nova e nobre função justificaria estas amputações e mutilações no prédio, uma vez que ele foi preservado menos pelo seu valor como documento da história da ferrovia em São Paulo, e mais pelo papel que cumpriu no período da repressão política.

Mas ao saber quais adaptações serão necessárias, fico com a sensação que, removidos os tapumes, se revelará uma senhora que, além de não ter nascido com dotes especiais, traz nas suas entranhas as marcas de um violento estupro, e, na sua face, as cicatrizes de brutalidades cometidas por aqueles que a deveriam proteger.

O argumento de que os fins justificam os meios, sempre me causa apreensão, pois estou convencido de que este é um argumento dos pouco competentes ou dos mal intencionados.

—Mas não te preocupes, a memória dos anos de chumbo, as marcas da dor, do sofrimento, da vergonha e da esperança de tantos estará para sempre preservada no espaço destinado ao Memorial do Cárcere.

Mas este Memorial ocupará exatamente as celas construídas no local onde existiu a plataforma de embarque de passageiros dos tempos da estação, no local de onde, paradoxalmente, as pessoas partiam para a liberdade de novos horizontes.

—Não te preocupes, pois as celas foram cuidadosamente conservadas e haverá quem zele permanentemente por esta memória.

Ainda que o cárcere seja um local emblemático da privação da liberdade, a qual, especialmente se por motivo injustificado, sempre causa horror, revolta e angústia, há que se observar que, neste caso, as celas não foram propriamente o local onde ocorreram os maiores sofrimentos, os simbólicos porões da repressão política.

Mas não sejamos impertinentes, primeiro vamos conhecer o Memorial, já que as obras estão praticamente prontas, falta apenas instalar painéis e telas.

A PERSISTÊNCIA DO PASSADO

Me preparo para enfrentar os espartanos, grosseiros e mal cuidados espaços das celas; nas suas paredes, as marcas do sofrimento, da solidão e da ansiedade, e ainda os últimos registros do desespero de quem sabia que não mais veria parentes, amigos e companheiros; pressinto o odor fétido das latrinas, do sangue e do vômito; sentirei o calor sufocante ou o frio que faz doer os ossos; fiquei alerta para talvez ouvir o eco daqueles inesquecíveis sons.

Estranhamente, nosso guia nos conduz para fora do prédio, damos a volta e passamos por uma entrada nova, exclusiva para o Memorial. Cruzamos uma moderna porta de vidro; andamos sobre um piso liso e bem acabado; vemos paredes cuidadosamente revestidas, emassadas e pintadas; passamos por um moderno e prático banheiro (a minha ingenuidade me alerta para o fato que alguns tem o estômago fraco); as portas internas estão arrematadas por guarnições; o novíssimo forro de gesso está impecável, e, se não fosse pelo apagão, o ar condicionado exigiria blusa de mangas compridas neste início de inverno.

Tento, mas não consigo reconhecer as celas; me esforço, mas a sensação que tenho é que o guia, por meio de algum hábil artifício, me conduziu a uma perversa caricatura tridimensional de um local que, para mim, era parte de um importante documento.

Mas logo verifico que apenas me assaltou a consciência de que o país já não consegue preservar sua memória, cultivar sua personalidade, decidir seu futuro; repetimos a atitude covarde, mesquinha, canalha, ou simplesmente equivocada de esconder a história, ou maquiá-la. Queimamos boa parte dos documentos que nos permitiriam escrever e reescrever a história da escravidão, e isto não foi suficiente para impedir que estejamos a destruir a memória da ferrovia em São Paulo em nome da estabilidade econômica, ou ainda que estejamos vandalizando locais simbólicos de um período cruel da vida dos brasileiros, que nos caberia preservar com dignidade e respeito, baseados na convicção de que sabemos quais são os elementos representativos destes fatos e qual a melhor forma de expô-los, e ainda que esta nossa visão pessoal constitui a hipótese mais verdadeira, a mais competente e a que deve ficar para os anais.

Em nome da sociedade e utilizando os seus recursos, impede-se que cada cidadão faça sua própria leitura dos fatos, que forme sua própria opinião sobre eles. Ainda nos dias de hoje, prevalece a versão oficial, e ela, mesmo que alicerçada na melhor e mais séria das intenções, é apenas uma versão outorgada ao cidadão, o que consideramos a negação de quase 65 anos de experiência das entidades oficiais de preservação do patrimônio cultural e um ato típico da atual classe dirigente.

A visão pragmática e o refinado gosto de nossos agentes culturais constrangeu a uma pequenina área as marcas da atividade de repressão política, que já ocuparam todo o enorme prédio, reduzindo, na mesma proporção, a escala e o impacto dos organismos de segurança tinham na vida do cidadão. Mas foram mais longe, maquiaram de tal forma esta pequena área de caráter emblemático, que muitos dos mais jovens acreditarão que, pelos padrões atuais, constituiria um privilégio ser recebido nestes espaços.

Deixo só esta triste e violentada mulher, e passo pela Estação da Luz, dou uma volta pelo Jardim, mas nem os corredores e salas da aconchegante e modernizada Pinacoteca me aliviam o ânimo, pelo contrário, me mostram como a intervenção nestes documentos edificados da nossa história constitui uma relação terrivelmente delicada. O prédio da Pinacoteca, nunca concluído e grotescamente mutilado pela Faculdade Belas Artes, esperava por uma generosa intervenção, mais profunda e radical, para que seu uso e manutenção fossem adequados e viáveis; a solução encontrada foi bastante feliz.

Apesar de tudo, foi um passeio pedagógico, me reforçou a convicção de como apenas boas intenções podem facilmente nos conduzir a péssimas e injustas soluções. Como esta é uma tendência, volto para casa desanimado, triste mesmo, consciente como nunca de que a cidade não é a somatória de pequenas propriedades privadas; é o ambiente das relações humanas e, como tal, deve ser tratada, com muitíssimo respeito. É nela que os seus habitantes e visitantes exercitam a cidadania e, para isto, esta outra bela mulher não precisa nem deve estar maquiada, mutilada ou siliconada, deve apenas ter a cara lavada, a personalidade forte e o caráter digno.

José Saia Neto

São Paulo, junho de 2001

Anexo II – Ata 1158 da Reunião Condephaat de 06.07.1999

GOVERNO DO ESTADO DE SÃO PAULO
CONDEPHAAT

CONSELHO DE DEFESA DO PATRIMÔNIO HISTÓRICO, ARQUEOLÓGICO, ARTISTICO E TURÍSTICO DO ESTADO

Ata n.º 1158, da Sessão Ordinária realizada em 06.07.1999

1 Aos seis dias do mês de julho de mil novecentos e noventa e nove, com início às nove horas e
2 trinta minutos, na sede do CONDEPHAAT, localizada na Av. Paulista nº 2644, 2º andar, sob a
3 Presidência do Dr. José Roberto Fanganiello Melhem e com a presença dos seguintes
4 Conselheiros: Carlos Alberto Dêgelo, Cecília Rodrigues dos Santos, Cleide Rodrigues,
5 Domingos Geraldo B. de Almeida Júnior, Edgard de Assis Carvalho, Genny Abdelmalack,
6 Jessie Palma Baldoni, José de Souza Martins, Regina Célia Bega dos Santos, Rubem Murilo
7 Leão Rego, Rosio Fernandez Baca Salcedo, Silvia Maranca e Ulpiano Toledo Bezerra de
8 Meneses, além do Arquiteto José Guilherme Savoy de Castro, Diretor do STCR, realizou-se a
9 sessão do Conselho de Defesa do Patrimônio Histórico, Arqueológico, Artístico e Turístico do
10 Estado - CONDEPHAAT, tendo secretariado a reunião o Senhor Jorge Luiz Laurindo. A
11 reunião foi aberta pelo Senhor Presidente que saudou os Senhores Conselheiros. 1.
12 **Expediente** - 1a) Justificativas - Foram justificadas as ausências dos Conselheiros André
13 Munhoz de Argollo Ferrão, Hector Luiz Saint Pierre e Rejane Cecilia Ramos. 1c) Atas - Foram
14 aprovadas as Atas 1154, 1155 e 1156. 1d) Comunicações da Presidência - O Senhor
15 Presidente comunicou o recebimento do diagnóstico preliminar da situação da massa
16 documental dos arquivos do CONDEPHAAT elaborado pela Prof.ª May Negrão (especialista
17 em biblioteconomia) para fins de informatização dos arquivos do Órgão. Informou, ainda, de
18 contatos com a Dr.ª Isabel Cristina Groba Vieira, Procuradora da República, referente à
19 Capela de Ivaporunduva, destacando que a mesma agendou audiência pública para o próximo
20 dia 08.07 para tratar do assunto em conjunto com a comunidade. Informou de reunião
21 realizada com o Dr. Oswaldo Poffo, Diretor do Instituto Florestal para tratar de assuntos
22 relativos à Serra do Mar, destacando a instalação de antenas de telefonia celular naquela
23 área. Ressaltou a necessidade de decisão do tombamento dos edifícios da Estação Júlio
24 Prestes e do DOPS para homologação pelo Senhor Secretário, uma vez a necessidade de
25 captação de recursos através da Lei Rouanet. A Conselheira Cecília Rodrigues dos Santos
26 informou que a liberação de recursos para restauro através da referida Lei não está
27 condicionada ao tombamento. Opinou que a intervenção realizada na Estação deverá ser
28 considerada na Resolução de Tombamento, uma vez que o edifício sofreu uma série de
29 modificações. O Senhor Presidente destacou que já existe uma decisão de tombamento dos
30 referidos bens, novos elementos a serem incluídos devem considerar uma revisão da decisão
31 anterior. Seguiu-se ampla discussão sobre o assunto, tendo o Senhor Presidente sugerido
32 fosse feito um adendo à decisão anterior, o que foi acatado. Informou o recebimento de ofício
33 da Presidência do IPHAN, onde é comunicado a exoneração da Conselheira Cecília Rodrigues
34 dos Santos como Superintendente da 9ª Regional do IPHAN em São Paulo. O Senhor
35 Presidente destacou que a mesma é indicada pelo Senhor Governador e a sua substituição na
36 Superintendência não afeta sua presença como Conselheira.. A Conselheira fez um breve
37 relato sobre a forma como esse assunto foi tratado pela Presidência do IPHAN e passou as mão do
38 Senhor Presidente sua carta de desligamento, onde agradece o apoio e a oportunidade de ter
39 trabalhado com os Conselheiros do CONDEPHAAT. Entregou, ainda, os processos que se
40 encontravam consigo além de publicações do IPHAN e revistas para serem incluídas nos

GOVERNO DO ESTADO DE SÃO PAULO
CONDEPHAAT

respectivos processos. O Senhor Presidente informou que o Conselheiro é indicado pelo Governador e que essa indicação se deu graças aos conhecimentos que cada Conselheiro tem a respeito da preservação, não havendo, necessariamente, a representação da opinião do Órgão ao qual o Conselheiro faz parte. A Conselheira Cecília Rodrigues dos Santos informou que sua postura não é compatível com a atual política do IPHAN e que com certeza o seu afastamento seria bem aceita pela presidência do Órgão. A Conselheira Jessie Palma Baldoni destacou o excelente trabalho realizado pela Conselheira. O Conselheiro José de Souza Martins opinou que os órgãos representados no Conselho são aqueles que contemplam especialistas na matéria e que sua indicaçao se deu graças aos seus conhecimentos, não representando a Universidade no Conselho, solicitando, portanto, que a Conselheira reconsidere sua decisão até a indicação de novo membro por parte do Governador. Após essas considerações, o Egrégio Colegiado deliberou, por unanimidade, pela recusa da carta de demissão da Conselheira Cecília Rodrigues dos Santos. A Conselheira informou de vistoria realizada pelo IPHAN à Itanhaém, onde foram verificadas inúmeras irregularidades, destacando as obras realizadas pela Lojas Taurus, objeto do processo CONDEPHAAT 38.488/99. Informou que o assunto está sendo objeto de análise pela Assessoria Jurídica do IPHAN e tão logo o processo esteja instruído o mesmo será encaminhado ao CONDEPHAAT. 1e) Comunicações dos Conselheiros - A Conselheira Genny Abdelmalack lembrou da necessidade de retomar os assuntos relativos à implantação de vilas nos Bairros tombados. O Senhor Presidente solicitou que a Diretoria do STCR verificasse o assunto. A Conselheira Cleide Rodrigues solicitou permissão para realização, paralelamente, de reunião da Comissão de Preservação da Memória Ferroviária. Após breve discussão, a Comissão resolveu realizá-la na próxima terça-feira. 1f) Comunicações do STCR - O Senhor Diretor do STCR solicitou a inclusão de processos, além de solicitação para poda de árvore na Casa das Rosas, todos com parecer favorável. Informou, ainda, o recebimento de solicitação da Prefeitura Municipal de Taiuva para preservação de bens naquele Municipal, destacando que o parecer do STCR manifestou pela preservação dos mesmos à nível local, colocando o assunto para deliberação do Conselho. 3. **Ordem do Dia** - Processos com Parecer Técnico Favorável, sem Relator - Após as informações prestadas pela Diretoria do STCR, o Egrégio Colegiado deliberou aprovar, por unanimidade, os seguintes processos, referentes às solicitações de pequenas intervenções e demolições em áreas tombadas ou áreas envoltórias de bens tombados: 38.567/99 - 38.588/99 - 38.613/99 - 38.583/99 - 38.605/99 - 29.631/92 - 38.593/99 - 38.646/99 - 38.428/99 - 38.652/99 - 38.582/99 - 38.525/99 - 38.302/99 - 38.311/99 - 38.468/99 - 33.214/95 - 38.274/99 e 38.506/99. A Conselheira Cecília Rodrigues dos Santos solicitou a retirada dos processos 38.415/99 e 38.592/99 para vistas e novo parecer sobre os mesmos, uma vez que não concordou com o parecer do STCR. Procedeu, então, a leitura dos pareceres elaborados por ela, o que foi aprovado. Seguem as decisões relativas aos mesmos: Processo 38.415/99 – O Egrégio Colegiado deliberou aprovar o parecer da Conselheira Relatora pelo **indeferimento** da solicitação para instalação de caixa automático do Banco Bradesco na Praça Pádua Salles, nesse Município, tendo em vista que a instalação da mesma prejudicaria o equilíbrio urbano do Núcleo Histórico Tombado. Processo 38.592/99 - O Egrégio Colegiado deliberou aprovar o parecer da Conselheira Relatora pelo **indeferimento** do projeto de reforma com acréscimo de área do imóvel situado na Rua Duque de Caxias nº 629, no Município de Amparo, informando ao interessado que para readequação do projeto deverá ser mantida e restaurada a fachada existente, nada tendo a opor quanto ao acréscimo de área,

GOVERNO DO ESTADO DE SÃO PAULO
CONDEPHAAT

alertando que o projeto deverá ser previamente analisado por este Órgão, não devendo ser realizada nenhuma intervenção antes de sua aprovação. O Senhor Diretor do STCR solicitou a inclusão dos processos: 00517/75 (referente aos serviços de conservação no salão paroquial da Igreja Nossa Senhora da Boa Morte, situada na Rua do Carmo nº 202, nesta Capital); 38.668/99 (referente projeto paisagístico da Praça Júlio Prestes, nesta Capital); 26.726/88 (referente à duplicação de trecho da Rodovia dos Imigrantes) e solicitação da Casa das Rosas para poda de árvore. As solicitações foram aprovadas, com exceção do processo 26.726/88, pois a Conselheira Cleide Rodrigues solicitou sua retirada para análise. 3b) **Anúncios** - O Diretor do STCR informou que tendo em vista a necessidade de aprovação da instalação de anúncios pelo CONDEPHAAT, algumas pessoas tem se aproveitado da situação para cobrar valores dos proprietários dos imóveis onde se pretende instalar o anúncio informando que se trata de taxa cobrada pelo CONDEPHAAT. Foram tomadas providências para coibir tal prática, tais como fazer constar do requerimento uma nota de rodapé informando que a aprovação do CONDEPHAAT é gratuita. Após essa informação, o Senhor Presidente colocou em votação as solicitações. 3b1) Processos com Parecer Técnico Favorável, sem Relator, referentes à regularização de anúncios instalados em imóveis situados em área tombada ou área envoltória de bens tombados na Capital – Foram aprovadas as solicitações constantes dos seguintes processos: 36.894/97–II Volume - 36.809/97–II Volume - 36.815/97–II Volume - 36.808/97–II Volume - 36.854/97–II Volume - 36.837/97 – CAPITAL – II Volume - 36.858/97– II Volume - 36.865/97– II Volume - 36.891/97–II Volume - 36.867/97 – II Volume - 36.895/97–II Volume - 37.528/98 36.832/97– II Volume - 36.836/97–II Volume -37.167/98 - 36.813/97– II Volume - 36.896/97–II Volume - 36.863/97 – II Volume - 36.889/97 – II Volume - 36.830/97 – II Volume - 36.821/97 – II Volume - 36.812/97 – II Volume - 36.820/97 – II Volume - 36.831/97 – II Volume - 36.896/97 – II Volume - 36.851/97 – II Volume - 36.833/97 – IV Volume - 36.852/97– IV Volume - 36.817/97 – II Volume - 36.814/97 – II Volume - 36.816/97 – IV Volume - 36.860/97 – III Volume - 36.810/97 – II Volume - 36.853/97 – II Volume - 36.834/97 – II Volume - 36.811/97 – II Volume - 36.819/97– II Volume - 37.158/98 - 36.850/97– II Volume - 36.838/97 – II Volume. 3b2) Solicitações de regularização de anúncios instalados em imóveis situados na área tombada dos Bairros Jardins e Pacaembu com Parecer Técnico DESFAVORÁVEL sem Relator, tendo em vista que os mesmos estão em desacordo com a regulamentação estabelecida – Foram indeferidas as solicitações de regularizações dos anúncios instalados nos seguintes imóveis: Rua Manuel da Nóbrega, 1610; Rua Traipu, 337; Rua Brig. Gavião Peixoto, 35; Av. Brig. Luiz Antônio, 4249; Av. Rebouças, 3215; Av. Pacaembu, 1358; Av. Brasil, 1698; Rua Bento de Andrade, 379; Rua Eng. Edgar Egídio de Souza, 601; Al. Gabriel Monteiro da Silva, 958; Al. Gabriel Monteiro da Silva, 914; Av. Brasil, 1594 e Av. Brasil, 1368. 3c) Processos com Parecer de Conselheiro Relator - Processo 26.726/87 - Referente à duplicação da Rodovia dos Imigrantes. A Conselheira Cleide Rodrigues forneceu esclarecimentos sobre o assunto, destacando a necessidade de alertar sobre a questão da instabilidade da encosta onde se pretende construir um túnel. Após manifestação de alguns Conselheiro, o Egrégio Colegiado deliberou aprovar o parecer da Conselheira Relatora. Processo 31.502/94 - Referente à solicitação para extração de areia no leito do Rio Itapanhaú, no Município de Bertioga. A Conselheira Jessie Palma Baldoni procedeu a leitura do seu parecer relativo ao assunto, destacando tratar-se de recurso por parte do interessado. O Senhor Presidente informou de solicitação da parte interessada para agendamento de audiência, colocando o assunto para o Conselho. Após manifestação de alguns Conselheiros,

GOVERNO DO ESTADO DE SÃO PAULO
CONDEPHAAT

SECRETARIA DE ESTADO DA CULTURA

o Egrégio Colegiado deliberou pela manutenção da decisão de 07.10.96 (Ata 1073), contrária à solicitação para extração de areia do leito do Rio Itapanhaú, no Município de Bertioga, tendo em vista que atividade minerária é incompatível com a preservação da área tombada da Serra do Mar. Esta decisão baseou-se no fato de que não há dados novos que justifiquem a revisão da decisão anterior. Quanto à audiência solicitada de acordo com as normas aprovadas, informar ao interessado que o Conselho entendeu não haver necessidade de agendamento da mesma. A Conselheira Cecília Rodrigues dos Santos informou o recebimento de ofício da Prefeitura Municipal de Angatuba referente à achados arqueológicos. Procedeu a leitura do seu parecer sobre o assunto, onde solicita providências junto ao MAE/USP. Processo 38.135/99, referente à construção de galeria comercial no imóvel situado na Praça Monsenhor João Batista Lisboa nº 01, esquina com Rua Marechal Deodoro, no Município de Amparo. A Conselheira Cecília Rodrigues dos Santos ressaltou a necessidade de serem revistos os critérios para intervenções em núcleos históricos tombados, opinando a importância do apoio das Prefeituras Municipais na preservação dos mesmos, sugerindo uma discussão no Serviço Técnico. Procedeu a leitura do seu parecer relativo à intervenção solicitada. Após manifestação de alguns Conselheiros, O Egrégio Colegiado deliberou aprovar o parecer da Conselheira Relatora, contrário ao projeto para construção de galeria comercial no imóvel situado na Praça Monsenhor João Batista Lisboa, 01, esquina com Rua Marechal Deodoro, no Município de Amparo, uma vez que sua implantação viria a descontextualizar a residência e destruir sua relação com a cidade e com o quintal murado, sendo prejudicial ao patrimônio do Núcleo Histórico Tombado. Deliberou, ainda, que, na eventualidade de apresentação de um novo projeto para análise deste Órgão, o mesmo deverá contemplar os seguintes itens: 1. Restauro da Casa Hum; 2. Preservação dos muros e parte da vegetação existente; 3. Nenhuma construção deverá sobressair a esse conjunto, devendo se tentar acomodar o programa à Casa Hum. Deliberou, ainda, pelo estabelecimento de contato com a Prefeitura Municipal, no sentido de trabalhar conjuntamente para harmonizar o crescimento da cidade, protegendo seu patrimônio histórico. Processo 37.111/96 - Referente aos imóveis situados na Rua Guaianases nºs 1202 e 1208, nesta Capital. A Conselheira Cecília Rodrigues dos Santos procedeu a leitura do seu parecer relativo ao assunto. O Conselheiro Ulpiano Toledo Bezerra de Meneses sugeriu contato junto à faculdades de arquitetura visando a realização de inventário dos imóveis nos Bairros Campos Elíseos e Santa Ifigênia. O Arq. José Guilherme S. de Castro informou que o Bairro Campos Elíseos está sendo revisto no STCR. A Conselheira Relatora destacou a necessidade de um trabalho conjunto entre técnicos do CONDEPHAAT, IPHAN e CONPRESP. Após essas manifestações, o Egrégio Colegiado deliberou aprovar o parecer da Conselheira Relatora: 1. Pela responsabilização criminal aos responsáveis pela demolição irregular, não só do presente processo, mas de todos os casos ocorridos no Bairro; 2. Nenhuma diretriz para intervenção no local deverá ser fornecida enquanto o assunto estiver *sub-judice*; 3. Realização de um inventário de reconhecimento do Bairro dos Campos Elíseos tal como se encontra hoje, revendo-se a Resolução de tombamento antes de sua homologação e estabelecendo diretrizes claras de intervenções, que não tomem como base os precedentes ilegais que destruíram o conjunto. Guichê 709/99 - Referente à solicitação para abertura do processo de estudo de tombamento do Solar da antiga Fazenda São Bento de Cacutá, no Município de Valinhos. O Conselheiro Rubem Murilo Leão Rego procedeu a leitura do seu parecer relativo ao assunto, tendo o Egrégio Colegiado deliberado pela aprovação do parecer do Conselheiro Relator, favorável à abertura do processo de estudo de

**GOVERNO DO ESTADO DE SÃO PAULO
CONDEPHAAT**

PÁGINA: 5

tombamento da antiga Fazenda São Bento do Cacutá, situado no Município de Valinhos, no Km 82 da Rodovia Anhanguera, de atual propriedade do Clube de Campo Vale Verde. O Senhor Presidente lembrou que após a sessão haverá o mutirão para análise dos processos e guichês, conforme combinado na última sessão. Nada mais havendo a ser tratado o Senhor Presidente encerrou a sessão, cuja Ata foi elaborada por mim, Jorge Luiz Laurindo, a qual será submetida à apreciação do Egrégio Colegiado, e aprovada e assinada se achada conforme.

São Paulo, 06 de julho de 1999.

JOSÉ ROBERTO F. MELHEM

ULPIANO TOLEDO BEZERRA DE MENESES

CARLOS ALBERTO DÊGELO

CECILIA RODRIGUES DOS SANTOS

CLEIDE RODRIGUES

DOMINGOS GERALDO B. DE ALMEIDA JÚNIOR

EDGARD DE ASSIS CARVALHO

GENNY ABDELMALACK

JESSIE PALMA BALDONI

JOSÉ DE SOUZA MARTINS

REGINA CÉLIA BEGA DOS SANTOS

REJANE CECÍLIA RAMOS

ROSIO FERNANDEZ BACA SALCEDO

RUBEM MURILO LEÃO REGO

SILVIA MARANCA

JORGE LUIZ LAURINDO

Anexo III – Síntese de Decisão do Condephaat – Reunião de 06.07.1999

 GOVERNO DO ESTADO DE SÃO PAULO

Int.: CONDEPHAAT

Ass.: Estudo de tombamento do antigo edifício do DOPS – Capital

<u>SÍNTESE DE DECISÃO DO EGRÉGIO COLEGIADO
SESSÃO ORDINÁRIA DE 06 DE JULHO DE 1999
ATA Nº 1158</u>

O Egrégio Colegiado deliberou destacar o antigo edifício do DOPS da listagem dos bens a serem preservados no Bairro de Campos Elíseos e pela abertura de processo específico para as providências necessárias à homologação do tombamento do referido edifício, uma vez que o mesmo já se encontra com decisão de tombamento pelo Conselho desde 1986.

1. À SA para abertura do respectivo processo desentranhando do processo 24.506/86, documentos que façam referência ao edifício do DOPS;
2. Ao STCR para complementação da instrução dos autos, com elaboração da respectiva minuta de Resolução para homologação pelo Senhor Secretário;

GP/CONDEPHAAT, 06 de julho de 1999.

JOSÉ ROBERTO F. MELHEM
Presidente

Anexo IV – Resolução SC–28 de 08.07.1999

PUBLICADO NO DOE DE 09.07.99 - SEÇÃO I - PÁG.24

Resolução SC - 28, de 8-7-99

Dispõe sobre o tombamento do edifício do antigo DOPS

O Secretário da Cultura, nos temos do artigo 1º do Decreto - Lei n.º 149, de 15 de agosto de 1969 e do Decreto 13.426, de 16 de março de 1979, cujos artigos 134 a 149 permanecem em vigor por força dos artigos 187 e 193 do Decreto Estadual n.º 20.955, de 1º de junho de 1983, resolve

Artigo 1º - Fica tombado como bem cultural de interesse para a memória social paulista o edifício localizado na Praça General Osório, n.º 66, 88, 120 e 136, o "antigo DOPS", construído para abrigar armazéns da Estrada de Ferro Sorocabana, foi ocupado parcial e temporariamente pela direção da mesma empresa até o término das obras da Estado Júlio Prestes, de 1951 a 1953, pelo Arquivo do Estado e, em seguida, pelo DOPS, Departamento de Ordem Política e Social da Secretaria de Segurança Pública do Estado de São Paulo. Foi projetado pelo Escritório de Ramos de Azevedo, sua importância arquitetônica é grande e decorre principalmente do seu partido arquitetônico. O espaço é definido de forma racional e organiza os ambientes, amplos, entre as prumadas verticais de circulação. Os sistemas estruturais adotados associam elementos modulares em ferro às duas torres de alvenaria portante e resolvem tecnicamente o espaço pretendido. No conjunto das celas, produto da ocupação do edifício pelo DOPS, reside parte significativa do seu valor histórico. Tal conjunto será preservado juntamente com os elementos originais do projeto.

Artigo 2º - Fica o CONDEPHAAT - Conselho de Defesa do Patrimônio Histórico, Arqueológico, Artístico e Turístico do Estado autorizado a inscrever no Livro de Tombo o referido bem para os devidos efeitos legais

. Artigo 3º - Esta resolução entrará em vigor na data de sua publicação.

Posfácio

Quando a pesquisa que originou este livro foi finalizada, no início de 2014, havia um clima de dúvida nos dois países estudados. E, não por acaso, não foi à toa que a conclusão levantou uma questão importante que deve ser retomada neste posfácio: na Argentina, as diversas ações em torno de Memória, Justiça e Reparação constituíam uma política de Governo ou uma política de Estado? Ou, em outras palavras: era um compromisso assumido apenas por Néstor e Cristina Kirchner ou uma agenda política argentina? No caso brasileiro, que ainda não conhecia o teor do Relatório Final da Comissão Nacional da Verdade - entregue em dezembro de 2014 – pairava a dúvida sobre quais seriam as revelações, as recomendações e, mais importante, o que adviria delas.

Em comum aos dois países, restaram duas questões na conclusão:

O que será dos lugares de memória, analisados na pesquisa, no futuro?

Essas ações terão continuidade fora dos governos que apropriaram a questão da memória como pauta de suas gestões?

É importante retomar um dos pontos da conclusão, que afirma que a transformação dos lugares de memória traumática em sítios de consciência é fruto de "(...) processos políticos, sociais e históricos longos e ainda inacabados, mas que explicam sobre o passado e, sobretudo, sobre o presente." Tal advertência se apresenta como convocação à permanente avaliação crítica do comportamento político e social das sociedades analisadas. Ou seja, para saber se lembrar é forma de evitar a repetição – como preconizam o *"Nunca Más"* argentino e o "Para que não se esqueça, para que nunca mais aconteça" brasileiro – a vigilância acerca do respeito aos princípios de defesa dos Direitos Humanos deve ser constante.

Com relativo distanciamento, é possível realizar um balanço do cenário em torno das questões relacionadas ao passado, mas também em relação às políticas de Memória, Verdade e Justiça em ambos os países, sem prescindir da análise do contexto político e social que permeia o tema.

O ano de 2014 foi marcado, no Brasil, pela rememoração dos 50 anos do Golpe Civil-Militar que inaugurou os anos de ditadura, com diversos eventos e debates voltados à reflexão, eleições polarizadas e disputadas voto a voto – vencida por Dilma Rousseff, levando o Partido dos Trabalhadores a um quarto mandato Presidencial consecutivo –, além da entrega do relatório final da Comissão Nacional da Verdade em dezembro.

Na Argentina, as mudanças mais importantes ocorreram em 2015, com destaque para dois acontecimentos:1) A inauguração do *Museo Sitio de Memoria ESMA*, instalado no que foi o *Casino de Oficiales* em 18 de maio de 2015, ainda sob a gestão de Cristina Kirchner e 2) a eleição de Maurício Macri para a Presidência da República, colocando fim ao ciclo político comandado pelos Kirchner, entre 2003 e 2015. A inauguração do *Museo* foi talvez o fato emblemático final da gestão de 12 anos do casal, como um grande desfecho de mais de uma década de políticas de reparação, que envolveu não só ações de memória e verdade, mas também de Justiça, com o Governo Federal representando judicialmente contra torturadores e assassinos que atuaram durante o período caracterizado pelo terrorismo de Estado.

O *Museo Sitio de Memoria ESMA* foi uma construção coletiva que, após anos de debates e pesquisas, disponibilizou ao público uma experiência sensorial múltipla - com fotos, textos, vídeos, áudios e visitas guiadas por sobreviventes da ESMA, combinando o respeito arquitetônico e histórico ao já discutido Espírito do Lugar. A arquitetura ali continua sendo secundária, a museografia é apenas acessória para a compreensão do lugar, não havendo margem para a espetacularização do horror e tampouco a supremacia da técnica arquitetônica e visual sobre o espaço que, por si só, grita. É imperioso recordar que o edifício é compreendido como prova material nos processos que correm na Justiça argentina. Não há dúvidas que, apesar das críticas bastante contundentes de setores de organizações de defesa de direitos humanos – em especial a *Asociación de Ex-Detenidos Desaparecidos*[1] – quanto à forma de exposição adotada no *Casino de Oficiales*, o resultado produzido está de acordo não só com as Cartas Patrimoniais, como também está de acordo com as recomendações do IPPDH, amplamente discutidos neste trabalho.

---

1   ASSOCIACIÓN DE EX-DETENIDOS DESAPARECIDOS. Propuesta de la Asociación de Ex-Detenidos Desaparecidos para el Predio de la ESMA y el Campo de Desportes. Buenos Aires, Ago. 2014. Disponível em http://www.exdesaparecidos.org/aedd/docword/ ESMA-PropuestaproyectoAEDD.doc, acessado em 27 fev. 2018.

No entanto, o ano em que se completou 40 anos do Golpe na Argentina foi também o primeiro do mandato de Maurício Macri na Presidência. Conforme discutido no corpo deste trabalho, em especial no capítulo 2, Macri já demonstrava descompasso com a política federal de memória quando Prefeito de Buenos Aires, promovendo corte de verbas de lugares de memória da cidade, como El Olimpo. Na Presidência, seguiu pelo mesmo caminho, reduzindo recursos humanos e orçamentários para ações políticas e judiciais sob responsabilidade do Executivo nacional - como a demissão de advogados contratados pela *Secretaria de Derechos Humanos de Nación* que representavam a Nação em juízos contra torturadores e tinham alguma vinculação com organizações de defesa dos direitos humanos. Não obstante, em janeiro de 2016, o Ministro da Cultura de Buenos Aires Darío Lopérfido – próximo do Presidente – questionou a quantidade de mortos e desaparecidos políticos, alegando que o número de 30.000 mortos e desaparecidos fora "acertado numa mesa";[2] em agosto de 2016, o próprio Macri desdenhou do número, alegando não saber se foram "9.000 ou 30.000" os mortos e desaparecidos, e lamentou "a horrível tragédia que foi essa guerra suja",[3] retomando o argumento da teoria dos dois demônios, que parecia estar superada.

É importante aqui diferenciar as políticas do Executivo das ações do Judiciário, que também diferem muito em ambos os países. Essa diferenciação se faz necessária porque os poderes têm independência entre si e assim vêm agindo também em casos relacionados às violações de Direitos Humanos. No caso do Brasil, a Comissão Nacional da Verdade (CNV), instituída em dezembro de 2012, teve lugar dentro do Poder Executivo e visava "(...) examinar e esclarecer as graves violações de direitos humanos (...) a fim de efetivar o direito à memória e à verdade histórica e promover a reconciliação nacional".[4] A Comissão teve como recorte periódico as ilegalidades cometidas no período entre 18 de setembro de 1946 e 05 de outubro de 1988, seguindo o disposto no Ato das Disposições Constitucionais Transitórias, ou seja, a

---

2   *No fueron 30 mil.* Página 12, 26 jan. 2016. Disponível em https://www.pagina12.com.ar/
    diario/elpais/1-291138-2016-01-26.html, acessado em 01 mar.2018

3   GINZBERG, Victoria. *"Macri mostro desprecio y desinterés".*Página 12, 11 ago. 2016. Disponível em https://www.pagina12.com.ar/diario/elpais/1-306576-2016-08-11.html, acessado em 01 mar. 2018.

4   Dias, José Carlos; Cavalcanti Filho, José Paulo; Kehl, Maria Rita; Pinheiro, Paulo Sérgio; Dallari, Pedro; Cardoso, Rosa. Verdade, Memória e Reconciliação. Disponível em   http://cnv.memoriasreveladas.gov.br/institucional-acesso-informacao/verdade-e-
    -reconcilia%C3%A7%C3%A3o.html, acessado em 27 fev. 2018

CNV não teve como foco principal as violações cometidas durante o período da Ditadura Civil Militar, porque se compreendeu que os acordos políticos forjados durante a transição e a elaboração do novo texto Constitucional tinham validade e legitimidade que não poderiam ser rompidos posteriormente. De fato, a CNV foi alvo de questionamentos inclusive por membros da cúpula militar, cuja tensão levou à dilatação do período a ser avaliado pela Comissão, que inicialmente tinha como recorte histórico o período entre 1964 e 1985.

A pressão oriunda do meio militar teve princípio em dezembro de 2009, quando o texto base do Plano Nacional de Direitos Humanos – 3 (PNDH-3) foi lançado pela Secretaria Especial de Direitos Humanos, na figura do Ministro Paulo Vannuchi, historicamente ligado à esquerda e à defesa de Direitos Fundamentais. Os militares ficaram particularmente incomodados com a Diretriz 23, que apresentava como objetivo estratégico "promover a apuração e o esclarecimento público das violações de Direitos Humanos praticadas no contexto da repressão política ocorrida no Brasil" entre 1964 e 1985. Para isso, seria estabelecido um grupo de trabalho formado por membros da Casa Civil, dos Ministérios da Justiça e da Defesa e da Secretaria Especial de Direitos Humanos até abril de 2010 visando a criação da Comissão Nacional da Verdade. Não obstante, a Diretriz 25 ainda propunha a revogação da legislação criada ainda durante a Ditadura que fossem "contrárias às garantias dos Direitos Humanos".

A reação foi imediata. O PNDH-3 foi lançado no dia 21/12/2009, e apenas um dia depois, os comandantes da Aeronáutica Juniti Saito, da Marinha Moura Neto e do Exército Enzo Peri, em conjunto com o então Ministro da Defesa Nelson Jobim ameaçaram entregar os cargos caso não houvesse garantias de que não haveria um processo de revogação da lei de Anistia. Criticaram ainda o fato de não haver apuração de crimes dos "dois lados", caracterizando um "revanchismo".[5] Pressionaram o Planalto até que em 13 janeiro de 2010 mudanças pontuais foram promovidas no texto do PNDH-3, sendo a principal a alteração do texto da Diretriz 23, que estabelecia que a Comissão da Verdade iria promover a apuração das "violações de Direitos Humanos praticadas no contexto da repressão política". O novo texto informava que caberia à CNV "examinar as violações dos Direitos Humanos praticadas" no período de 18 de setembro de 1946 a 5 de outubro de 1988 – ampliando o recorte temporal para além do período da Ditadura Civil Militar.[6]

---

5   SAMARCO, Christine; LOPES, Eugênia. Jobim faz carta de demissão após ameaça de mudar Lei de Anistia. Estadão, 30 dez. 2009. Disponível em http://www.estadao.com.br/noticias/geral,jobim-faz-carta-de-demissao-apos-ameaca-de-mudar-a-lei-de-anistia,488515, acessado em 21 mar. 2018.

6   Os impasses e conflitos acerca do PNDH-3 podem ser conhecidos e analisados a partir da

A PERSISTÊNCIA DO PASSADO

Instituída em 2012, não era objetivo da CNV a formalização de denúncias junto ao Poder Judiciário, a revisão da Lei de Anistia ou qualquer ato que levasse à punição de torturadores e assassinos que serviram ao Estado Embora esse não fosse um objetivo expresso, houve uma tensão permanente por pautar o tema, tanto partindo dos movimentos sociais – que reivindicavam a criação de uma Comissão da Verdade e da Justiça – quanto dentro da própria CNV com membros que defendiam a posição por punição, e outros contrários até mesmo a qualquer recomendação sobre o tema. Ainda assim, a atuação da CNV causou incômodos no meio militar porque acabou focando as investigações nos crimes de Estado praticados entre 1964 e 1985.

Com poder de convocação, a CNV tomou depoimentos de civis e militares relacionados à Ditadura. O desconforto foi tamanho que muitos convocados optaram por manterem o silêncio absoluto – caso do General reformado Nilton de Albuquerque Cerqueira –, ou bradaram palavras de ordem contra a "ameaça comunista" que supunham combater – como o Coronel Carlos Alberto Brilhante Ustra.

As reações demonstraram o descontentamento com as atividades da CNV, mas também uma cultura de silêncio e de certeza de que estavam ali defendendo os interesses do país. Para isso, mortes eram aceitáveis e mesmo desejáveis. Uma cultura que não mudou. Ao menos duas mortes intrigantes ocorreram durante os trabalhos da CNV:

1. em 2012 Coronel e ex-membro do Doi-Codi do Rio de Janeiro Júlio Miguel Molina Dias, foi morto quando chegava em sua residência. Nela foram encontrados documentos que tratavam da morte e desaparecimento de Rubens Paiva, Deputado Federal sequestrado ao Doi-Codi do Rio de Janeiro e nunca mais visto;

2. em abril de 2014 o ex-agente do Centro de Informações do Exército (CIE) Coronel Paulo Malhães também foi assassinado. Malhães havia prestado um depoimento contundente em março daquele ano, relatando detalhes sobre a forma para fazer desaparecer os cadáveres de oponentes políticos mortos sob tortura na Casa de Petrópolis (RJ) e também sobre o desaparecimento do corpo de Rubens Paiva. Antes de seu depoimento oficial à CNV, alegou ter medo de retaliações caso divulgasse o nome de pessoas – civis e/ou militares – infiltradas em organizações de esquerda.

---

pesquisa de SOARES, Alessandra Guimarães. Atores e idéias na constituição do Direito à Memória e à Verdade: análise da mudança política no Plano Nacional de Direitos Humanos. Tese. (Doutorado em Ciências Políticas). Centro de Educação e Ciências Humanas. Universidade Federal de São Carlos. São Carlos, 2016.

Ambas as mortes ocorreram em circunstâncias suspeitas. Dias foi assassinado com 15 tiros ao chegar em casa em Porto Alegre. Meses depois, a Polícia Civil concluiu que se tratou de uma tentativa de assalto cometida por dois Policiais Militares, que visavam uma coleção de armas mantida pelo Coronel da reserva. Ambos os militares estão presos em regime fechado após condenação. Malhães foi assassinado por asfixia em seu sítio em Nova Iguaçu, também em um assalto que teve como objetivo principal o roubo de armas em uma coleção. O caso de Malhães foi encerrado concluindo que se tratou de latrocínio, envolvendo um funcionário que trabalhava como caseiro no sítio. Mas a semelhança nas motivações e na forma de atuação chamam a atenção. Não se sabe o quanto essas mortes inibiram a revelação de mais informações daqueles que prestaram depoimento à CNV, por medo não das consequências legais, mas das reações de envolvidos que não têm interesse na divulgação da verdade.

A CNV foi, portanto, um dispositivo de esclarecimento – de mortes, desaparecimentos, de lugares utilizados para cometer crimes –, de elucidação de fatos levando ao conhecimento da verdade e, com isso, apresentar recomendações prospectivas. É importante destacar o uso da palavra "esclarecimento" no texto da Lei 12.528/2011, que criou a CNV; o termo se refere a "trazer à luz", simbolicamente tirar da escuridão aquilo que se tentou esconder e esquecer nos "porões" da ditadura – e mesmo isso é temido pelos militares. Não existia a intenção de judicializar as descobertas, mas de criar as condições para "a promoção da reconciliação nacional", possível de alcançar por meio da reconciliação das Forças Armadas com a sociedade brasileira, caso reconheça "sua responsabilidade institucional" nos crimes contra a humanidade.[7]

Nesse ponto reside a diferença principal entre os processos de transição brasileiro e argentino. Como já discutido neste trabalho, desde os primeiros meses de retorno à democracia a partir do final de 1983, houve juízos com condenações de civis e militares que atuaram em nome do Estado para promover violações aos Direitos Humanos. E, embora tenha havido um hiato entre as conhecidas *"Leyes de Olvido e Perdón"* e sua revogação, as ações foram retomadas nos tribunais da Argentina, levando à condenação de centenas de pessoas, entre elas Jorge Rafael Videla, ditador que ocupou a Presidência entre 1976 e 1981, e morreu em 17 de maio de 2013 aos 87 anos, em uma cela cumprindo pena de prisão perpétua em Marcos Paz, região metropolitana de Buenos Aires.

---

7   Dias, José Carlos; Cavalcanti Filho, José Paulo; Kehl, Maria Rita; Pinheiro, Paulo Sérgio; Dallari, Pedro; Cardoso, Rosa. Verdade, Memória e Reconciliação. Disponível em http://cnv.memoriasreveladas.gov.br/institucional-acesso-informacao/verdade-e-reconcilia%C3%A7%C3%A3o.html, acessado em 27 fev. 2018

Em novembro de 2017, encerrou-se o processo que ficou conhecido por "Megacausa ESMA", que julgou diretamente 54 agentes que lá atuaram. A eles foram atribuídos 789 delitos como sequestros, torturas e homicídios, incluindo os "vôos da morte". A leitura do veredito durou mais de quatro horas, foi transmitido ao vivo por redes de televisão e internet, e condenou 29 militares à prisão perpétua – entre eles Jorge Acosta e Alfredo Astiz –, a outros 19 imputou penas entre 8 e 25 anos de prisão e 6 foram absolvidos[8]. Esse julgamento é a maior causa julgada pelos tribunais argentinos e sem dúvidas, um marco no que se refere à Justiça no eixo da reparação, para todo o mundo.

Não obstante, em 8 de março de 2018, o *Servicio Penitenciario Federal* encaminhou à Justiça argentina uma lista de 1436 detentos que poderiam ser incluídos no *Programa de Asistencia de Personas bajo Vigilancia Electrónica* (beneficiados pela prisão domiciliar com monitoramento eletrônico). Entre eles estavam 96 repressores condenados por seqüestros, torturas e assassinatos durante a Ditadura argentina. Na lista, constavam os nomes de Astiz e Acosta, que poderiam ser beneficiados com a prisão domiciliar, por progressão de pena ou por enfermidades. A decisão cabe ao Poder Judiciário, e é vista por organizações de Direitos Humanos como uma afronta do Governo às políticas de Memória, Verdade e Justiça, especialmente pela proximidade com a data de rememoração do golpe na Argentina, em 24 de março.[9]

No Brasil, desde 2012 o Ministério Público Federal tem representado contra agentes militares junto à Justiça Federal, porém, até agora não há nenhuma condenação. Das 26 denúncias apresentadas, 24 foram rejeitadas, trancadas ou suspensas e duas aguardam decisão em Primeiro Grau, envolvendo 47 agentes do Estado, entre militares e civis – como delegados e médicos legistas, segundo apresenta a publicação Crimes da Ditadura Militar, de abril de 2017.[10] Desde então, mais cinco ações foram impetradas pelo MPF, a mais recente data de fevereiro de 2018, mo-

---

8   Informações detalhadas sobre a Megacausa ESMA podem ser obtidas no site do Centro de Información Judicial, por meio do link http://www.cij.gov.ar/esma.html.

9   Provocación ante el aniversario del golpe. Página 12, 21 mar. 2018. Disponível em https://www.pagina12.com.ar/102797-provocacion-ante-el-aniversario-del-golpe, acessado em 21 mar. 2018.

10 O documento é um relatório produzido pela 2ª Câmara de Coordenação e Revisão - Matéria Criminal, do Ministério Público Federal e pode ser acessado em http://www.mpf.mp.br/atuacao-tematica/ccr2/publicacoes/roteiro-atuacoes/005_17_crimes_da_ditadura_militar_digital_paginas_unicas.pdf

vida contra o general reformado e médico Ricardo Agnese Fayad, por participar na tortura de Espedito de Freitas, ocorridas no Destacamento de Operações de Informações (DOI) do I Exército,no Rio de Janeiro em novembro de 1970.

A única ação julgada procedente contra um militar acusado de tortura foi a movida na esfera civil pela família Teles contra o Coronel Carlos Alberto Brilhante Ustra. Em dezembro de 2014, o Superior Tribunal de Justiça reconheceu a responsabilidade civil de Ustra por torturas cometidas durante a ditadura, mantendo por 3 votos a 2 a decisão do Tribunal de Justiça de São Paulo. Em outubro de 2015, Ustra morreu em decorrência de um câncer em Brasília, sem responder criminalmente por nenhum dos crimes imputados a ele.

Entre 2014 e 2018, o clima político se acirrou bastante tanto no Brasil como na Argentina. Começando pelos vizinhos, foram reduzidos substancialmente os recursos voltados às políticas de reparação, com demissão de trabalhadores nos espaços de memória sob responsabilidade federal. Além disso, houve retrocessos em entendimentos que pareciam consolidados, como o que distingue a atuação do Estado, enquanto elemento articulado de perseguição, daquela empreendida por grupos de esquerda fragmentados. O que sustenta a atual administração, é a já velha e conhecida "Teoria dos Dois Demônios", que parecia ter sido superada ao menos no âmbito oficial. Assim como se pretende construir um parque no Campo de Mayo[11], um dos maiores centros de detenção clandestinos da Argentina, remontando novamente a uma ideia que parecia superada e que teve lugar também na ESMA na década de 1990.

Recentemente, a Prefeitura de Buenos Aires decidiu reformar a Plaza de Mayo e instalou placas informativas acerca da história da praça exatamente em cima dos desenhos que caracterizam as Madres de la Plaza de Mayo – os lenços brancos que cobrem as cabeças das mães que fazem as suas rondas todas as quintas-feiras como forma de manter viva a presença de milhares de desaparecidos. O ato de instalar um novo mobiliário em cima do desenho no piso, além de desrespeitoso à memória e ao trabalho das Madres, acaba por ser representativo do descaso com o tema da memória e a defesa dos Direitos Humanos – especialmente ao

---

11   Em 01/03/2018, na abertura das Sessões Ordinárias do Congresso argentino, o Presidente Maurício Macri anunciou a intenção de construir um Parque Nacional no Campo de Mayo. Ver: "los organismos de DDHH rechazamos la idea de un parque nacional en Campo de Mayo". Disponível em https://www.abuelas.org.ar/noticia/los-organismos-de--ddhh-rechazamos-la-idea-de-un-parque-nacional-en-campo-de-mayo-950, acessado em 02 mar. 2018.

incorporar ao Museo del Bicentenário o retrato de Leopoldo Galtieri, Jorge Videla e Roberto Viola, razão pela qual as Madres recentemente pediram a retirada de objetos relacionados à sua Associação do museu.

No Brasil, o ano de 2016 foi marcado por um golpe de Estado que se revestiu de legalidade e é tratado por setores da imprensa e da sociedade como "impeachment". Sem ter provado contra si qualquer crime de responsabilidade, a Presidenta Dilma Rousseff foi afastada do cargo em maio pela Câmara dos Deputados, em cuja votação o Deputado Federal Jair Bolsonaro dedicou seu voto ao Coronel Ustra, num dos episódios mais tristes para a História brasileira e também para a democracia.

Rousseff perdeu definitivamente o mandato em agosto daquele ano, após votação no Senado; as articulações políticas para o seu afastamento foram escancaradas em março de 2017, demonstrando claramente que nada tinham a ver com questões relacionadas à sua gestão, mas com interesses de grupos que se viram atingidos por investigações policiais e denúncias das mais variadas, incluindo o então vice e depois Presidente Michel Temer. Nas ruas, os pedidos de intervenção militar e odes à torturas e torturadores da ditadura, como pano de fundo para um teatro trágico que se transformou a democracia no Brasil.

Desde então, têm-se observado a redução drástica nos investimentos sociais – como saúde e educação – e, por conseguinte, das políticas de reparação, verdade e memória, que mesmo tímidas, ainda eram uma agenda de Rousseff. A degeneração dos princípios democráticos tem ocorrido com velocidade impressionante no Brasil, explicitada pela ascensão de ideias e grupos de extrema Direita, como a expressiva intenção de votos de Jair Bolsonaro para o pleito presidencial em outubro de 2018, a celebração pública de notórios torturadores como o já citado Coronel Ustra e o Delegado Sérgio Paranhos Fleury, e por fim, a intervenção federal no estado do Rio de Janeiro decretada em 16/02/2018, comandada por um militar, que se mostra descabida e com ausência de planejamento, apenas reforçando o caráter autoritário de combate à violência, em especial o tráfico de drogas, levando pela primeira vez em 19 anos um militar ao comando do Ministério da Defesa – o General da reserva do Exército Joaquim Silva e Luna .

Essa intervenção, que tem muito mais que ares militares, suscita dúvidas quanto à sua necessidade e real eficácia. Além disso, trouxe à tona a fala do Comandante do Exército General Eduardo Villas Bôas, que em reunião com o Conselho da República afirmou que ser necessário dar aos militares "garantia para agir sem o risco de surgir uma nova Comissão da Verdade".[12] Isso demonstra o

---

12 LOBO, Cristiana. 'Militares precisam ter garantia para agir sem o risco de surgir uma

incômodo com os tímidos avanços da CNV, mas também – e principalmente – a preocupação dos militares acerca de um possível rompimento com a lógica da impunidade no Brasil.

Não obstante, alguns avanços importantes continuam a ocorrer, o que possibilita manter a esperança. Na Argentina, nos últimos quatro anos procedeu-se à identificação de 18 netos desaparecidos, que foram sequestrados de suas mães nos cárceres clandestinos durante a ditadura – até a finalização deste posfácio, 127 pessoas tiveram suas identidades recuperadas, de um total estimado em 500. É o trabalho incansável das Abuelas de la Plaza de Mayo em parceria com laboratórios de DNA, que vem sendo reconhecido e premiado, e seu maior legado é, sem dúvidas, a restituição de identidades e vidas, incluindo o neto de uma das fundadoras, Estela de Carloto, em agosto de 2014.

No Brasil, em fevereiro de 2018 foi identificada a ossada de Dimas Casemiro, que estava junto de outras mil encontradas na vala comum do Cemitério de Perus em 1990. Casemiro era militante do Movimento Revolucionário Tiradentes (MRT) e a CNV concluiu em 2014 que ele fora morto sob tortura em 1971, com seu corpo depositado na vala comum. É um grande avanço no caso de Perus, que tem impressionante volume de restos mortais a serem analisados, cujos trabalhos sofreram atrasos e paralisações ao longo de quase 30 anos de investigações. Desde 2014, a Universidade Federal de São Paulo assumiu os trabalhos de identificação em parceria com o então Ministério dos Direitos Humanos, Secretaria Municipal de Direitos Humanos da Prefeitura de São Paulo e Comissão Especial de Mortos e Desaparecidos Políticos, trazendo respostas a uma das recomendações da CNV.

Por fim, desde 2016 o Memorial da Resistência aumentou sua ocupação do espaço físico no interior do prédio do antigo Dops. A equipe de pesquisa vem ampliando as frentes de atuação e mudanças na exposição de longa duração, além de novas propostas de trabalho, reforçando o papel do espaço como articulador entre passado e presente.

Os principais acontecimentos, tratados aqui em linhas gerais, evidenciam que se continua tratando de disputas: o patrimônio, o território material e imaterial, o campo das ideias e, sobretudo, o espaço público. O patrimônio continua sendo o suporte material que está no centro do debate – seja a ESMA, seja Me-

---

nova Comissão da Verdade', diz comandante do Exército. Disponível em https://g1.globo.com/politica/blog/cristiana-lobo/post/general-vilas-boas-militares-precisam-ter-garantia-para-agir-sem-o-risco-de-surgir-uma-nova-comissao-da-verdade.ghtml, acessado em 27 fev. 2018

morial da Resistência ou a Plaza de Mayo –, evidenciando que a expressão muito conhecida "o passado que não passa" se faz presente e cada vez mais urgente É indiscutível a necessidade de manutenção dos espaços de memória e consciência, como recomendou a CNV no Brasil e o IPPDH para a América Latina.

A construção da democracia, dos valores universais dos direitos humanos e do respeito se forja cotidianamente e o atual momento exige que, mais que alertas, estejamos ativos e combativos contra os retrocessos que são impostos sob a égide do discurso da segurança. O assassinato da vereadora carioca Marielle Franco – mulher negra, oriunda da favela, defensora de Direitos Humanos, relatora da Comissão da Câmara de Vereadores sobre a Intervenção Militar e uma crítica contundente das ações homicidas das forças de segurança no Rio de Janeiro – ocorrida em 14 de março de 2018 é a prova da premência da luta, contra sucessivas tentativas de silenciamento de vozes que se levantam para denunciar crimes cometidos pelo Estado contra a população.

Por Verdade, Memória e Justiça, que não esmoreça o espírito público e democrático que se faz cada dia mais necessário, a despeito das políticas de governos. Isso se chama Resistência.

E quest'e il fiore del partigiano
O bella ciao, bella ciao, bella ciao, ciao, ciao
E quest'e il fiore del partigiano
Morto per la libertà

Marielle, Presente!

São Paulo, março de 2018.
Deborah Neves

Alameda nas redes sociais:
Site: www.alamedaeditorial.com.br
Facebook.com/alamedaeditorial/
Twitter.com/editoraalameda
Instagram.com/editora_alameda/

Esta obra foi impressa em São Paulo no outono de 2018. No texto foi utilizada a fonte Minion Pro em corpo 14,5 e entrelinha de 12,6 pontos.